"技能成才，匠心报国"丛书

新基建　新赛道　新征程

——2023—2024年全国职业院校技能大赛"智慧物流"赛项技术分析报告（高职学生组）

上册

吴砚峰　著

北京交通大学出版社

·北京·

内容简介

本书既是广西职业技术学院首批国家级职业教育教师教学创新团队全体成员集体劳动的结晶，也是"双高"物流专业群的科研成果。

本书从技术视角分析了高职"智慧物流"赛项的各个竞赛模块成绩；涉及全国 31 个省、自治区、直辖市的 63 支参赛队伍的参赛情况。本书通过对竞赛成绩多维度的深入剖析，清晰地展示各参赛队伍的优势与不足，并且提出了有针对性的改进建议，对于各地职业院校所属参赛队伍的指导教师合理组织备赛、提升比赛成绩，以及促进教学改革和开展学生技能训练具有一定的借鉴意义。

全国职业院校技能大赛作为展示和提升职业教育水平的重要平台，不但推动了职业院校教学内容的创新，还为智慧物流技能人才培养提供了可供参考的依据。本书在分析上运用了多种统计方法和可视化工具，如箱线图、均值差异分析图、Pearson 相关分析等，尽可能直观、准确地展示数据背后的规律和变化趋势。

本书既可以作为职业院校指导技能比赛的指导手册，也可以为读者、教育工作者和相关研究机构提供参考。

版权所有，侵权必究。

图书在版编目（CIP）数据

新基建 新赛道 新征程：2023—2024 年全国职业院校技能大赛"智慧物流"赛项技术分析报告：高职学生组. 上册 / 吴砚峰著. -- 北京：北京交通大学出版社，2025. 5. -- ISBN 978-7-5121-5459-9

Ⅰ.F252.1-39

中国国家版本馆 CIP 数据核字第 20253LM931 号

新基建 新赛道 新征程
——2023—2024 年全国职业院校技能大赛"智慧物流"
赛项技术分析报告（高职学生组）·上册
XINJIJIAN XINSAIDAO XINZHENGCHENG
——2023—2024 NIAN QUANGUO ZHIYE YUANXIAO JINENG DASAI "ZHIHUI WULIU" SAIXIANG JISHU FENXI BAOGAO (GAOZHI XUESHENG ZU) (SHANG CE)

策划编辑：李运文　　责任编辑：李运文	
出版发行：北京交通大学出版社　　　电话：010-51686414　　http://www.bjtup.com.cn	
地　　址：北京市海淀区高梁桥斜街 44 号　邮编：100044	
印　刷　者：北京虎彩文化传播有限公司	
经　　销：全国新华书店	
开　　本：170 mm×240 mm　　印张：11.5　　字数：202 千字	
版 印 次：2025 年 5 月第 1 版　2025 年 5 月第 1 次印刷	
定　　价：49.90 元	

本书如有质量问题，请向北京交通大学出版社质监组反映。对您的意见和批评，我们表示欢迎和感谢。
投诉电话：010-51686043，51686008；传真：010-62225406；E-mail：press@bjtu.edu.cn。

序

在经济社会转型发展的推动下,我国教育已经迈入追求高质量发展的新阶段。党的二十大报告强调:"必须坚持以人民为中心发展教育,加快建设高质量教育体系,发展素质教育,促进教育公平。"职业教育作为高等教育不可或缺的一部分,是构建教育强国丰富内涵的关键要素。党的二十大报告进一步提出:"要统筹职业教育、高等教育、继续教育的协同创新,推进职普融通、产教融合、科教融汇,优化职业教育的类型定位。"这为职业教育的高质量发展明确了方向。随着经济的迅猛发展和产业结构的持续升级,职业教育在国家现代化进程中的重要性日益突出。职业教育为成千上万的青年提供了掌握专业技能的宝贵机会,使他们成为经济建设骨干力量的重要组成部分,并为国家的现代化进程注入了持续不断的人才动力。

全国职业院校技能大赛(以下简称大赛)正是在这样的背景下应运而生,成为展示和提升职业教育水平的重要平台。2008年以来大赛已成功举办15届,规模不断扩大,水平逐年提升,在国内外的影响力逐步扩大。大赛以提升职业院校师生技术技能水平、培育工匠精神为宗旨,以解决生产一线实际问题、促进职业教育专业建设和教学改革、提高教育教学质量、培养高素质技术技能人才为导向,通过竞赛内容与产业需求的紧密对接,提升了职业教育的教学质量,推动了教育教学内容的与时俱进和人才培养模式的全面改革。越来越多的企业和行业开始关注并参与到大赛中来。企业不仅为大赛提供赞助,还积极参与赛题的设定和评判工作,确保比赛内容与行业前沿技术保持同步。同时,大赛也成了企业发现和选拔人才的重要途径;许多优秀选手在大赛中脱颖而出并被企业直接录用,实现了校企之间的无缝对接。大赛的成功举办,不仅为学生提供了展示自我、实现梦想的舞台,也为职业教育的改革和发展注入了新的活力。而竞赛的实战性和紧密贴合行业需求的设计,更是激发了学生的学习热情,锻炼了学生的实际操作能力,也促使教师们不断改进教学方法,同时推动职业院校更新教育理念和课程内容,使职业教育教学更加贴近行业实际需求。

而物流行业作为国民经济的基础性、战略性产业,近年来正经历着深刻变革。党的二十大报告指出:"加快发展数字经济,促进数字经济和实体经济深度融合,打造具有国际竞争力的数字产业集群。"物流业贯穿生产制造、流通与个人消费整个产业链条,是支撑现代化产业体系发展的重要组成部分。物流业的降本增效与高质量发展能有效带动实体经济的扩张,维护产业链、供应链的安全稳定。而促进数字经济和实体经济深度融合,以新产业、新业态、新模式打造新增长引擎,推动传统产业数字化升级,是物流业高质量发展的必经之路。随着数字经济的迅猛发展,电子商务、物联网、大数据、云计算、人工智能等新兴技术的广泛应用,传统的物流模式正在向现代智慧物流转型。数字经济不仅提升了物流运作效率和服务质量，还催生了更加智能化、网络化的物流服务模式，使得供应链的每一个环节都变得更加高效、智能化和可视化。

随着数字经济的发展，物流行业被注入新活力。与传统物流相比，现代智慧物流勃然兴起，在人才类型需求上也产生了明显变化，传统物流的重体力、重复性劳动已经被先进的智能机械设备所取代，这不仅降低了人工成本，也在很大程度上提高了工作效率，但是随之而来的就是传统物流人才不能很好胜任智慧物流岗位的问题。所以，如何培养既懂得物流业务运作，又拥有创新思维、自主学习能力和一定的数字、网络等技术水平的高素质、高技能复合型人才，就成了当前物流职业教育最重要的任务之一。

为了更好地契合物流行业不断变化的需求，全国职业院校技能大赛自2010年起设立了物流相关赛项，并且随着行业的发展，物流相关赛项不断得到优化和调整。在这10余届的大赛发展历程中，物流赛项的名称、竞赛内容及考核模块经历了多次演变。最初，物流赛项名称为"现代物流—储配方案的设计与执行"，主要聚焦于传统物流环节中的储存与配送作业。然而，随着物流行业的数字化和智能化转型，赛项逐步升级为如今的"智慧物流"赛项。当前的赛项不仅涵盖了智慧物流系统方案实施，还包括了职业素养测试、智慧物流系统规划仿真与方案设计、方案汇报答辩等多个模块。这些变化充分反映了职业教育对物流行业技术变革和人才需求的敏锐反应。从以储配作业为核心，到全面融入现代信息技术和采用智慧物流设备，体现了智慧物流的发展趋势，突出了智慧物流设备的应用，强调了对参赛者创新能力和数字素养的要求。通过不断更新的赛项设置，职业院校技能大赛不仅为学生提供了展示技能的平台，还推动了职业院校教学内容的创新，使培养的物流人才更好地适应数字经济时代的要求，并具备在复杂、多变的物流环境中胜任工作的能力。

本赛项技术分析报告的编写正是在这一背景下展开的。本书通过对全国各省（自治区、直辖市）职业院校技能大赛智慧物流赛项成绩的系统分析，深入揭示了各地在智慧物流人才培养中的现状、优势与不足，并试着提出切实可行的提升建议。我们希望这些分析和建议能够为职业院校在物流人才培养方面的教学改进提供有益参考，并为我国物流行业的发展贡献智慧和力量。展望未来，职业教育必将继续在我国经济和社会发展中发挥重要作用，而全国职业院校技能大赛也将不断推动我国职业教育向更高水平迈进，而物流赛项也必随之迈上新台阶。

中国物流学会会长

2024年9月

前 言

在当今社会，职业教育作为教育体系的重要组成部分，承担着培养高素质技术技能人才的重任，对促进经济社会发展、提升国家竞争力具有不可替代的作用。随着全球经济一体化的加速和科技进步的日新月异，职业教育的重要性越发凸显。全球经济深度融合，科技飞速发展，物流行业作为连接生产与消费的桥梁，传统物流向智慧物流转型已成为不可逆转的趋势，全国职业院校技能大赛智慧物流赛项应运而生。在智慧物流赛项的推动下，物流职业教育的改革与发展也呈现出新的趋势。一方面，越来越多的院校开始重视信息技术在物流领域的应用，增设相关课程，培养学生的数据分析、系统设计等能力。另一方面，随着人工智能、物联网等技术的快速发展，智慧物流赛项本身也在不断更新，对参赛学生的技能要求越来越高，这促使物流职业教育必须不断适应新技术的发展，更新教学内容和升级教学方法。

全国职业院校技能大赛智慧物流赛项作为检验职业教育成果、促进技能交流的重要平台，对其进行技术分析就显得非常必要。笔者经过多年的经验积累及在本专业领域的精耕细作，始终站在本专业的前沿，经过精心准备，联合业界精英，对全国职业院校技能大赛智慧物流赛项进行认真、实事求是的专业调研和分析，形成了相关的技术分析报告。这份开行业先河的技术分析报告不仅具有一定的学术价值，对职业教育领域、物流行业乃至更广泛的社会经济领域也有相应的指导意义。

本技术分析报告覆盖了全国 31 个省（自治区、直辖市）的多所高职院校，涉及的绝大多数参赛队伍在比赛中均较好表现出了各自在智慧物流系统规划设计、仿真建模与运行、系统实施等方面的专业技能和职业素养。通过对竞赛成绩多维度的深入分析，可以清晰地展现各参赛队伍的优势与不足，为今后的教学改进和技能训练奠定坚实基础。

本报告内容力求丰富全面，不仅涵盖了全国职业院校技能大赛智慧物流赛项各模块的成绩统计与分析，还深入探讨了竞赛成绩的影响因素，并对参赛队伍在职业素养、规划仿真能力、汇报答辩能力等方面进行多维度的横向和纵向对比分析。同时，本书结合各个地区职业教育和物流行业的实际情况，提出了有针对性的改进建议，旨在推动职业教育与产业需求的深度融合，提升技能人才的综合素质和就业竞争力。在分析方法上，我们采用了多种统计方法和可视化工具，如箱线图、均值差异分析图、Pearson 相关性分析等，以直观、准确地展示数据背后的规律和变化趋势。这些创新方法的应用不仅能提高本技术分析报告的科学性和准确性，也可为后续的研究提供有益的参考。

  本报告的撰写历经数月，汇聚了多位专家、学者的智慧与努力。从数据收集、整理到分析、撰写，每一个环节都经过了严格的质量控制和反复推敲。其中，吴砚峰和薛文共同参与了福建省、广东省、广西壮族自治区以及全国赛区的数据分析与撰写工作。此外，薛文还同时参与北京市、天津市、内蒙古自治区、安徽省、甘肃省、青海省、新疆维吾尔自治区等七个省（自治区、直辖市）赛区的数据分析和撰写任务。杨茗参与了辽宁省、黑龙江省、河北省、山西省、江苏省、浙江省、山东省、上海市、西藏自治区等九个省（自治区、直辖市）赛区的数据分析与撰写工作。朱萌参与了江西省、宁夏回族自治区、四川省、贵州省、湖北省、湖南省等六个省（自治区）赛区的数据分析和撰写。梁秋怡参与了陕西省、云南省、重庆市、海南省等四个省市赛区的数据分析与撰写工作。覃珊珊参与了河南省和吉林省赛区的数据分析和撰写工作。吴砚峰负责整本书的统筹与数据收集、整理，以及排篇、布局等。同时，笔者还广泛征求了行业内外专家的意见与建议，力求使报告内容更加全面、客观、准确。

  尽管笔者已尽力确保本报告的准确性和全面性，但受限于数据来源、分析方法以及笔者自身能力等因素，报告中难免存在不足之处。因此，笔者恳请广大读者在阅读过程中提出宝贵意见和建议，以便在今后的研究中不断改进和完善。

  在职业教育的道路上，我们深知，任何一项研究和探索都离不开社会各界的关心和支持。在此，我们还要向所有关注职业教育发展的政府机构、企业、学校以及社会团体表示诚挚的感谢，并特别感谢所有为本报告提供数据支持、意见、建议和帮助的单位及个人。同时，也要感谢参与本报告撰写和审稿的各位专家、学者，你们的辛勤工作和无私奉献是本报告得以问世的重要保证。最后，衷心希望本报告能够为职业教育事业的发展贡献一份力量，也期待本报告能够引起更多人的关注和思考，为职业教育的改革与发展提供有益的参考，以期未来有更多的同仁加入这一研究领域，携手并进、共同推动职业教育的繁荣与发展，为培养更多高素质技能型人才而不懈努力。

吴砚峰
2024 年 9 月于南宁

目 录

◀ 1 全国篇 ▶

全国职业院校技能大赛智慧物流（高职学生组）赛项技术分析报告……002

◀ 2 华北篇 ▶

2.1 北京智慧物流（高职学生组）赛项技术分析报告……………042

2.2 天津智慧物流（高职学生组）赛项技术分析报告……………046

2.3 河北智慧物流（高职学生组）赛项技术分析报告……………056

2.4 山西智慧物流（高职学生组）赛项技术分析报告……………063

2.5 内蒙古智慧物流（高职学生组）赛项技术分析报告……………077

◀ 3 东北篇 ▶

3.1 辽宁智慧物流（高职学生组）赛项技术分析报告……………082

3.2 吉林智慧物流（高职学生组）赛项技术分析报告……………089

3.3 黑龙江智慧物流（高职学生组）赛项技术分析报告……………095

4 华东篇

4.1 上海智慧物流（高职学生组）赛项技术分析报告 …………… 108

4.2 江苏智慧物流（高职学生组）赛项技术分析报告 …………… 113

4.3 浙江智慧物流（高职学生组）赛项技术分析报告 …………… 126

4.4 安徽智慧物流（高职学生组）赛项技术分析报告 …………… 131

4.5 福建智慧物流（高职学生组）赛项技术分析报告 …………… 143

4.6 江西智慧物流（高职学生组）赛项技术分析报告 …………… 155

4.7 山东智慧物流（高职学生组）赛项技术分析报告 …………… 164

1　全国篇

全国职业院校技能大赛智慧物流（高职学生组）赛项技术分析报告

2023年全国职业院校技能大赛智慧物流（高职学生组）赛项于2023年9月23日至24日在广西职业技术学院举办，来自全国31个省（自治区、直辖市）的63支参赛队伍同台竞技，参赛队伍数量创历年新高，是截至2023年竞争最为激烈的一届。据统计，参赛地区中28个省（自治区、直辖市）为2支参赛队伍参赛，广东省为3支参赛队伍参赛，西藏自治区为1支参赛队伍参赛，新疆维吾尔自治区及生产建设兵团共3支参赛队伍参赛。

本次学生组智慧物流技能大赛围绕数字化转型升级下智慧物流人才的需求进行了系统化设计，比赛内容以智慧物流系统规划设计、仿真建模与运行、系统实施为主要工作任务，包括1+X物流职业素养测试、智慧物流系统规划仿真与方案设计、智慧物流系统方案实施与方案汇报答辩，如表1-1所示。本次竞赛要求参赛选手不仅要具备扎实的理论知识，还要有熟练的综合业务能力和良好的现场表现能力。

表1-1 "智慧物流"（高职学生组）赛项竞赛模块及主要内容

赛项	主要内容		竞赛时长	占总成绩比重
1+X物流职业素养测试（简称"1+X职业素养"）	参赛队伍根据提供的赛题完成职业能力、职业素养、生产安全、环境保护等方面的测试		40 min	10%
智慧物流系统规划仿真与方案设计（简称"方案设计与仿真"）	参赛队伍根据提供的任务背景及相关数据，进行智慧物流系统规划设计，并运用系统完成仿真		240 min	60%
智慧物流系统方案实施与方案汇报答辩	智慧物流系统方案实施	参赛队伍根据本队已完成的生产作业实施方案，运用技术平台及物流设备完成相应运行操作	30 min	20%
	方案汇报答辩	参赛队伍对规划分析过程及设计仿真结果进行汇报答辩	15 min	10%

一、竞赛情况概览

2023 年全国职业院校技能大赛智慧物流（高职学生组）赛项 63 支参赛队伍总成绩平均值为 65.67 分，最大值为 96.94 分，最小值为 31.07 分。本次竞赛获奖情况为：一等奖 6 名，二等奖 13 名，三等奖 19 名。

（一）总体成绩描述统计

参赛队伍总体成绩描述统计表如表 1-2 所示。为方便分析和表述，将赛项中"智慧物流系统方案实施与方案汇报答辩"环节的"智慧物流系统方案实施"（简称"方案实施"）、"方案汇报答辩"（简称"方案答辩"）分别简称为"模块三（方案实施）"和"模块四（方案答辩）"。

表 1-2 参赛队伍总体成绩描述统计表

名称	最小值	最大值	平均值	标准差	中位数
模块一（1+X 职业素养）的得分	58.25	99.75	77.21	10.12	78.50
模块二（方案设计与仿真）的得分	21.50	96.00	58.97	18.93	61.00
模块三（方案实施）的得分	2.00	100.00	67.44	26.26	72.00
模块四（方案答辩）的得分	77.00	95.67	85.42	4.86	85.00
总成绩	31.07	96.94	65.13	15.93	65.67

如图 1-1 所示，2023 年全国职业院校技能大赛智慧物流（高职学生组）赛项总体成绩表现良好，成绩分布均匀，50.80% 的队伍总成绩高于平均值。各个参赛队伍（这里为表达简便，在指代某参赛队伍时，用"赛队+阿拉伯数字"表示，如赛队 8）之间总成绩差异性较小，其中相近排名的参赛队伍之间总分差额最大的为 4.00 分，最小的仅有 0.008 分，参赛队伍之间竞争较为激烈。

如图 1-2 所示，总成绩在 90.00 分及以上的参赛队伍 4 支，80.00 分至 89.00 分的参赛队伍 8 支，70.00 分至 79.00 分的参赛队伍 13 支，60.00 分至 69.00 分的参赛队伍 14 支，60.00 分以下的参赛队伍 24 支。从图 1-2 中可以看出总体成绩呈现非常标准的正态分布，表明本次竞赛的评分机制较为合理、科学，能够有效区分不同水平的参赛队伍。其正态分布反映了大多数参赛队伍的成绩集中在中等水平附近，两端得高分和低分的参赛队伍数量相对较少，这说明竞赛的难度设置适中，既能够选拔出表现优秀的参赛队伍，又能让大部分参赛队伍在一定程度上展现自身的能力；同时，总成绩的正态性为后续分析影响成绩的因素提供了一定的帮助。

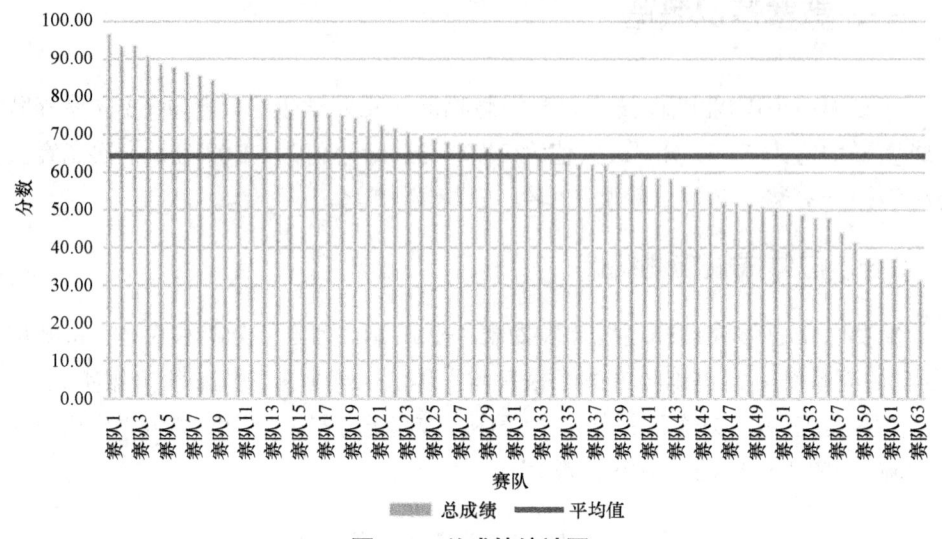

图 1-1 总成绩统计图

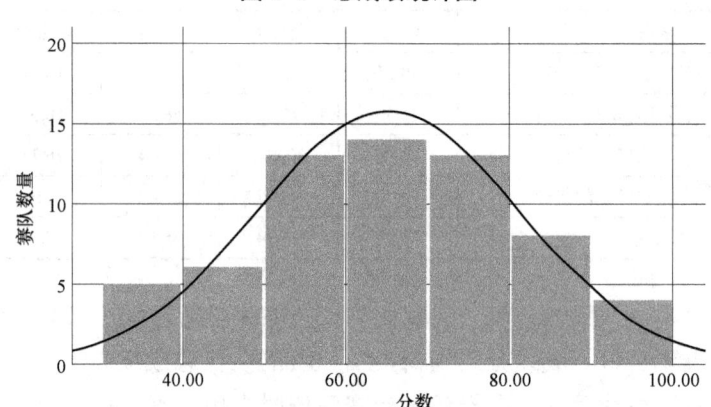

图 1-2 总成绩分布直方图

如图 1-3 所示，影响总成绩最大的部分为模块二（方案设计与仿真）和模块三（方案实施）这两个模块。因模块二（方案设计与仿真）和模块三（方案实施）占总成绩比例较高，因此这两个部分的得分对于总排名具有较大影响作用。从图 1-3 中可以看出，模块二（方案设计与仿真）得分具有较大的波动性，即使是总得分相近的参赛队伍，模块二（方案设计与仿真）得分相差也会较大。这一现象表明，在竞赛中，方案设计与仿真环节的表现具有较大的不确定性和挑战性。总体来看，在模块二（方案设计与仿真）表现较为突出、在模块三（方案实施）表现较差的队伍有赛队 8、赛队 10、赛队 30、赛队 40 等，该部分参赛队伍应依

托方案设计能力优势，注重实操能力培养。部分参赛队伍表现出方案实施能力较强，但是方案设计与仿真能力较弱，导致整体排名靠后，如赛队 11、赛队 13、赛队 17、赛队 23 等，该部分参赛队伍应该依托良好的实操经验，加强方案设计能力培养，在课堂学习中将方案设计仿真能力与实操能力相融合，促进两者均衡发展。

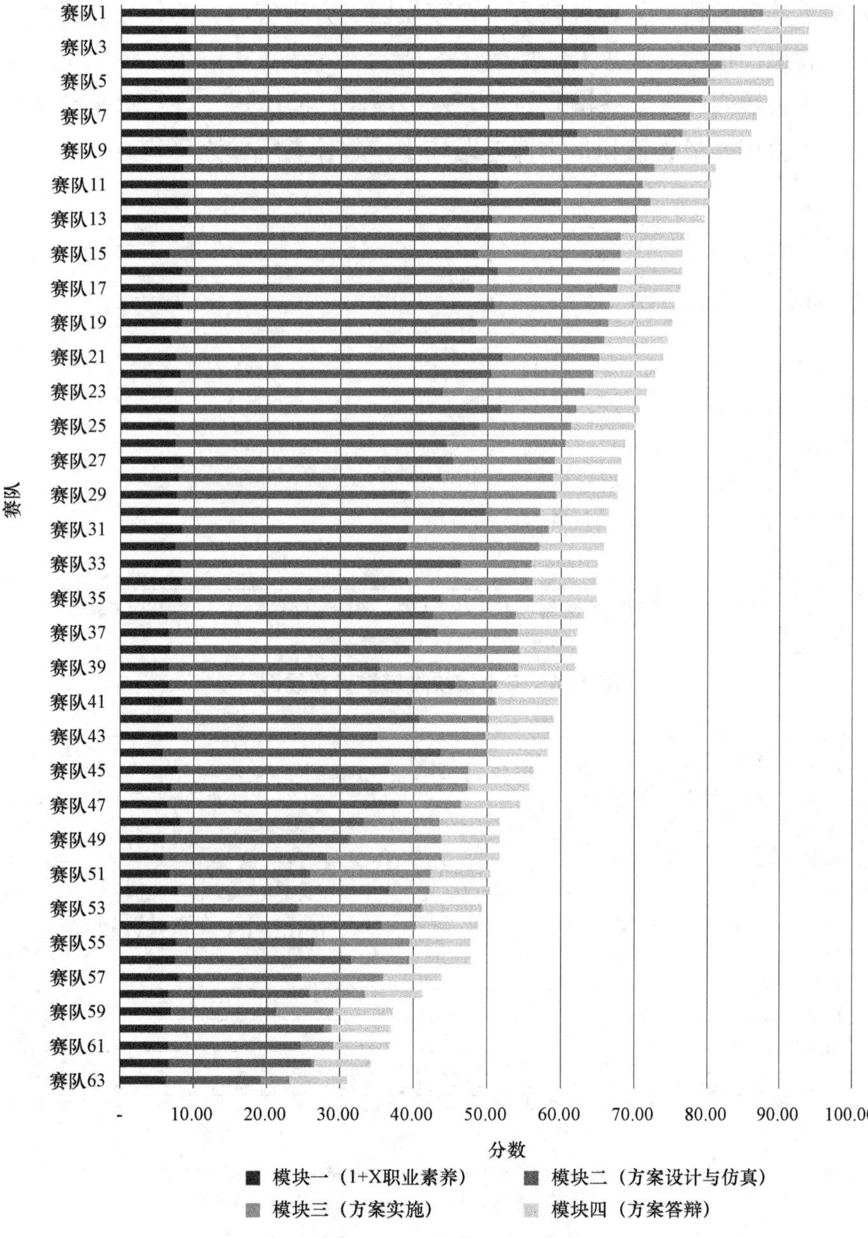

图 1-3　总成绩构成堆叠图

（二）分模块成绩分析

比较各个模块成绩的差异性，如图 1-4 所示，发现波动最大的为模块三（方案实施），波动最小的为模块四（方案答辩），这表明了各支参赛队伍之间在模块三（方案实施）的得分差异性较大，在模块四（方案答辩）的得分差异性最小。从最大值和最小值的差距来看，如图 1-5 所示，各参赛队伍在模块二（方案设计与仿真）和模块四（方案答辩）的得分差距最大，模块一（1+X 职业素养）和模块四（方案答辩）最大值和最小值差距较小，整体表现较为平稳。

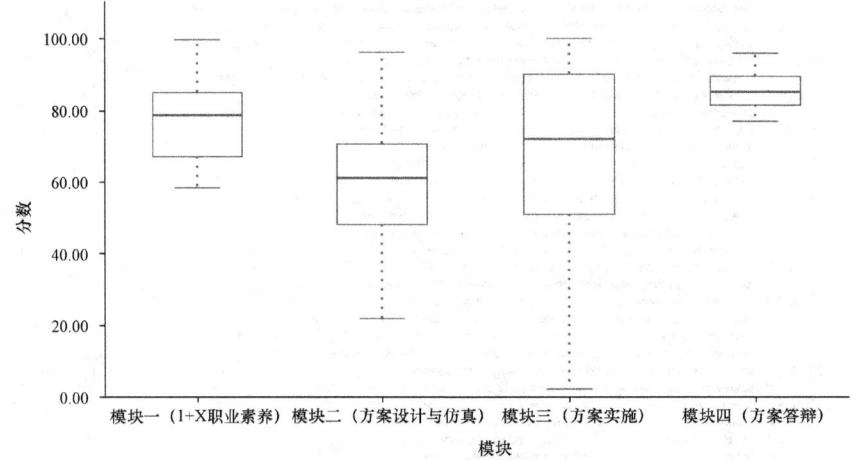

图 1-4　各个模块成绩统计箱线图

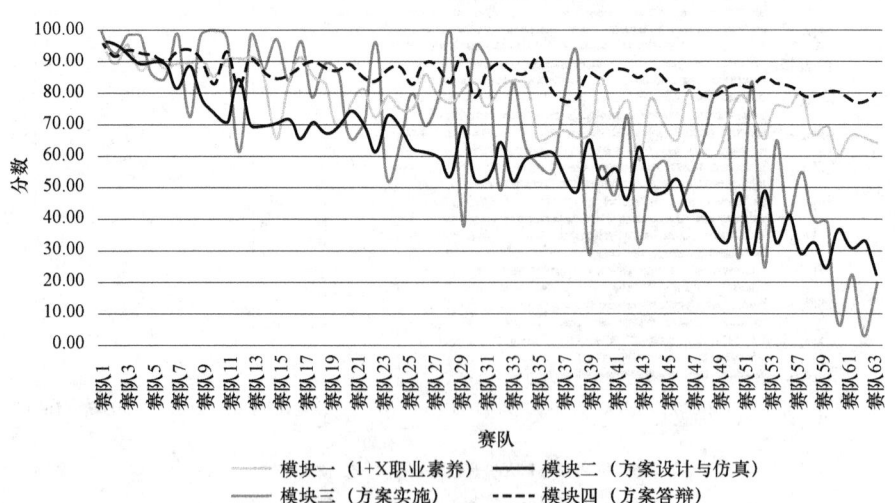

图 1-5　各支赛队成绩统计折线图

参赛队伍的职业素养能力整体表现良好。模块一（1+X 职业素养）的得分平均值为 77.21 分，最小值为 58.25 分，最大值为 99.75 分，标准差为 10.12。从图 1-6 中可以看出，大部分参赛队伍在模块一（1+X 职业素养）的得分在 60.00 分以上，占比达到 95.2%。从波动情况来看，排名靠前的参赛队伍得分较为相近，在 90.00 分左右；排名中等及靠后的参赛队伍在模块一（1+X 职业素养）的得分均匀波动，并未有明显降低的走势。这说明参赛队伍在整体上对于职业素养的掌握达到了一定的水平，且多数队伍都能保持在及格线以上。排名中等及靠后的参赛队伍在职业素养方面表现相对稳定，没有出现随着排名下降而得分显著降低的情况，反映出各参赛队伍对于职业素养的重视程度和掌握情况较为一致。

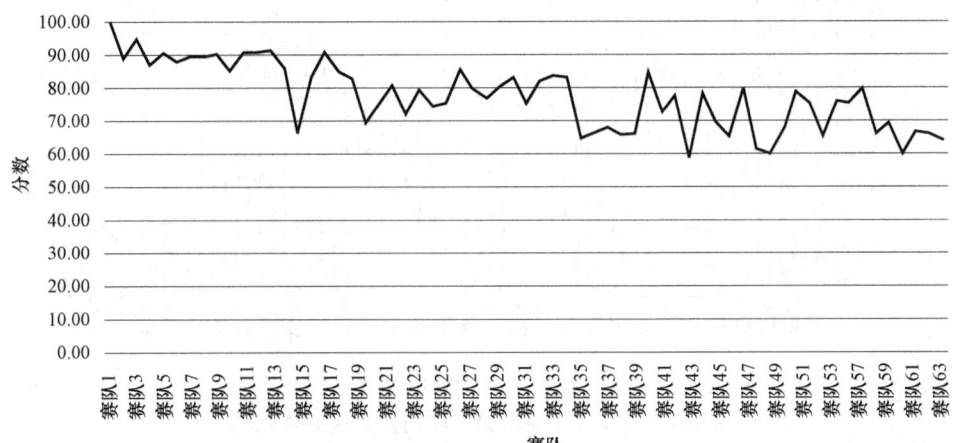

图 1-6　模块一（1+X 职业素养）折线图

模块二（方案设计与仿真）的得分平均值最低，波动性较大。模块二（方案设计与仿真）的得分平均值为 58.97 分，最小值为 21.50 分，最大值为 96.00 分，标准差为 18.93。各项指标中，模块二（方案设计与仿真）的得分平均值为四个模块中最小值，标准差仅次于模块三（方案实施）。从图 1-7 中可以看出，将近一半的参赛队伍得分在 60.00 分以上，占比达到 52.40%。对比图 1-4 中的中位数，模块二（方案设计与仿真）的得分中位数最低，且各支赛队得分较为均衡，箱线图处于居中状态。

如图 1-8 所示，模块三（方案实施）的得分平均值较低，波动性最大。模块三（方案实施）的得分平均值为 67.44 分，最小值为 2.00 分，最大值为 100.00 分，标准差为 26.26。各项指标中，模块三（方案实施）的得分平均值仅次于模块二（方案设计与仿真），标准差为所有模块中最大值。从成绩的分布来看，63.50%

的参赛队伍得分高于 60.00 分。如图 1-4 所示，模块三（方案实施）的得分箱线图上四分位和下四分位偏上，表明 75.00%的参赛队伍在模块三（方案实施）的得分处于 50.00 分到 100.00 分的区间，剩下 25.00%的参赛队伍得分较低且分散，处于 0.00 分到 50.00 分的区间。值得注意的是，部分参赛队伍表现出较强的实操能力，如赛队 7、赛队 9、赛队 10、赛队 13、赛队 29 在该模块的得分达到 99.00 分及以上，但是部分队伍总成绩仍落后，其主要原因是在模块二（方案设计与仿真）的得分较低，导致总成绩落后。因此，这些赛队应该加强赛后复盘，总结经验和教训，注重规划与仿真能力培养。

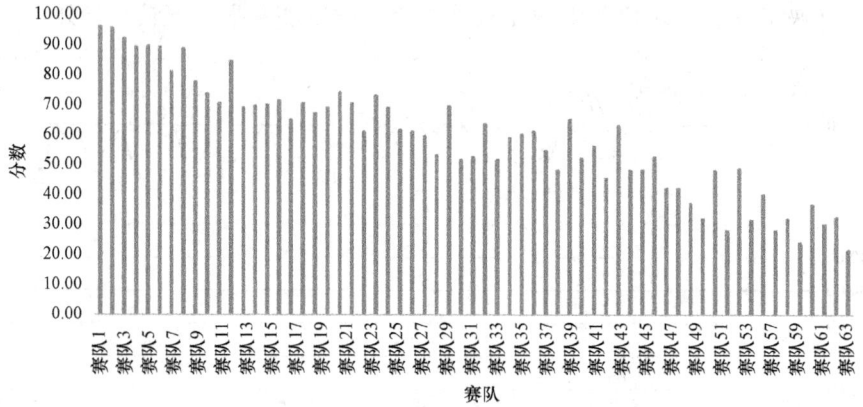

图 1-7 模块二（方案设计与仿真）成绩柱状图

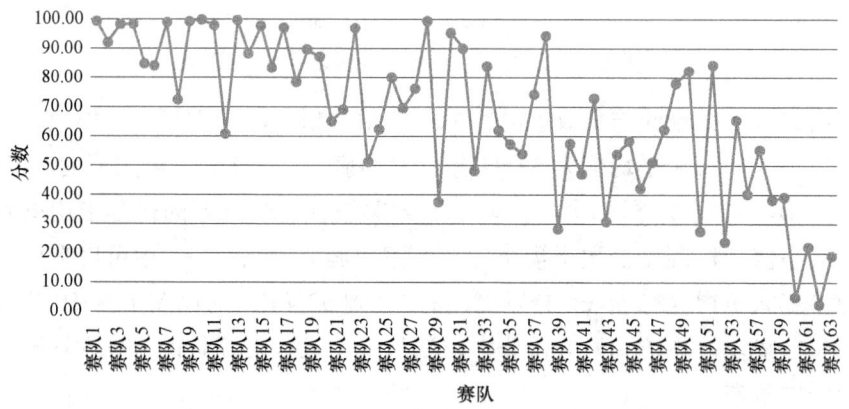

图 1-8 模块三（方案实施）的得分折线图

模块四（方案答辩）的得分平均值最高，标准差最低。模块四（方案答辩）的得分平均值为 85.42 分，最小值 77.00 分，最大值 95.67 分，标准差为 4.86。各项指标中，模块四（方案答辩）的得分平均值和最小值为所有模块中的最大值，标准差为最小值，表明各支参赛队伍答辩能力较强，且不同参赛队伍之间差距较小。如图 1-9 所示，模块四（方案答辩）的波动较为平缓，分数主要分布在 80.00 分到 90.00 分之间。造成该现象的原因是模块四（方案答辩）的题目设置和考查形式相对稳定，参赛队伍可通过赛前固化训练，取得较为稳定的效果。

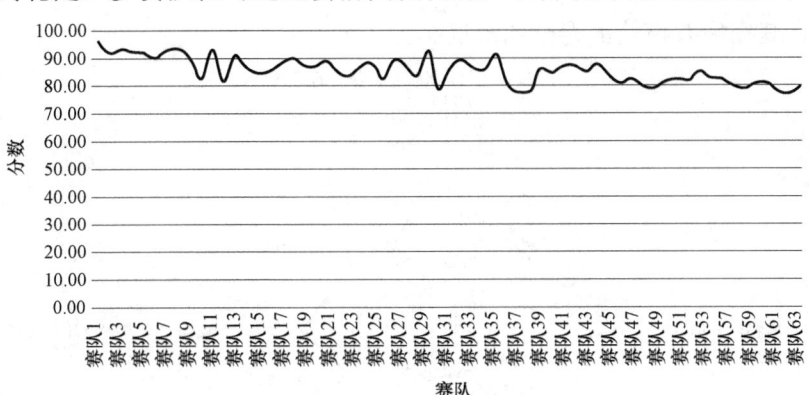

图 1-9 模块四（方案答辩）成绩折线图

二、参赛队伍对比分析

在深入探究参赛队伍的表现与发展时，全面分析参赛队伍之间的差异性具有重要意义。本书的研究将从参赛队伍聚类分析、获奖队伍情况分析、分地区参赛队伍情况分析、各省（自治区、直辖市）竞赛成绩分析，以及历年获奖情况对比分析等多个维度展开，旨在揭示参赛队伍的特点、优势与不足，为提升竞赛水平、优化竞赛组织和促进教学改革提供有力的依据和指导。

（一）参赛队伍聚类分析

参赛队伍最终聚类中心值如表 1-3 所示。

表 1-3 最终聚类中心值

模块类别	聚类成员			
	一类成员	二类成员	三类成员	四类成员
模块一（1+X 职业素养）	73.56	66.81	73.99	88.92
模块二（方案设计与仿真）	54.85	34.13	53.29	79.94
模块三（方案实施）	51.30	21.94	84.03	89.92
模块四（方案答辩）	85.30	80.17	83.34	89.83

基于参赛队伍在不同模块的表现，将参赛队伍进行分类，从而提出针对性的提升建议。图1-10可以清晰地揭示不同类别参赛队伍之间的差距和特点。通过对各支参赛队伍进行系统k均值聚类分析，将参赛队伍分为四类。表现最好的为四类成员，其次是三类成员，二类成员表现最差，位于雷达图（图1-10）的最中心位置，其在所有模块的得分均最低。

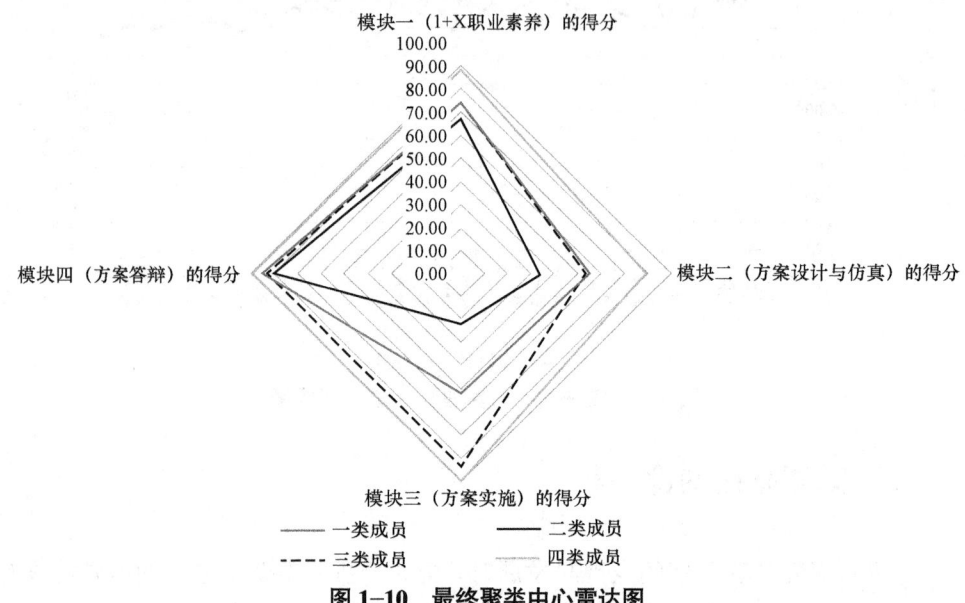

图1-10　最终聚类中心雷达图

表1-4为各支参赛队伍的不同分类。其中，赛队21等20支参赛队伍为一类成员。在整体表现上，一类参赛队伍展现出了一定的基础实力和综合素养，然而，他们的短板主要集中在模块三（方案实施）环节。针对这一问题，该类成员应注重实操训练，加强岗课赛证的融合与衔接。相关指导教师可以将实操训练融入日常的专业教学中，增加实践课程的比例和深度，搭建与实际工作场景高度相似的物流实训平台，让学生在模拟真实环境时不断磨炼实践技能；同时，积极引入企业导师，分享企业真实工作操作经验和技巧，促进学生的理解和掌握。赛队52等8支参赛队伍为二类成员，其在各个模块均表现较差，需从多方面加强学生综合能力。赛队15等17支参赛队伍为三类成员，他们在各个模块的表现均良好，表明这些队伍在知识掌握、技能应用和实践操作等方面具有较为均衡的发展。对于这类参赛队伍，应在保持现有优势的基础上，进一步挖掘潜力，提升创新能力和竞争优势。赛队1等18支参赛队伍为四类成员，他们在各个模块均表现优异，是所有参赛队伍中的佼佼者。四类成员的参赛队伍应继续保持高标准、严要求，不断追求卓越。

1 全国篇

表1-4 聚类成员表

赛队	聚类	赛队	聚类
赛队21		赛队26	
赛队24		赛队27	
赛队25		赛队28	
赛队30		赛队29	
赛队33		赛队31	
赛队35		赛队32	三类成员 （整体表现良好）
赛队36		赛队34	
赛队37		赛队38	
赛队40		赛队39	
赛队41	一类成员 整体表现良好，模块三（方案实施）表现较差	赛队43	
赛队42		赛队50	
赛队44		赛队51	
赛队45		赛队53	
赛队46		赛队1	
赛队47		赛队2	
赛队48		赛队3	
赛队49		赛队4	
赛队55		赛队5	
赛队56		赛队6	
赛队57		赛队7	
赛队52		赛队8	
赛队54		赛队9	
赛队58		赛队10	四类成员 （整体表现均优异）
赛队59	二类成员 （所有模块表现均最差）	赛队11	
赛队60		赛队12	
赛队61		赛队13	
赛队62		赛队14	
赛队63		赛队16	
赛队15		赛队17	
赛队20	三类成员 （整体表现良好）	赛队18	
赛队22		赛队19	
赛队23			

（二）获奖队伍情况分析

获奖队伍各个奖项成绩统计如表 1-5 所示。

表 1-5　各个奖项成绩统计

		模块一 （1+X 职业素养）	模块二 （方案设计与仿真）	模块三 （方案实施）	模块四 （方案答辩）	总成绩
一等奖	平均值	91.25	91.83	92.67	92.50	92.01
	最小值	86.50	89.00	84.00	90.00	87.98
	最大值	99.75	96.00	99.00	95.67	96.94
二等奖	平均值	86.04	73.69	89.19	88.18	79.48
	最小值	65.50	65.00	61.00	81.33	75.04
	最大值	91.00	88.50	100.00	93.33	86.63
三等奖	平均值	76.43	61.82	71.39	85.82	67.59
	最小值	64.50	51.50	37.00	77.50	62.05
	最大值	85.75	74.00	99.00	92.67	74.38
未获奖	平均值	69.83	41.26	47.06	81.97	49.35
	最小值	58.25	21.50	2.00	77.00	31.07
	最大值	84.75	65.00	94.00	87.67	61.88

获得一等奖的参赛队伍的得分在模块四（方案答辩）差异性最小，在模块三（方案实施）差异性最大。从图 1-11 中可以看出获得一等奖的参赛队伍在四个模块得分的箱线图的大小，其中模块三（方案实施）的得分极小值与极大值差额最大。模块四（方案答辩）的得分差异性最小，各支参赛队伍的得分均在 90.00 分以上。整体来看，获得一等奖的参赛队伍在各个模块的得分均非常高，这与参赛队伍的综合实力相关。

如表 1-6 所示，获一等奖的参赛队伍所在的院校在专业建设方面具有显著的成果和优势，拥有众多国家级和省级的专业建设项目和实训基地，如国家骨干示范重点专业、双高专业、国家级职业教育教师教学创新团队、中央财政支持实训基地等。物流管理相关专业在不同地区和院校都有较高的地位和明显的特色，如省级高职高专特色专业、省级特色专业群核心专业等。这些院校具备丰富多样且实用的实训场所，涵盖了现代物流仿真实训室、智慧仓储实训室、虚拟现实实训中心等，并不断优化作业中心；积极与企业合作，共建了产业学院和生产性实训基地，以推动产教融合；专业师资团队实力强大，曾荣获首批国家级职业教育教师教学创新团队等称号。部分院校在物流领域具有独特地位，如赛队 6 所在的学校是全国唯一以现代物流为主导专业的高等院校。总体而言，这些参赛队伍所在的院校在物流专业的建设上,无论是硬件设施、师资力量方面,还是专业地位和产教融合方面,都表现出色,这为培养优秀的物流专业人才提供了有力保障。

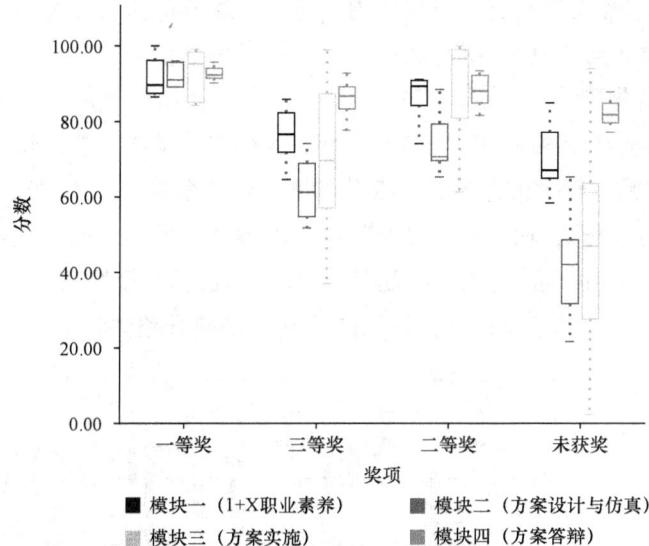

图1-11 各个奖项成绩分析箱线图

表1-6 一等奖参赛队伍物流类专业介绍

序号	获一等奖赛队	物流类专业介绍
1	赛队1	国家骨干示范重点专业和双高专业承建学院,拥有首批国家级职业教育教师教学创新团队1个、中央财政支持实训基地1个、国家高职教育创新行动计划骨干专业及生产型实训基地1个、自治区级示范特色专业及实训基地2个、自治区级虚拟仿真实训基地1个
2	赛队2	物流管理为省级高职高专特色专业,学院拥有现代物流仿真实训室、智慧仓储实训室、智慧物流虚拟现实实训中心等实用特色实训场所
3	赛队3	专业群为省"十二五"高等学校重点建设专业群,建设有现代物流实训中心,物流管理专业为校重点专业
4	赛队4	现代物流管理专业是国家级优质校骨干专业、省级特色专业。拥有中央财政支持的国家级实训基地、交通运输部干专业建设项目和省公路物流工程研究中心,与企业共建有智慧物流产业学院和智能供应链产业学院,拥有"智慧物流快递服务中心"和"京东校园实训中心"两个生产性实训基地。学院现有40多个校内实训项目,设备总值达到3 000多万元,场地面积6 000多平方米
5	赛队5	物流相关实训基地建筑面积2 000多平方米,承办过五届全国范围的物流大赛、十届市级高职高专院校物流技能竞赛。建有仓储作业优化中心、配送作业优化中心、运输作业优化中心、条码制作中心、信息与监控中心、未来店、物联网系统运营中心、叉车训练中心等。在专业建设方面,现代物流管理专业为"国家骨干校重点建设专业","国家双高计划"之高水平专业群核心专业,专业师资团队荣获首批国家级职业教育教师教学创新团队
6	赛队6	学校为全国唯一以现代物流为主导专业的高等院校,省级高水平高职学校建设计划建设单位A档。物流管理专业是国家级骨干专业,是国家现代学徒制试点专业,现代物流管理专业群是省一流特色专业群,物流管理教学团队是国家首批职业教育教师教学创新团队。学院建有智能物流实训中心等校内外实训基地30余个,是省现代物流重点实习实训基地、物流管理专业教师教学技能水平认证培训基地、物流管理专业师资认证培训基地,是全国物流职业教育人才培养基地、物流管理国培师资培训基地

获得二等奖的参赛队伍需在模块二（方案设计与仿真）加强训练。从获得二等奖的参赛队伍与获得一等奖的参赛队伍的得分平均值差异分析图（如图1-12所示）来看，获得二等奖的参赛队伍与获得一等奖的参赛队伍得分差距较大的部分为模块二（方案设计与仿真），所有获得二等奖的参赛队伍的得分均低于获得一等奖的参赛队伍的得分平均值，因此获得二等奖的参赛队伍应该加强学生方案设计能力，注重在日常教学中融入仿真与规划知识。获得二等奖的参赛队伍的得分在模块三（方案实施）具有较大的差异性，部分参赛队伍在模块三（方案实施）的得分低于获得一等奖的参赛队伍的得分平均值，部分参赛队伍的得分高于获得一等奖的参赛队伍的得分平均值。因此参赛队伍应该充分利用自己在模块三（方案实施）的优势，做好在模块二（方案设计与仿真）的比赛，以提升整体竞争力。

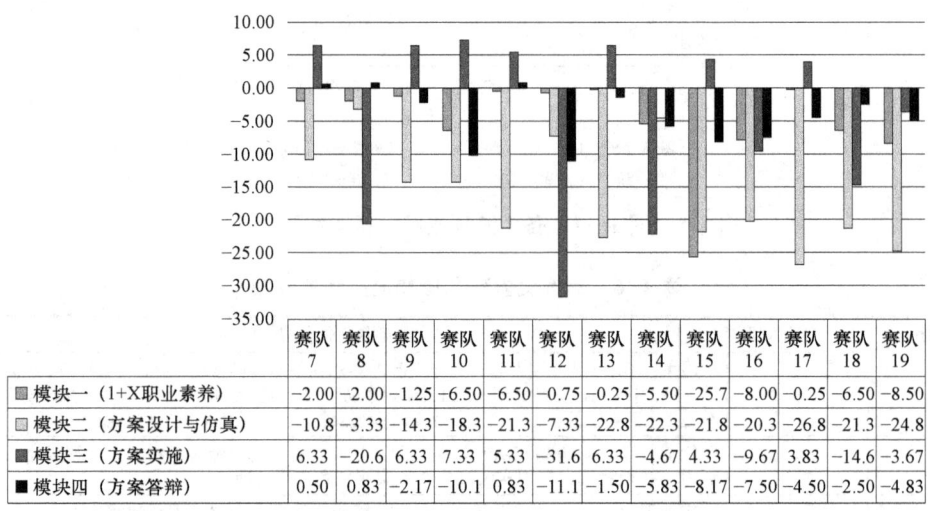

图 1-12　获得二等奖的队伍与获得一等奖的队伍均值差异分析图

获得三等奖的参赛队伍应注重模块二（方案设计与仿真）和模块三（方案实施）能力提升。从图1-13中可以看出，获得三等奖的参赛队伍与获得二等奖的参赛队伍的差距主要在模块二（方案设计与仿真）和模块三（方案实施）的得分上，其中，模块二（方案设计与仿真）的得分差额最大的有22.00分，模块三（方案实施）的得分差额最大的有52.00分。赛队23、赛队29和赛队31表现为模块三（方案实施）的得分能力良好，模块二（方案设计与仿真）的得分能力欠佳。赛队21和赛队24表现为模块二（方案设计与仿真）的得分能力良好，模块三（方案实施）的得分能力欠佳。出现该现象的原因可能是参赛院校并未注重学生实操能力培养，或物流类实训条件落后、指导教师对赛项规程不熟悉等。

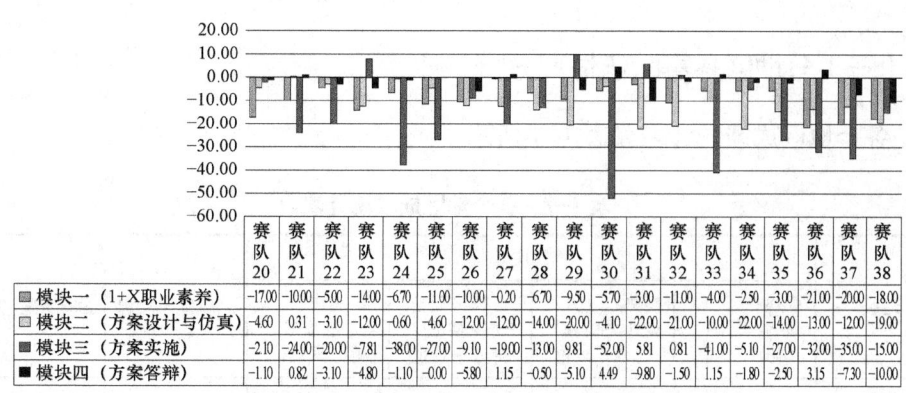

图 1-13 三等奖队伍与二等奖队伍均值差异分析图

未获奖的参赛队伍应当加强综合能力及各个模块成绩的均衡。从图 1-14 中可以看出，未获奖的参赛队伍中前 15 名的参赛队伍均有在某一模块的得分高于获得三等奖的参赛队伍的得分平均值的情况，表明参赛队伍在各模块发展不均衡，存在"偏科"现象。如赛队 39、赛队 50、赛队 51、赛队 53 表现为模块三（方案实施）的得分高于获得三等奖的参赛队伍，在其他模块的得分低于获得三等奖的参赛队伍。因此这类参赛队伍应该利用好实操优势，做好规划与仿真能力培养，相关的专业教师在指导竞赛和教学时应融入实践教学与仿真教学。赛队 40 在模块二（方案设计与仿真）的得分高于获得三等奖的参赛队伍，但在模块三（方案实施）的得分远低于获得三等奖的参赛队伍，因此该赛队应该充分利用规划与仿真优势，做好实践教学，加强与其他参赛队伍的交流学习。

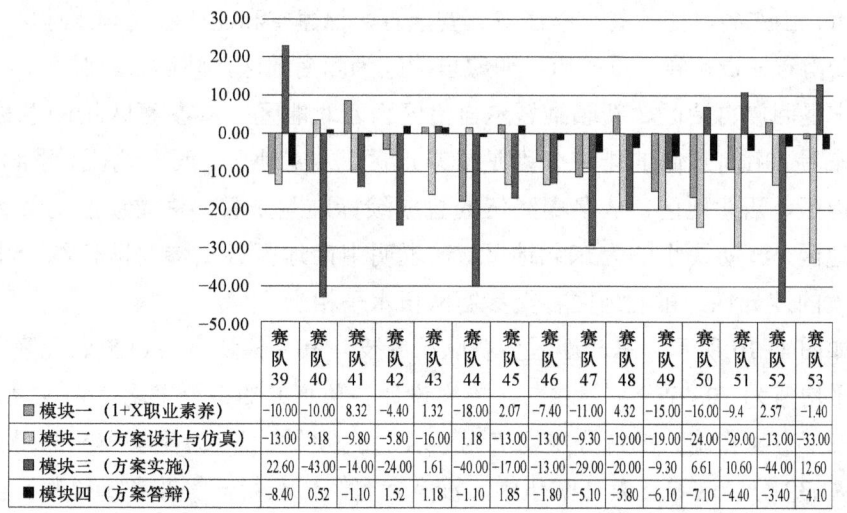

图 1-14 未获奖队伍（前 15 名）与三等奖队伍在各模块的得分平均值差异分析图

（三）分地区参赛队伍情况分析

各个地区成绩统计表如表 1-7 所示。

表 1-7　各个地区成绩统计表

地区	模块				总成绩平均值	总成绩标准差
	模块一（1+X 职业素养）得分平均值	模块二（方案设计与仿真）得分平均值	模块三（方案实施）得分平均值	模块四（方案答辩）得分平均值		
华东	83.54	69.14	69.43	88.11	72.54	15.12
中南	79.08	64.73	72.54	87.46	70.00	19.70
西南	78.19	54.22	78.94	85.04	64.65	12.90
华北	80.98	54.45	74.85	84.12	64.15	13.33
东北	70.46	53.67	65.17	81.39	60.42	9.89
西北	66.39	50.09	43.95	83.26	53.81	14.36

地区差异在参赛队伍获得的成绩上往往有所体现。为了准确把握这种差异情况，这里对不同地区参赛队伍获得的成绩平均值展开分析。根据地理分布，将参赛队伍所在的 31 个省（自治区、直辖市）分成 6 个区域。北京市、天津市、河北省、山西省和内蒙古自治区为华北地区，黑龙江省、吉林省和辽宁省为东北地区，河南省、湖北省、湖南省、广东省、海南省、广西壮族自治区为中南地区，上海市、山东省、江苏省、浙江省、安徽省、福建省和江西省为华东地区，四川省、云南省、贵州省、重庆市、西藏自治区为西南地区，陕西省、甘肃省、青海省、宁夏回族自治区、新疆维吾尔自治区为西北地区。从参赛队伍的总成绩平均值来看，由高到低的排序分别是华东地区、中南地区、西南地区、华北地区、东北地区、西北地区。从参赛队伍的总成绩标准差来看，总成绩波动最大的为中南地区，波动最小的为东北地区。这表明中南地区各支参赛队伍综合水平具有较大的差异性，东北地区各支参赛队伍水平相当。

如图 1-16 所示，东北地区参赛队伍 6 支，其中模块一（1+X 职业素养）的得分平均值为 70.46 分，模块二（方案设计与仿真）的得分平均值为 53.67 分，模块三（方案实施）的得分平均值为 65.17 分，模块四（方案答辩）的得分平均值为 81.39 分。这 6 支参赛队伍中，没有参赛队伍获得一等奖和二等奖，但获得三等奖 2 项，获奖比例为 33.3%。

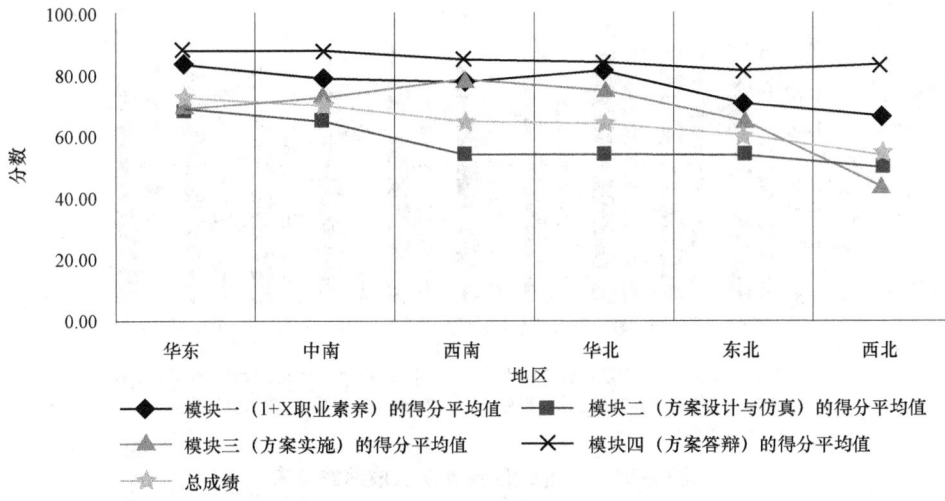

图 1-15　各个地区成绩均值统计图

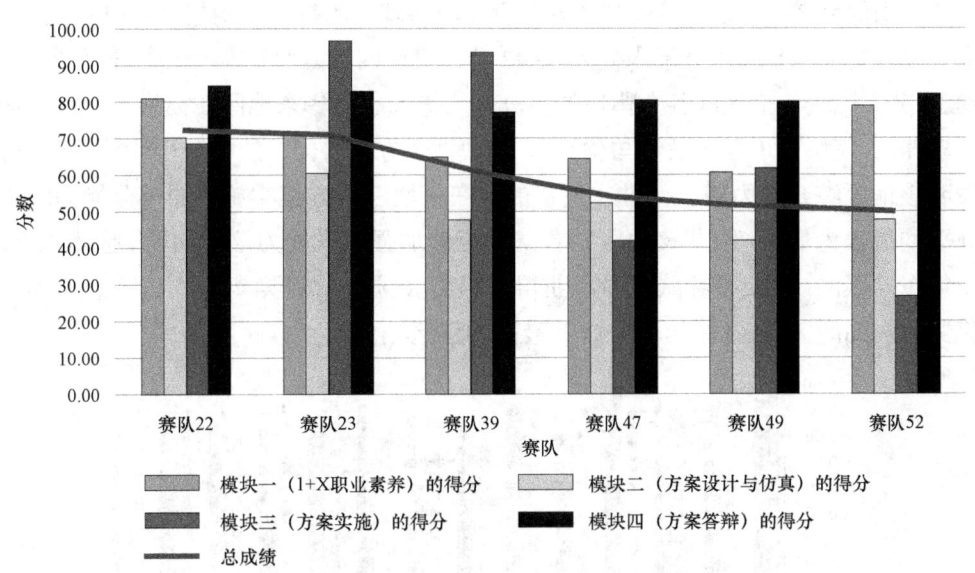

图 1-16　东北地区参赛队伍成绩统计表

如图 1-17 所示，华北地区参赛队伍 10 支，其中模块一（1+X 职业素养）的得分平均值为 80.98 分，模块二（方案设计与仿真）的得分平均值为 54.45 分，模块三（方案实施）的得分平均值为 74.85 分，模块四（方案答辩）的得分平均值为 84.12 分。在 10 支参赛队伍中，获得一等奖 1 项、二等奖 2 项、三等奖 3 项，获奖比例为 60.00%。

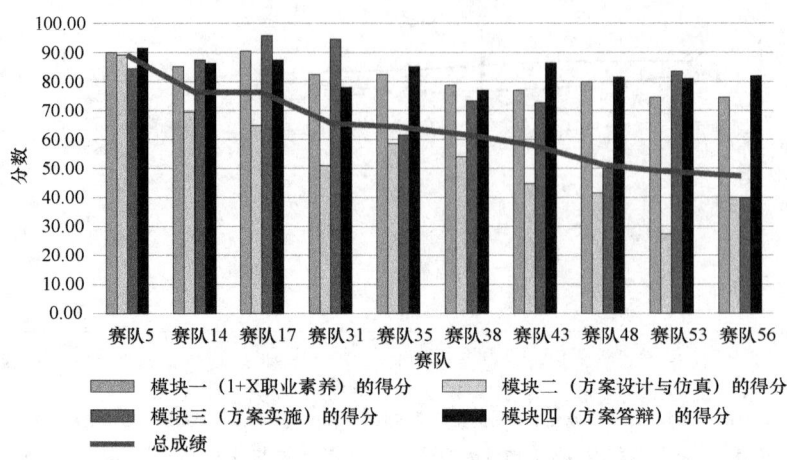

图 1-17　华北地区参赛队伍成绩统计表

如图 1-18 所示，华东地区参赛队伍 14 支，其中模块一（1+X 职业素养）的得分平均值为 83.54 分，模块二（方案设计与仿真）的得分平均值为 69.14 分，模块三（方案实施）的得分平均值为 69.43 分，模块四（方案答辩）的得分平均值为 88.11 分。比较各个地区各个模块的得分平均值大小，华东地区在模块一（1+X 职业素养）、模块二（方案设计与仿真）、模块四（方案答辩）的得分平均值均最高，表明该地区综合能力较强。唯一欠佳的是在模块三（方案实施）的得分能力和得分平均值较为靠后，因此该地区参赛队伍应该加强实操能力培养，提升整体水平。在华东地区的 14 支参赛队伍中，获得一等奖 2 项、二等奖 4 项、三等奖 6 项，获奖比例高达 85.70%，为获奖比例最高的地区。

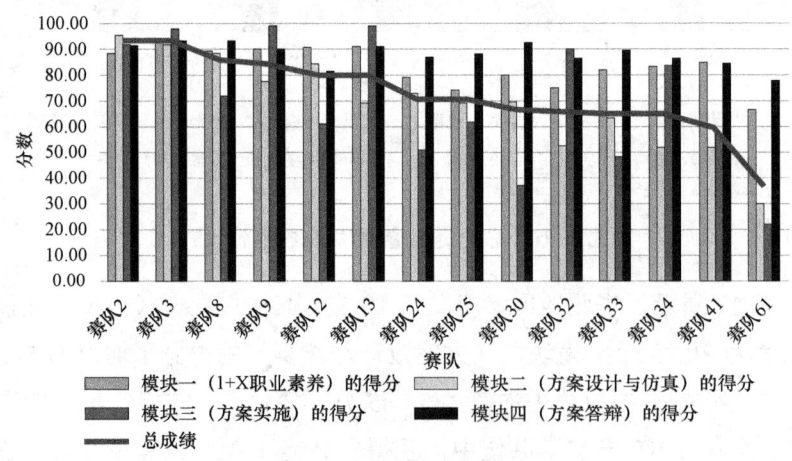

图 1-18　华东地区参赛队伍成绩统计表

如图 1-19 所示，中南地区参赛队伍 13 支，其中模块一（1+X 职业素养）的得分平均值为 79.08 分，模块二（方案设计与仿真）的得分平均值为 64.73 分，模块三（方案实施）的得分平均值为 72.54 分，模块四（方案答辩）的得分平均值为 87.46 分。在 13 支参赛队伍中，获一等奖 3 项、二等奖 3 项、三等奖 3 项，获奖比例为 69.20%。

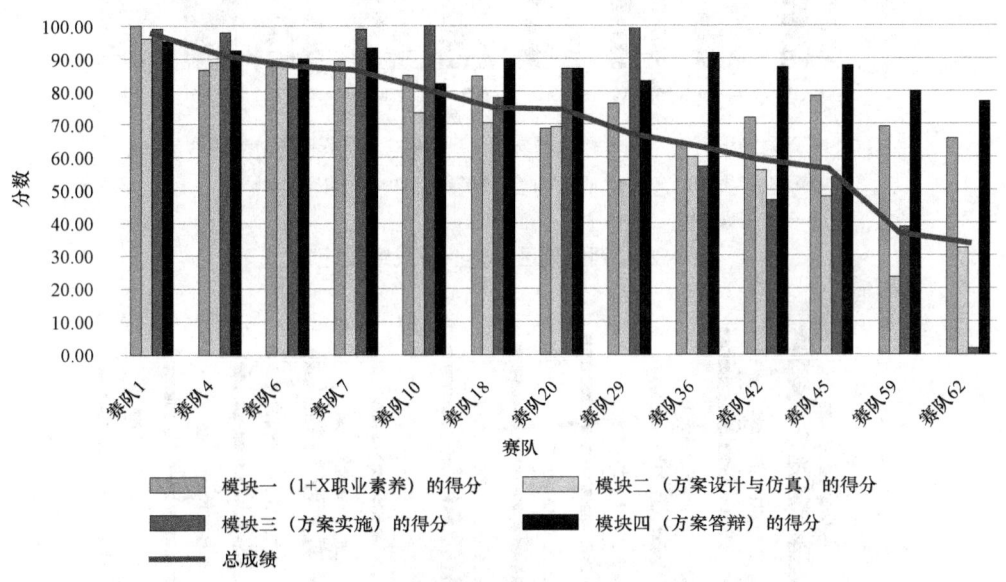

图 1-19 中南地区参赛队伍成绩统计表

如图 1-20 所示，西南地区参赛队伍 9 支，其中模块一（1+X 职业素养）的得分平均值为 78.19 分，模块二（方案设计与仿真）的得分平均值为 54.22 分，模块三（方案实施）的得分平均值为 78.94 分，模块四（方案答辩）的得分平均值为 85.04 分。值得注意的是，西南地区模块三（方案实施）的得分平均值为 6 个地区中最高值，表明该地区注重学生实操能力培养，因此该地区应该充分利用这一优势，提升职业素养和方案设计能力。在 9 支参赛队伍中，获二等奖 3 项、三等奖 3 项，获奖比例为 66.70%。

如图 1-21 所示，西北地区参赛队伍 11 支，其中模块一（1+X 职业素养）的得分平均值为 66.39 分，模块二（方案设计与仿真）的得分平均值为 50.09 分，模块三（方案实施）的得分平均值为 43.95 分，模块四（方案答辩）的得分平均值为 83.26 分。相较于其他地区，西北地区各个模块的得分平均值均最低。在 11 支参赛队伍中，获二等奖 1 项、三等奖 2 项，获奖比例为 27.30%，获奖比例最低。

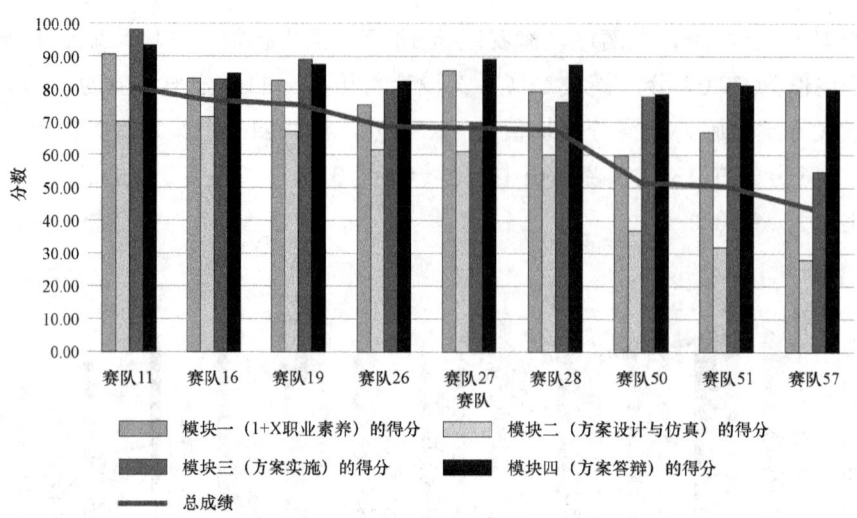

图1-20 西南地区参赛队伍成绩统计表

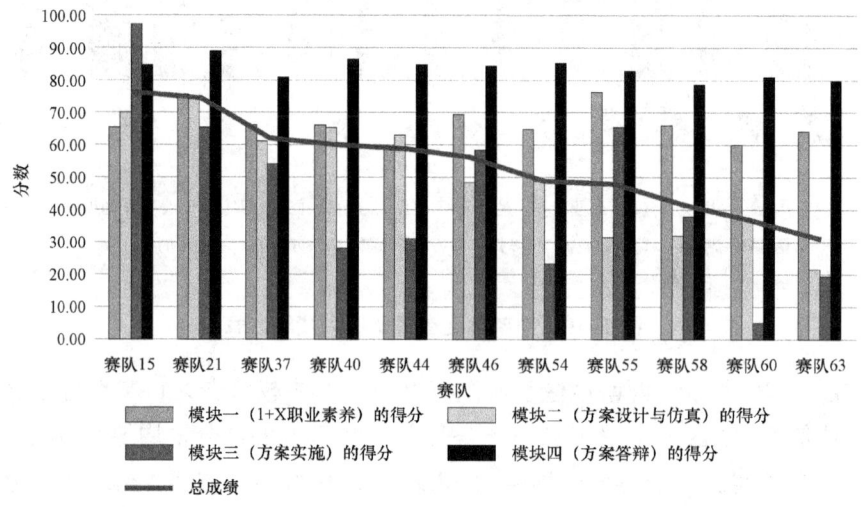

图1-21 西北地区参赛队伍成绩统计表

（四）各省（自治区、直辖市）竞赛成绩分析

为了分析31个省（自治区、直辖市）参赛队伍之间的差距，图1-22统计了各个省（自治区、直辖市）的参赛队伍的总成绩平均值，并进行对比。如图1-22所示，分数较高的参赛队伍分别来自浙江、江苏、广西、湖南和福建，得分平均值在80.00分及以上。这5个省（自治区、直辖市）分别位于华东地区和中南地区。得分较低的参赛队伍分别来自新疆、西藏、内蒙古、宁夏、青海、海南等，得分平均值在60.00分以下。

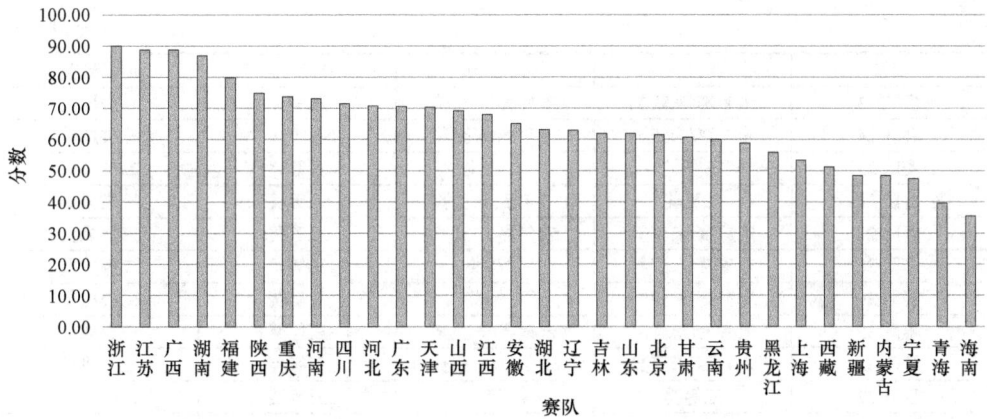

图 1-22 各省(自治区、直辖市)参赛队伍总成绩平均值柱状图

(五)历年获奖情况对比分析

参赛队伍 2021—2023 年的获奖情况统计如表 1-8 所示。

表 1-8 参赛队伍 2021—2023 年的获奖情况统计表

赛队	2021 年	2022 年	2023 年	最终聚类
赛队 1	未参赛/未获奖	一等奖	一等奖	二类成员
赛队 2	未参赛/未获奖	二等奖	一等奖	二类成员
赛队 3	未参赛/未获奖	二等奖	一等奖	二类成员
赛队 4	未参赛/未获奖	三等奖	一等奖	二类成员
赛队 5	一等奖	一等奖	一等奖	一类成员
赛队 6	二等奖	三等奖	一等奖	二类成员
赛队 7	未参赛/未获奖	未参赛/未获奖	二等奖	三类成员
赛队 8	未参赛/未获奖	未参赛/未获奖	二等奖	三类成员
赛队 9	二等奖	一等奖	二等奖	一类成员
赛队 10	一等奖	二等奖	二等奖	一类成员
赛队 11	二等奖	一等奖	二等奖	一类成员
赛队 12	未参赛/未获奖	三等奖	二等奖	二类成员
赛队 13	三等奖	二等奖	二等奖	二类成员
赛队 14	三等奖	二等奖	二等奖	二类成员
赛队 15	未参赛/未获奖	未参赛/未获奖	二等奖	三类成员
赛队 16	未参赛/未获奖	未参赛/未获奖	二等奖	三类成员
赛队 17	未参赛/未获奖	三等奖	二等奖	二类成员
赛队 18	未参赛/未获奖	未参赛/未获奖	二等奖	三类成员
赛队 19	未参赛/未获奖	未参赛/未获奖	二等奖	三类成员
赛队 20	未参赛/未获奖	三等奖	二等奖	三类成员
赛队 21	二等奖	三等奖	二等奖	二类成员
赛队 22	二等奖	三等奖	三等奖	二类成员

续表

赛队	2021年	2022年	2023年	最终聚类
赛队23	未参赛/未获奖	未参赛/未获奖	三等奖	三类成员
赛队24	未参赛/未获奖	未参赛/未获奖	三等奖	三类成员
赛队25	三等奖	二等奖	三等奖	二类成员
赛队26	三等奖	未参赛/未获奖	三等奖	三类成员
赛队27	未参赛/未获奖	未参赛/未获奖	三等奖	三类成员
赛队28	未参赛/未获奖	二等奖	三等奖	二类成员
赛队29	未参赛/未获奖	二等奖	三等奖	二类成员
赛队30	未参赛/未获奖	未参赛/未获奖	三等奖	三类成员
赛队31	未参赛/未获奖	未参赛/未获奖	三等奖	三类成员
赛队32	三等奖	三等奖	三等奖	二类成员
赛队33	未参赛/未获奖	未参赛/未获奖	三等奖	三类成员
赛队34	一等奖	一等奖	三等奖	一类成员
赛队35	未参赛/未获奖	未参赛/未获奖	三等奖	三类成员
赛队36	未参赛/未获奖	未参赛/未获奖	三等奖	三类成员
赛队37	未参赛/未获奖	三等奖	三等奖	三类成员
赛队38	未参赛/未获奖	未参赛/未获奖	三等奖	三类成员
赛队39	未参赛/未获奖	三等奖	未参赛/未获奖	三类成员
赛队40	未参赛/未获奖	未参赛/未获奖	未参赛/未获奖	三类成员
赛队41	未参赛/未获奖	未参赛/未获奖	未参赛/未获奖	三类成员
赛队42	未参赛/未获奖	未参赛/未获奖	未参赛/未获奖	三类成员
赛队43	未参赛/未获奖	三等奖	未参赛/未获奖	三类成员
赛队44	未参赛/未获奖	未参赛/未获奖	未参赛/未获奖	三类成员
赛队45	未参赛/未获奖	未参赛/未获奖	未参赛/未获奖	三类成员
赛队46	未参赛/未获奖	未参赛/未获奖	未参赛/未获奖	三类成员
赛队47	未参赛/未获奖	三等奖	未参赛/未获奖	三类成员
赛队48	未参赛/未获奖	三等奖	未参赛/未获奖	三类成员
赛队49	未参赛/未获奖	未参赛/未获奖	未参赛/未获奖	三类成员
赛队50	未参赛/未获奖	未参赛/未获奖	未参赛/未获奖	三类成员
赛队51	未参赛/未获奖	未参赛/未获奖	未参赛/未获奖	三类成员
赛队52	二等奖	未参赛/未获奖	未参赛/未获奖	三类成员
赛队53	未参赛/未获奖	未参赛/未获奖	未参赛/未获奖	三类成员
赛队54	未参赛/未获奖	未参赛/未获奖	未参赛/未获奖	三类成员
赛队55	未参赛/未获奖	未参赛/未获奖	未参赛/未获奖	三类成员
赛队56	未参赛/未获奖	未参赛/未获奖	未参赛/未获奖	三类成员
赛队57	未参赛/未获奖	未参赛/未获奖	未参赛/未获奖	三类成员
赛队58	未参赛/未获奖	未参赛/未获奖	未参赛/未获奖	三类成员
赛队59	未参赛/未获奖	未参赛/未获奖	未参赛/未获奖	三类成员
赛队60	未参赛/未获奖	未参赛/未获奖	未参赛/未获奖	三类成员
赛队61	未参赛/未获奖	未参赛/未获奖	未参赛/未获奖	三类成员
赛队62	未参赛/未获奖	未参赛/未获奖	未参赛/未获奖	三类成员
赛队63	未参赛/未获奖	未参赛/未获奖	未参赛/未获奖	三类成员

通过表 1-8 的聚类分析可以发现不同赛队之间的相似性和差异性。现在将所有赛队有效地分成几个梯队，以更好地解释它们在比赛中的表现，为进一步研究和决策提供有益的参考。统计参赛队伍 2021—2023 年的获奖情况，对获奖进行权重设置，其中将一等奖权重设置为 3，将二等奖权重设置为 2，将三等奖权重设置为 1，将未参赛或未获奖权重设置为 0，最后统计出各支赛队加权总分，并进行 k 均值聚类分析，如图 1-23 所示。

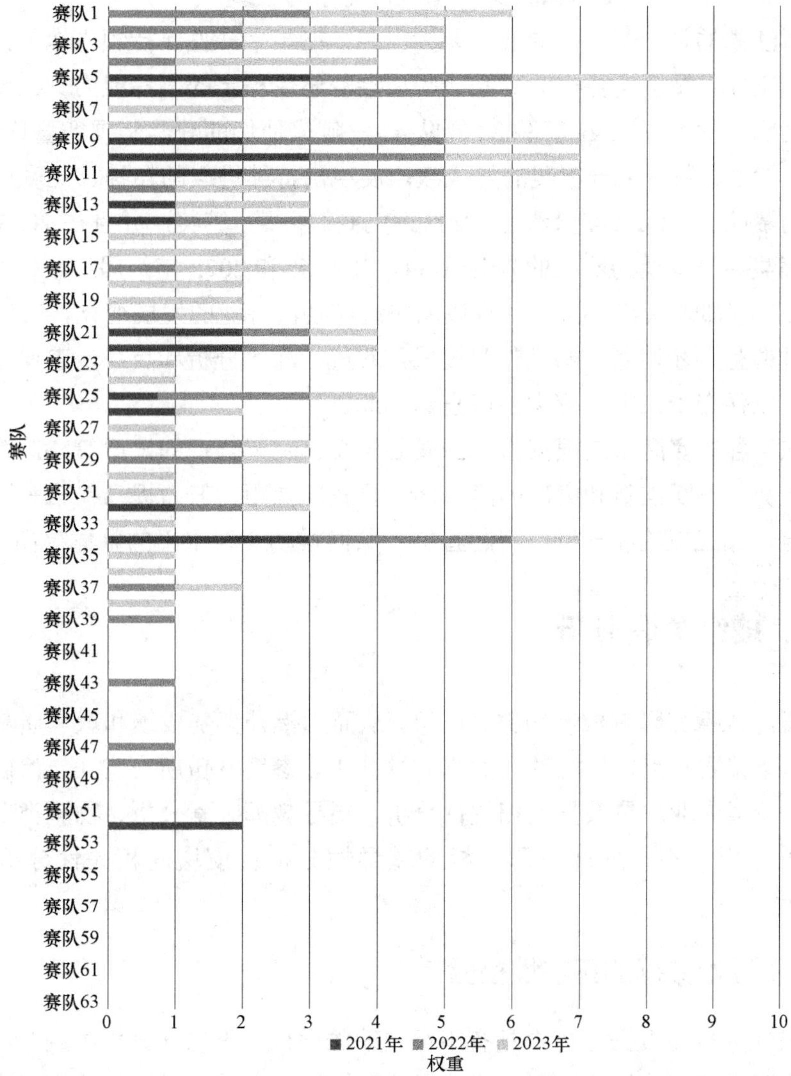

图 1-23　各参赛队伍 2021—2023 年获奖加权统计图

通过对加权总分进行聚类分析，将参赛队伍分成如下3个梯队。

（1）赛队5等5支队伍为第一梯队，竞争力最强。第一梯队的5支参赛队伍，有4支为交通类高职院校，这表明此类院校在物流类专业方面基础扎实，具有显著的优势。

（2）赛队1等15支队伍为第二梯队，竞争力较强。这些队伍在竞赛中展现出了较为稳定的实力和一定的发展潜力，具备向第一梯队冲击的可能性。

（3）赛队7等43支队伍为第三梯队，竞争力较弱。

值得注意的是，赛队5的表现尤为出色，三年来一直保持领先地位，均获得一等奖，充分彰显了其扎实的专业功底和参赛学生稳定的发挥能力。稳步前进且进步较为明显的为赛队2、赛队3、赛队4，三年来他们的获奖奖项数量逐年提升，在2023年更是获得了一等奖的好成绩，展现出持续进取的精神。比赛成绩突飞猛进的为赛队1，2021年未参赛，2022年直接斩获一等奖，并且在2023年继续获得一等奖。退步最为明显的为赛队34，2021年和2022年两届均获得一等奖，但在2023年却未获奖，该赛队应该加快适应物流行业的发展变化，其所在院校也应及时调整人才培养策略及教学模式，并进行深入分析和反思，查找可能存在的问题，以便在未来的竞赛中能够重新崛起。

未来，各参赛队伍应根据自身的发展情况，制定合理的发展策略：第一梯队要保持优势，不断创新和突破；第二梯队要找准差距，努力提升；第三梯队则要借鉴经验，加强交流和学习，奋起直追，共同推动竞赛水平的整体提高。

三、成绩关联分析

为了深入探究影响成绩的关键因素，从而为提升竞赛成绩和教学质量提供有力依据，本报告将涵盖原始数据的正态性分析、参赛队伍所在省（自治区、直辖市）的物流类专业院校数量的相关性分析、指导教师因素分析、物流类专业排名的差异性分析、不同地区高职院校的差异性分析及模块间相关性分析等多个重要方面。

（一）原始数据的正态性检验

正态性分析在数据分析中具有不可或缺的地位。正态性分析的判断，对于后续选择合适的统计分析方法、评估数据的可靠性和有效性，以及准确解读分析结果都有着决定性的影响。这里对模块一（1+X职业素养）的得分情况、模块二（方

案设计与仿真）的得分情况、模块三（方案实施）的得分情况、模块四（方案答辩）的得分情况、总成绩这 5 项数据进行正态性检验，因数据量大于 50，故使用 Kolmogorov-Smirnov 检验（简称 K-S 检验），结果如图 1-24 所示。具体来看，这五项数据均没有呈现显著性（$P>0.05$），意味着接受原假设（原假设：数据正态分布）。模块一（1+X 职业素养）的得分情况、模块二（方案设计与仿真）的得分情况、模块三（方案实施）的得分情况、模块四（方案答辩）的得分情况、总成绩均具备正态性特质，如表 1-9 所示。

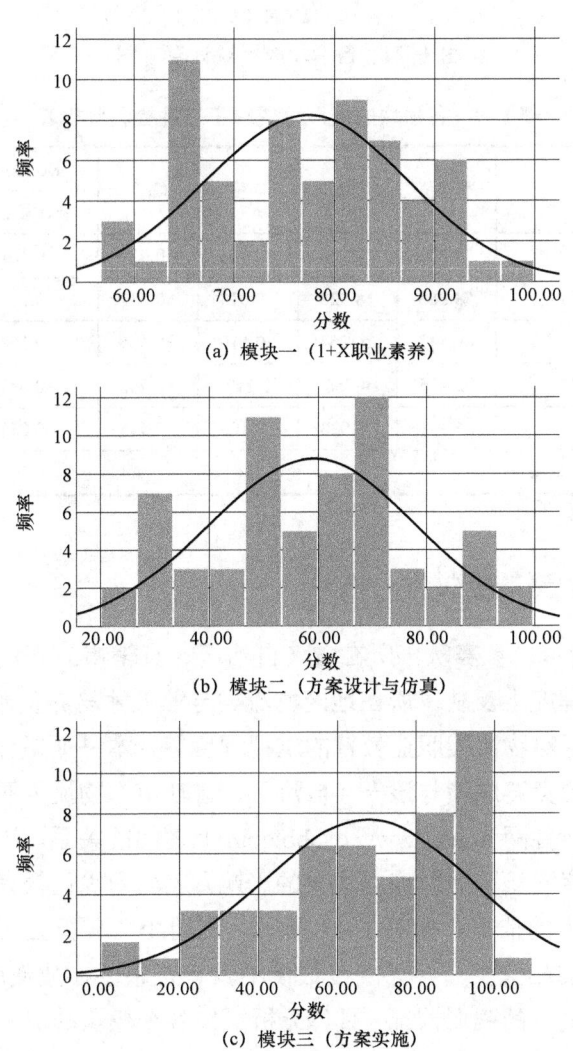

(a) 模块一（1+X 职业素养）

(b) 模块二（方案设计与仿真）

(c) 模块三（方案实施）

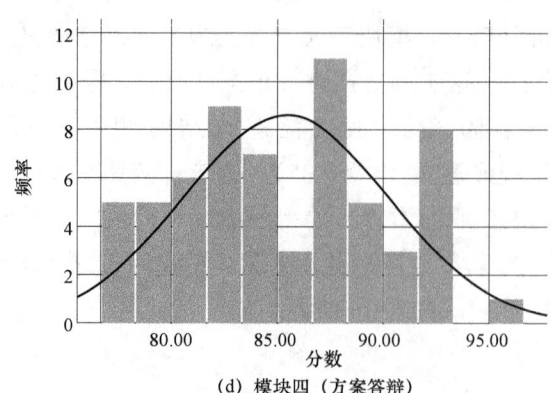

(d)模块四（方案答辩）

图 1-24 各模块成绩统计直方图

表 1-9 各模块成绩及总成绩正态性检验分析表

名称	平均值	标准差	偏度	峰度	Kolmogorov-Smirnov 检验	
					统计量 D 值	P 值
模块一（1+X 职业素养）	77.206	10.124	−0.043	−0.956	0.101	0.110
模块二（方案设计与仿真）	58.968	18.928	−0.014	−0.631	0.067	0.688
模块三（方案实施）	67.437	26.264	−0.610	−0.485	0.108	0.068
模块四（方案答辩）	85.415	4.856	0.112	−0.942	0.087	0.285
总成绩	65.131	15.933	−0.105	−0.545	0.055	0.911

注：* $P<0.05$　** $P<0.01$。

（二）院校数量的相关性分析

如表 1-10 所示，参赛队伍所在省（自治区、直辖市）开设了物流类专业的院校数量在一定程度上反映了所在地区物流类专业人才培养资源供给规模、人口规模和需求、地区对物流类职业教育的重视程度等，本书期望分析出不同省（自治区、直辖市）的竞赛成绩与该省（自治区、直辖市）物流类职业院校数量（数据来源：大学生必备网 https://www.dxsbb.com/）之间的关系。这种关系的剖析不仅有助于了解教育资源分布对竞赛成果的影响，还能为优化教育资源配置和提升竞赛水平提供有力的依据。如表 1-11 所示，利用相关分析去研究各个模块的总成绩和院校数量的相关关系，因院校数量不具有正态性，故使用 Spearman 相关系数去表示相关关系的强弱情况。具体分析可知各个模块的成绩与总成绩对院校数量均呈现出显著性（$P<0.01$），并且相关系数均大于 0，意味着模块一（1+X

职业素养）的得分、模块二（方案设计与仿真）的得分、模块三（方案实施）的得分、模块四（方案答辩）的得分、总成绩与院校数量之间有着正相关关系。这表明了院校数量越多的省（自治区、直辖市），其总成绩越高，如江苏省、河南省等；部分省（自治区、直辖市）的院校数量较少，如海南省、青海省等，其总成绩相对较低。

表 1-10 31 个省（自治区、直辖市）开设物流类专业高职院校数量统计表

序号	省（自治区、直辖市）	开设物流类专业高职院校数量	序号	省（自治区、直辖市）	开设物流类专业高职院校数量
1	安徽	47	17	辽宁	28
2	北京	5	18	内蒙古	11
3	福建	22	19	宁夏	2
4	甘肃	16	20	青海	2
5	广东	59	21	山东	57
6	广西	27	22	山西	19
7	贵州	17	23	陕西	24
8	海南	7	24	上海	10
9	河北	31	25	四川	48
10	河南	62	26	天津	12
11	黑龙江	17	27	西藏	1
12	湖北	39	28	新疆	24
13	湖南	24	29	云南	23
14	吉林	13	30	浙江	23
15	江苏	62	31	重庆	23
16	江西	30			

表 1-11 成绩与省（自治区、直辖市）物流类专业高职院校数量的相关性分析表

指标	模块一 （1+X 职业素养）	模块二 （方案设计与仿真）	模块三 （方案实施）	模块四 （方案答辩）	总成绩
相关系数	0.34**	0.41**	0.41**	0.47**	0.47**
P 值	0.01	0.00	0.00	0.00	0.00

注：* $P<0.05$ ** $P<0.01$。

图 1-25 为总成绩与参赛省（自治区、直辖市）开设物流类专业高职院校数量组合图，虽然院校数量具有较大的波动性，但是从整体趋势来看，随着总成绩的递增，院校数量呈现出波动性递增现象，表明了总成绩与院校数量的正向相关性。对于参与竞赛的学生而言，所在区域学校数量的多少可能代表了竞争压力的

大小，学校数量多意味着参与竞赛的学生基数大，竞争可能更加激烈。参赛院校若想从省赛中突围出来参加国赛，对参赛学生的选拔可能更加多样化和严格，这也促使学生不断提升专业技能。同时，较多的学校能提供更多的交流与合作机会，能为学生提供更广泛的交流平台，促进不同学校师生之间的经验借鉴和合作。

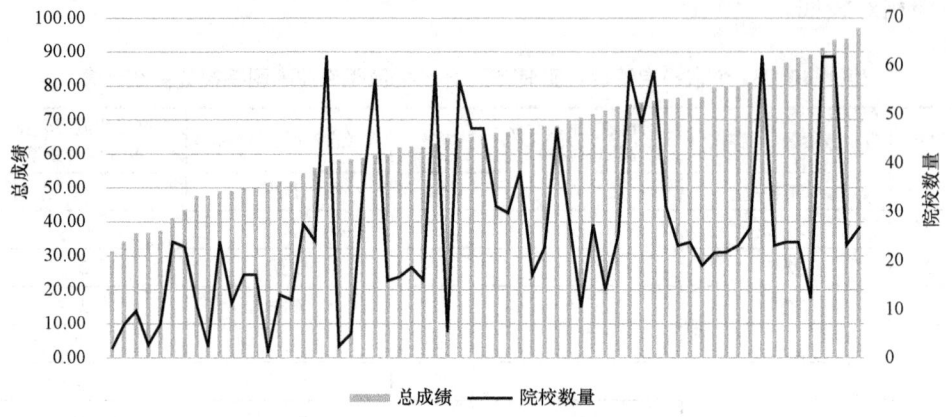

图 1-25　总成绩与院校数量组合图

（三）指导教师因素分析

1. 教师赛成绩的相关性分析

为了更深入地探索教育过程中的教与学的相互作用，本书计划分析 2023 年全国职业技能大赛高职组智慧物流赛项教师赛与学生赛成绩的相关性。由于部分省份教师赛参赛队伍与学生赛不一致，这里筛选出既参加了教师赛又参加了学生赛的 39 所院校数据，并对两组数据进行相关性检验。检验教师赛成绩的正态性，发现其具有正态分布特征，因此使用 Pearson 相关系数去表示相关关系的强弱情况。通过具体分析可知，总成绩和教师赛之间的相关系数值为 0.44，并且呈现出 0.01 水平的显著性，说明了总成绩和教师赛之间有着显著的正相关关系，如表 1-12 所示。

表 1-12　学生赛总成绩与教师赛总成绩的相关性分析表

分析项 Y	分析项 X	总成绩
教师赛	相关系数	0.44**
	P 值	0.01
	样本量	39

* $P<0.05$　　** $P<0.01$

如图 1-26 所示，随着学生赛总成绩的增长，教师赛总成绩也呈现出增长的趋势，从图中可以看出两组数据具有一定的正向相关性。这一显著的正相关关系也为教育教学改革提供了有益的启示。参赛院校在培养学生参加竞赛时，可以更加注重对教师队伍的建设和培训，提高教师的专业水平并丰富教师的竞赛指导经验，以更好地指导学生。此外，通过深入分析这种相关性，还能够发现教育教学中的薄弱环节，有针对性地调整教学策略和课程设置，优化教育资源的配置，进一步提高职业技能教育的质量和效率。

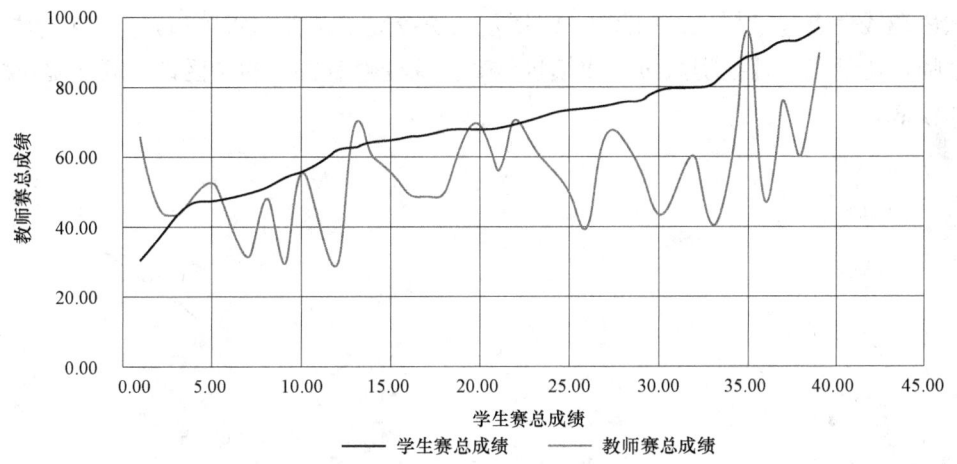

图 1-26　学生赛总成绩与教师赛总成绩平滑线散点图

2. "双师型"教师占比的相关性分析

"双师型"教师对培养学生的综合能力至关重要，通过全面指导学生在学科知识、实践技能、综合素质等方面全面发展，可提高学生参赛的竞争力，促进学生综合能力的提升。分析竞赛成绩与参赛队伍"双师型"教师占比的相关性，对各个模块成绩及总成绩进行相关性分析，可以发现"双师型"教师占比数据具有正态性，因此可以使用 Pearson 相关系数去表示相关关系的强弱情况。如表 1-13 所示，各个模块成绩、总成绩与"双师型"教师占比之间全部均呈现出显著性，并且相关系数值均大于 0，意味着"双师型"教师占比越高的院校，其各个模块成绩和总成绩也越高。因此高职院校在提升学生专业技能方面，应该注重"双师型"教师培养。

表 1-13 竞赛成绩与院校"双师型"教师占比的相关性分析

指标	模块				总成绩
	模块一 (1+X 职业素养)	模块二 (方案设计与仿真)	模块三 (方案实施)	模块四 (方案答辩)	
相关系数	0.39**	0.29*	0.37**	0.28*	0.36**
P 值	0.00	0.02	0.00	0.03	0.00

* $P<0.05$ ** $P<0.01$

图 1-27 为"双师型"教师占比和总成绩分布的散点图，图中分布的散点图代表了参赛队伍所在省区市开设物流类专业院校数量，颜色越深代表数量越少，颜色越浅代表数量越大。如图 1-27 所示，院校数量越多的省区市，其"双师型"教师占比越高，且参赛队伍总成绩也越高；院校数量较少的省区市，其竞赛总成绩较低。

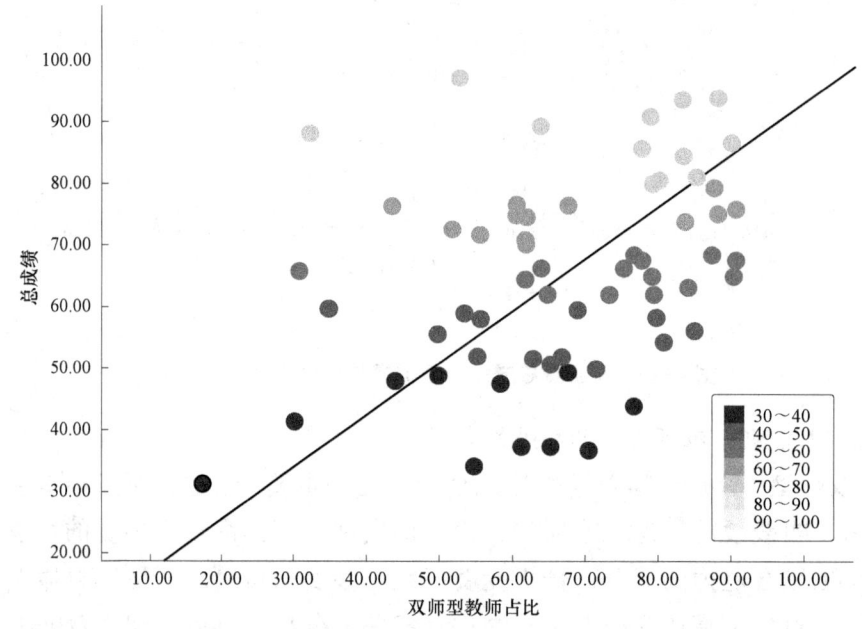

图 1-27 "双师型"教师占比与总成绩分布散点图（区分院校数量）

3. 高职称教师占比的相关性分析

竞赛成绩的优劣是衡量学校教学成果和学生能力水平的重要指标。在影响竞赛成绩的诸多因素中，师资力量起着关键作用。高职称教师作为师资队伍中的核心力量，其占比情况可能与竞赛成绩存在着一定的联系。基于此，本书深入分析了高职称占比情况与竞赛成绩的相关性，以期揭示其中的潜在规律。因高职称教师占比数据具有正态性，故使用 Pearson 相关系数去表示相关关系的强弱情况。如表 1-14 所示，模块一（1+X 职业素养）、模块三（方案实施）的成绩这两项与高职称教师占比呈现出显著性，并且相关系数均大于 0，表明模块一（1+X 职业素养）、模块三（方案实施）的成绩与高职称教师占比之间有着正相关关系。高职称教师占比越高的院校，其学生的职业素养越高和实操能力越强。

表 1-14　竞赛成绩与院校高职称教师占比的相关性分析

指标	模块				总成绩
	模块一 （1+X 职业素养）	模块二 （方案设计与仿真）	模块三 （方案实施）	模块四 （方案答辩）	
相关系数	0.26*	0.11	0.25*	−0.02	0.18
P 值	0.04	0.40	0.05	0.89	0.17

注：* $P<0.05$　** $P<0.01$。

（四）物流类专业排名的差异性分析

统计各个参赛院校 2023—2024 年物流类高职院校排名（数据来源：中国科教评价网 www.nseac.com），分析竞赛成绩与专业类排名的差异性，对各个模块成绩及总成绩进行单因素方差分析，如表 1-15 所示，不同专业类排名样本对于总成绩均呈现出显著性（$P<0.05$），意味着不同专业类排名对于总成绩均有着差异性。

表 1-15　参赛院校专业类排名与竞赛总成绩的方差分析表

方差分析指标	物流类高职院校排名		
	排名 20%～100% （$n=21$）	排名 5%～20% （$n=23$）	排名前 5%（$n=19$）
平均值±标准差	56.84±14.41	68.23±15.34	70.55±15.25
F	4.94		
P	0.01*		

注：* $P<0.05$　** $P<0.01$。

如图 1-28 所示，专业类排名对于总成绩呈现出 0.05 水平显著性（$F=4.94$，$P=0.01$）。通过具体对比，有着较为明显差异的组别其得分的平均值对比结果为：排名在 20%～100% 之间的院校的总成绩明显低于排名在前 5% 和排名在 5%～

20%之间的院校，而专业排名在前5%与在5%～20%的院校之间差异性较小，主要的差别在于模块三（方案实施）的得分。

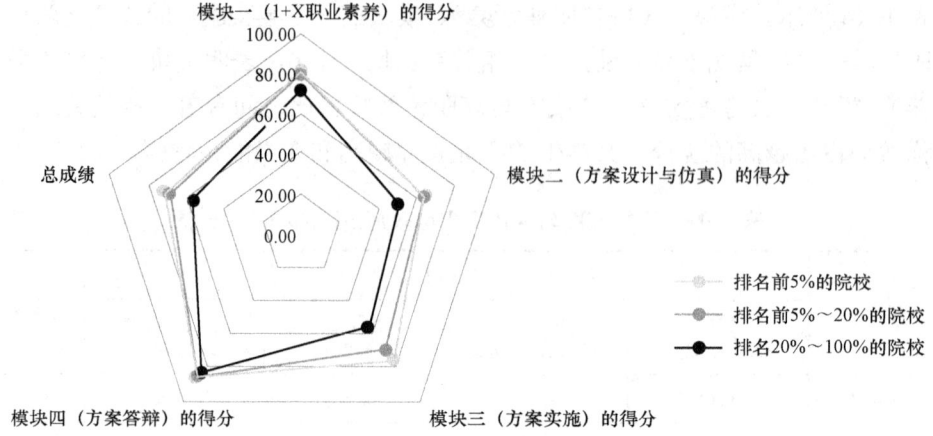

图1-28 专业排名与各个模块成绩均值雷达图

为了分析出在不同物流类专业排名下院校数量与总成绩之间呈现的特征，本书绘制了院校数量与总成绩散点图，如图1-29所示（图1-29中符号的大小代表了总成绩的高低）。从总成绩较高的分布情况来看，参赛队伍主要为排名前5%和排名在前5%～20%的院校所属的参赛队伍。

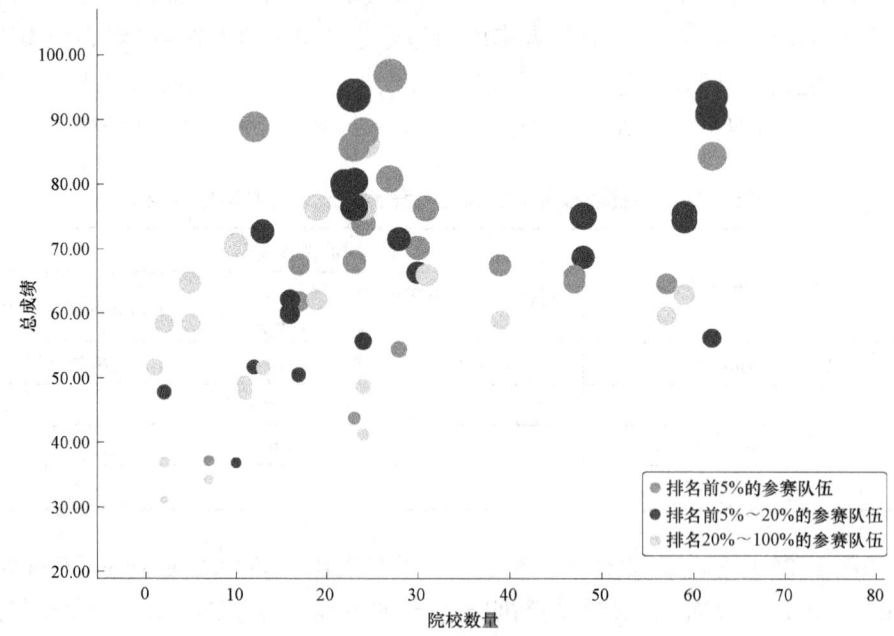

图1-29 院校数量与参赛队伍总成绩散点图（区分专业类排名）

图 1-30～图 1-32 为各个模块之间散点图。如图 1-30～图 1-32 所示，各模块成绩较高且总成绩较高的参赛队伍主要是排名前 5% 和排名 5%～20% 的院校所属的参赛队伍。而赛队 7 比较特殊，虽然其所在学校的专业排名为 20%～100%，但其各个模块的成绩和总成绩均较高。如图 1-31 所示，总成绩较高的参赛队伍可分成两类：一类在模块二（方案设计与仿真）的得分较高，在模块三（方案实施）的得分较低，如赛队 7、赛队 9、赛队 10；另一类是在模块三（方案实施）的得分较高，在模块二（方案设计与仿真）的得分较低，如赛队 5、赛队 6、赛队 8。

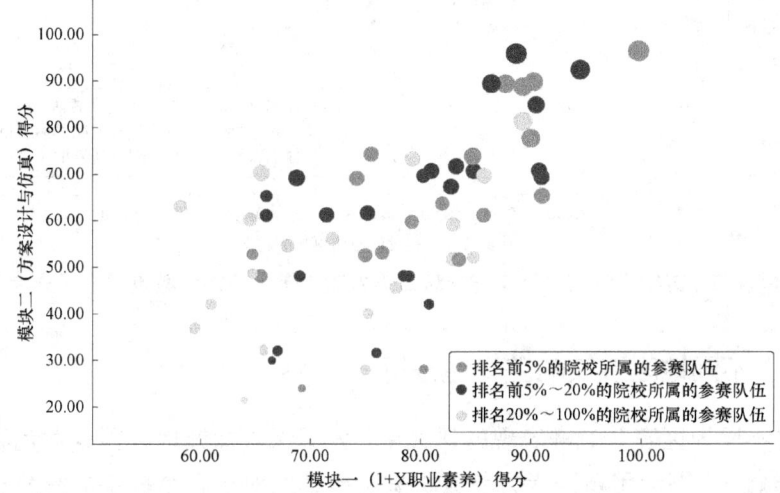

图 1-30　模块一（1+X 职业素养）与模块二（方案设计与仿真）的得分散点图
（区分专业类排名）

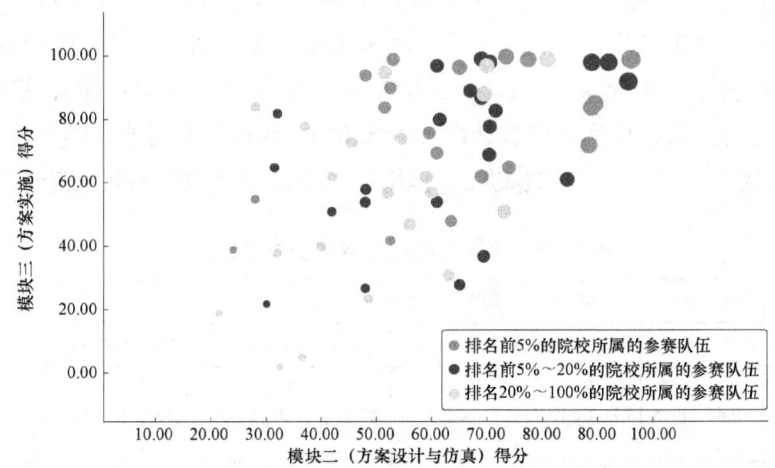

图 1-31　模块二（方案设计与仿真）与模块三（方案实施）的得分散点图
（区分专业类排名）

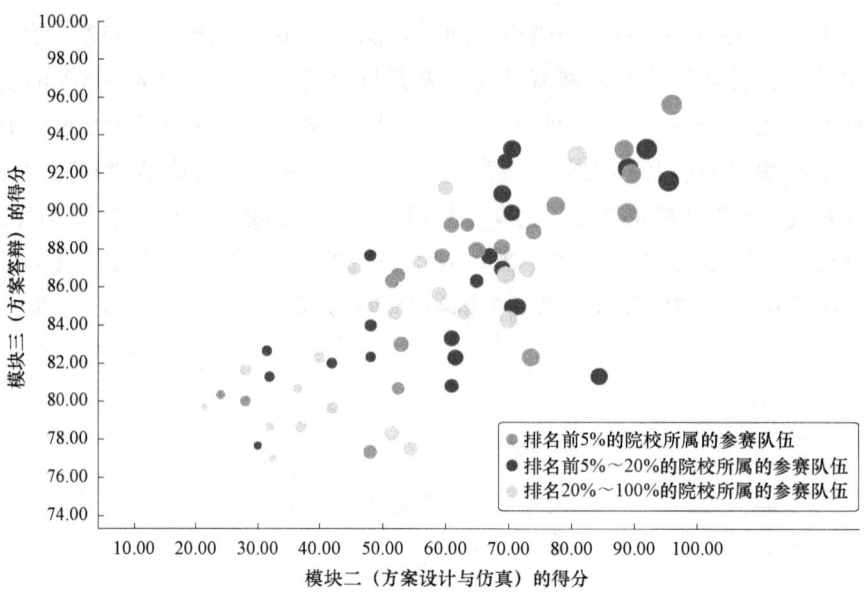

图 1-32　模块二（方案设计与仿真）与模块三（方案答辩）的得分散点图（区分专业类排名）

（五）不同地区院校的差异性分析

在对不同地区赛队竞赛表现的研究中，为了深入探究地区因素对竞赛各模块得分的影响，本书运用单因素方差分析来考察地区对于各个模块的得分和总成绩等 5 项的差异性。从表 1-16 中可以看出，不同地区样本对于模块二（方案设计与仿真）的得分和总成绩这 2 项并未表现出显著性（$P>0.05$），意味着不同地区样本对于模块二（方案设计与仿真）得分和总成绩均表现出一致性，并没有差异性。另外，地区样本对于模块一（1+X 职业素养）、模块三（方案实施）、模块四（方案答辩）的得分的影响呈现出显著性（$P<0.05$），意味着不同地区样本对于模块一（1+X 职业素养）、模块三（方案实施）、模块四（方案答辩）的得分影响有一定差异性。

表 1-16　不同地区的参赛队伍方差分析表

模块	地区（平均值±标准差）						F	P
	东北（$n=6$）	中南（$n=13$）	华东（$n=14$）	华北（$n=10$）	西北（$n=11$）	西南（$n=9$）		
模块一 （1+X 职业素养）	70.46±8.15	79.08±10.71	83.54±7.89	80.97±7.19	66.39±5.53	78.19±9.68	6.55	0.00**
模块二 （方案设计与仿真）	53.67±10.38	64.73±21.91	69.14±18.31	54.45±17.45	50.09±17.77	54.22±17.07	2.01	0.09

续表

模块	地区（平均值±标准差）						F	P
	东北（n=6）	中南（n=13）	华东（n=14）	华北（n=10）	西北（n=11）	西南（n=9）		
模块三（方案实施）	65.17±27.80	72.54±30.57	69.43±24.96	74.85±18.82	43.95±26.48	78.94±12.06	2.72	0.03*
模块四（方案答辩）	81.39±2.74	87.46±5.45	88.11±4.61	84.12±4.54	83.26±3.10	85.04±4.85	3.23	0.01*
总成绩	60.42±9.89	70.00±19.70	72.53±15.12	64.15±13.33	53.81±14.36	64.65±12.90	2.29	0.06

注：* P<0.05　　** P<0.01。

如图 1-33 所示，地区对于模块一（1+X 职业素养）的得分平均值呈现出 0.01 水平显著性（F=6.547，P=0.000）具体对比差异可知，有着较为明显差异的组别得分平均值对比结果为"中南＞东北；华东＞东北；华北＞东北；中南＞西北；华东＞西北；华北＞西北；西南＞西北"。地区对于模块三（方案实施）的得分呈现出 0.05 水平显著性（F=2.717，P=0.029），具体对比可知，有着较为明显差异的组别的得分平均值对比结果为"中南＞西北；华东＞西北；华北＞西北；西南＞西北"。地区对于模块四（方案答辩）的得分呈现出 0.05 水平显著性（F=3.226，P=0.012），具体对比可知，有着较为明显差异的组别的得分平均值对比结果为"中南＞东北；华东＞东北；中南＞西北；华东＞华北；华东＞西北"。

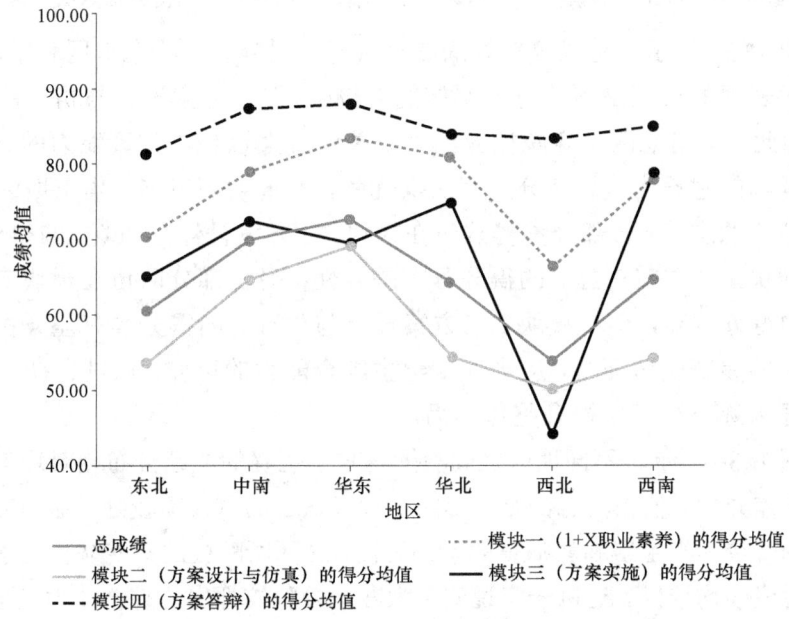

图 1-33　不同地区成绩均值统计折线图

图 1-34 为不同地区参赛队伍在模块一与模块二的得分散点图。如图 1-34 所示，比较在模块一和模块二的得分较高的参赛队伍可知：其主要分布在华东地区和中南地区。比较在模块一和模块二的得分较低的参赛队伍，其主要分布在西北地区。赛队 5 为华北地区表现最为优异的参赛队伍，其总成绩与各个模块的成绩均位列前茅。

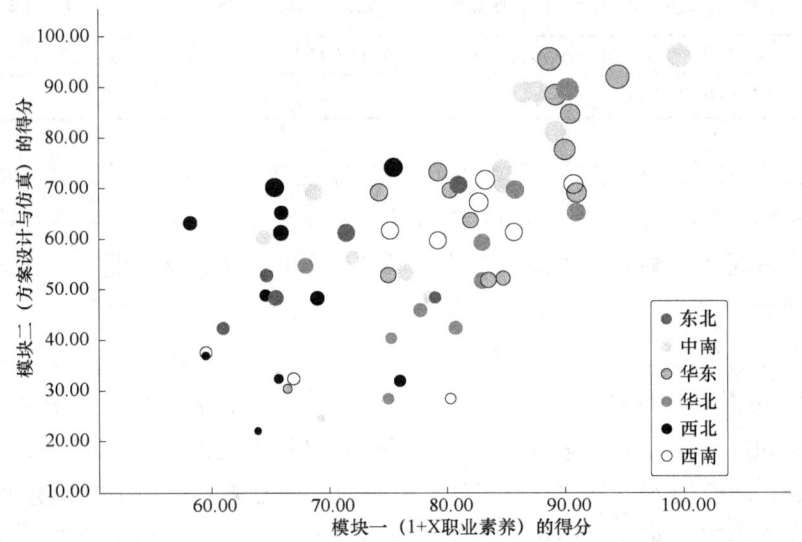

图 1-34　模块一（1+X 职业素养）与模块二（方案设计与仿真）的得分散点图（区分地区）

如图 1-35 所示，总成绩较好的参赛队伍主要分布在华东地区和中南地区，中南地区表现的特征是整体方案实施能力较强，但是方案设计与仿真能力有待提高。因此，中南地区参赛院校应当着重关注方案设计与仿真能力的培养，加大相关课程的建设力度，充分发挥实操优势，实现均衡发展。华东地区则呈现出两极分化的态势：一部分参赛队伍在模块二（方案设计与仿真）的得分较高，然而在模块三（方案实施）的得分具有差异性；另一部分队伍在模块三（方案实施）的得分较高，但在模块二（方案设计与仿真）的得分具有差异性。对于华东地区的参赛队伍而言，应当注重学生综合能力的培养，通过有针对性的训练和指导以弥补短板、提升整体实力。

如图 1-36 所示，不同地区之间教师赛与学生赛的成绩分布相对均匀，并未出现明显差异性。值得注意的是，赛队 1 和赛队 5 的总成绩较好，这两支参赛队伍所在的院校为学生赛和教师赛的承办院校，这两所院校的参赛队伍的学生赛和教师赛总成绩均较好。这进一步说明了大赛承办院校师生的综合能力较强，也反映出大赛承办院校在教师和学生竞赛培养方面的均衡发展态势。

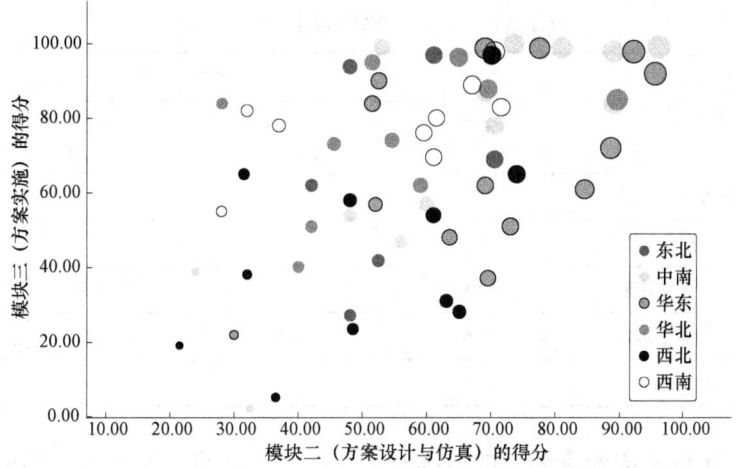

图 1-35　模块二（方案设计与仿真）与模块三（方案实施）的得分散点图（区分地区）

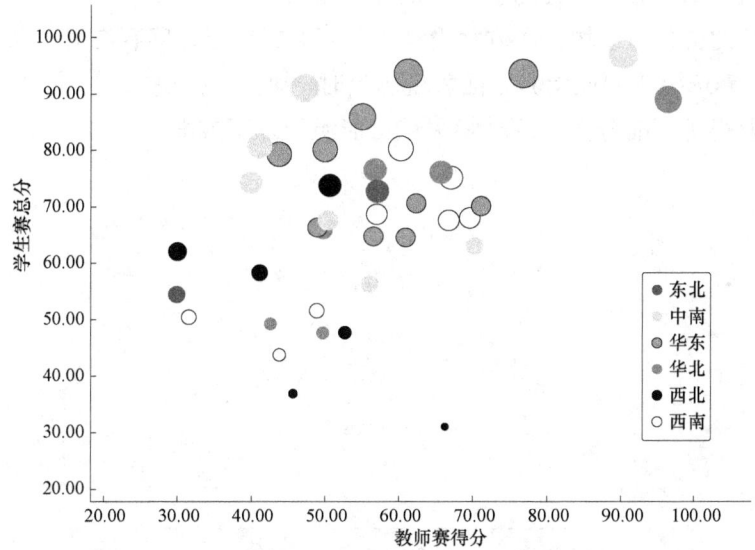

图 1-36　教师赛与学生赛总成绩散点图（区分地区）

（六）模块间相关性分析

利用相关分析去研究 4 个模块之间得分的相关关系，使用 Pearson 相关系数去表示相关关系的强弱情况。如表 1-17 所示，模块一（1+X 职业素养）、模块二（方案设计与仿真）、模块三（方案实施）、模块四（方案答辩）的成绩之间均呈现出显著性（$P<0.01$），相关系数均大于 0，意味着各个模块之间有着正相关关系。

表 1-17 各模块成绩的相关性检验表

相关系数模块	模块			
	模块一 （1+X 职业素养）	模块二 （方案设计与仿真）	模块三 （方案实施）	模块四 （方案答辩）
模块一（1+X 职业素养）	1			
模块二（方案设计与仿真）	0.66**	1		
模块三（方案实施）	0.57**	0.53**	1	
模块四（方案答辩）	0.67**	0.77**	0.41**	1

注 * $P<0.05$ ** $P<0.01$。

模块一（1+X 职业素养）的成绩与模块二（方案设计与仿真）的成绩两者之间相关系数为 0.66，从图 1-37 中可以看出，随着模块一（1+X 职业素养）的得分增长，模块二（方案设计与仿真）的得分呈现增长趋势。这表明模块一（1+X 职业素养）的得分与模块二（方案设计与仿真）的得分之间存在着显著的正相关关系。当参赛选手在职业素养方面表现出色时，他们在模块二（方案设计与仿真）往往能够取得更高的分数。这种相关性可能源于以下方面。

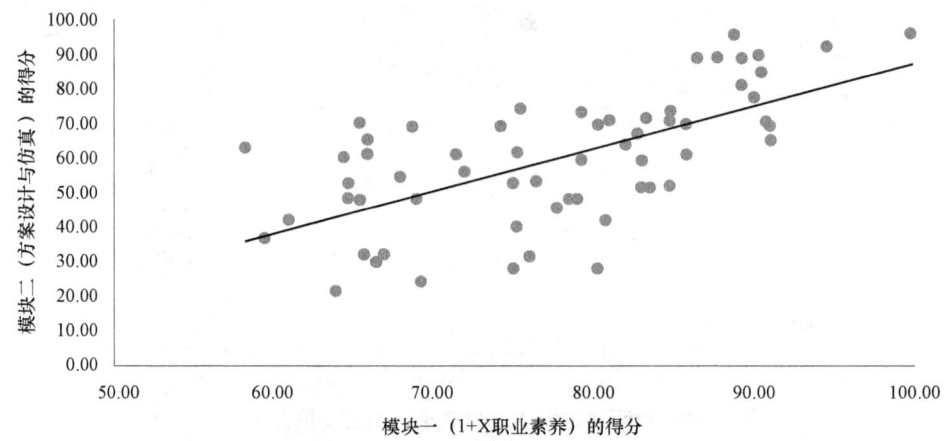

图 1-37 模块一（1+X 职业素养）与模块二（方案设计与仿真）的得分散点图

首先，具备良好的 1+X 职业素养意味着选手拥有较强的综合能力，如问题解决能力、创新思维能力和团队协作能力等，这些能力在模块二（方案设计与仿真）的比赛是至关重要的。

其次，职业素养的培养能促使选手形成严谨的工作态度和科学的工作方法，从而更有效地应对方案设计与仿真中的各种挑战和任务。

在实际的教学和培训中，可以充分利用这一相关性。通过加强职业素养的培养，提高参赛选手在这方面的能力和水平，进而带动模块二（方案设计与仿真）的成绩提升。同时，在模块二（方案设计与仿真）的训练过程中，也可以融入职业素养的培养，实现两者的相互促进和协同发展。

模块一（1+X 职业素养）与模块四（方案答辩）两者得分的相关系数为 0.67，如图 1-38 所示，散点围绕趋势线左右均匀分布，表明拟合度良好。这充分说明模块一（1+X 职业素养）的得分与模块四（方案答辩）的得分之间存在着较强的正相关关系。散点围绕趋势线左右均匀分布，进一步验证了这种相关性的可靠性和稳定性。当参赛选手具备较高水平的职业素养时，他们在答辩中能够更清晰地阐述观点，更有条理地组织语言，更自信地应对评委的提问，从而获得更高的分数。

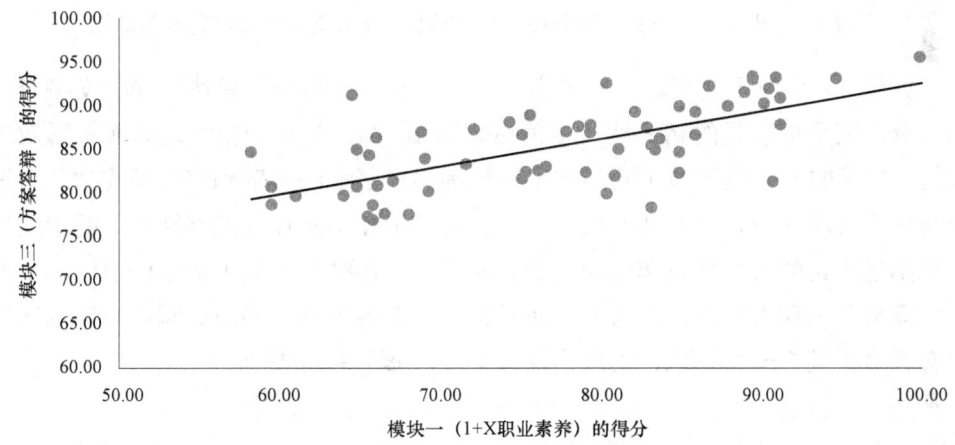

图 1-38　模块一（1+X 职业素养）与模块四（方案答辩）的得分散点图

如图 1-39 所示，模块二（方案设计与仿真）的得分和模块三（方案实施）的得分之间呈现一定的正相关（相关系数为 0.53），属于中等相关性。当将方案在设计与仿真阶段考虑得较为周全、合理，并充分预估了可能出现的问题和风险时，在实施过程中就能更加顺利地推进。同时，方案设计与仿真过程中所培养的系统性思维、创新能力和对细节的把控，也能为方案实施提供有力的支持和指导。然而，0.53 的相关系数也说明两者之间的关系并非绝对的强相关。这意味着在实际情况中，即使在模块二（方案设计与仿真）环节做得较好，在模块三（方案实施）环节仍可能受到其他因素的影响，比如团队协作的效率、设备的熟悉程度、外部环境的变化等。

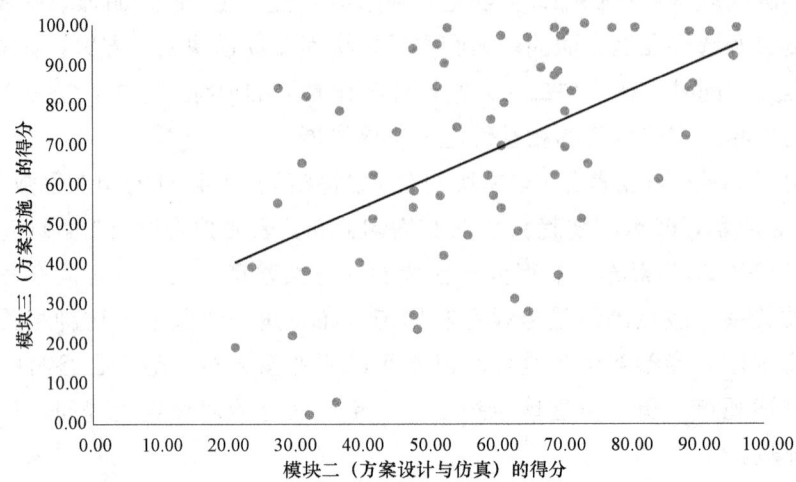

图 1-39　模块二（方案设计与仿真）与模块三（方案实施）的得分散点图

如图 1-40 所示，模块二（方案设计与仿真）的得分与模块四（方案答辩）的得分之间呈现较强的相关性（相关系数为 0.77），是几个模块之间相关系数最大的。良好的方案设计与仿真为方案答辩提供了坚实的基础和有力的支撑。在设计与仿真阶段的深入思考和全面规划，使得选手在答辩环节能够清晰、准确且自信地阐述方案的核心要点和创新之处。同时，在方案设计与仿真过程中所积累的对方案细节的深入理解，让选手在面对答辩中的各种提问和质疑时，能够迅速做出有针对性且合理的回应，展现出深厚的专业素养和应变能力。

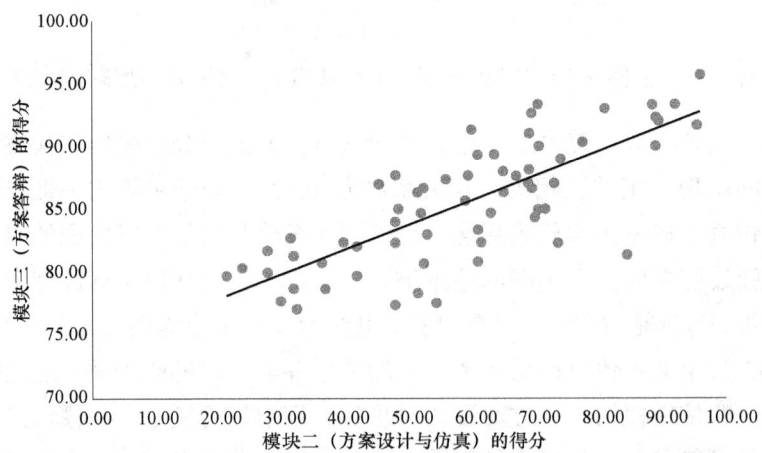

图 1-40　模块二（方案设计与仿真）与模块四（方案答辩）的得分散点图

2　华北篇

本赛项技术分析报告中的华北篇由北京市、天津市、河北省、山西省和内蒙古自治区赛区的数据技术分析报告组成。5个省（自治区、直辖市）赛区中，竞争较为激烈的为河北省赛区的比赛，参赛队伍数量最多，有22支。参赛队伍数量最少的为北京市赛区，仅有8支参赛队伍。竞赛模块方面，仅北京市竞赛模块与2023年国赛有差异，其他省（自治区、直辖市）与2023年国赛基本一致。

各个省（自治区、直辖市）竞赛总成绩具有一定的离散性。其中离散程度最大的为山西省，变异系数达到0.53，表明山西省总成绩差异性最大。离散程度较小，总成绩较为稳定的为北京市，变异系数为0.28。从各个省（自治区、直辖市）竞赛得分平均值来看，2个省（自治区、直辖市）赛区的总成绩平均值在60.00分以上，分别是北京市和天津市。3个省（自治区、直辖市）赛区的总成绩平均值在60.00分以下，分别是河北省、山西省和内蒙古自治区。本赛项技术分析报告分别对华北地区5个省（自治区、直辖市）的职业院校技能大赛智慧物流（高职学生组）赛项进行了深入分析，以期为教学研究和相关决策提供有力的参考依据，助力华北地区职业教育改革高质量发展。

2.1 北京智慧物流（高职学生组）赛项技术分析报告

2024年北京市职业院校技能大赛（高职学生组）智慧物流赛项于2024年5月18日在北京经济管理职业学院举办，本次大赛有来自4所院校的8支参赛队伍参加，参赛队伍数量较2023年新增2支。在4所参赛院校中，有2所院校开设有物流类专业，2所院校未开设物流类专业。北京有高职院校25所，开设物流类专业的院校仅有3所，相应地，参赛队伍数量较少。

表2-1　2024年北京市职业技能大赛（高职学生组）智慧物流赛项竞赛内容

模块		分值
模块一	物流职业素养测试	20%
模块二	智慧物流系统规划仿真与方案设计	80%

如表2-1所示，2024年北京市职业院校技能大赛（高职学生组）智慧物流赛项竞赛内容主要有智慧物流系统规划仿真与方案设计（简称"方案设计与仿真"）、物流职业素养测试（简称"1+X职业素养"）两个模块，重点考查参赛选手的职业素养、理论应用能力、数据分析能力等。

2023年北京市职业技能大赛（高职学生组）智慧物流赛项相较于2023年全国职业院校技能大赛高职组智慧物流（学生赛）赛项，在赛项竞赛内容上存在一定差异。2023年北京市职业技能大赛（高职学生组）智慧物流赛项中未包含"智慧物流方案实施与答辩"模块，这显示出北京市更为注重培养学生在方案规划和仿真方面的能力。鉴于参赛院校数量较少，北京市赛项降低了对实操的考核要求。这种差异可能是由于北京市的职业教育环境和需求与全国其他地区有所不同。此外，参赛院校较少导致竞争压力相对较小，因此减少实操考核可以更全面地评估学生的综合能力。当然，这并不意味着实操能力不重要。在实际工作中，物流行业对实操技能的要求仍然很高。因此，学生在学习过程中仍应注重实操训练，以提高自己的实际操作能力和应对实际问题的能力。同时，学校和教师也应根据市场需求和学生实际情况，合理调整教学内容和方法，培养出更符合行业需求的高素质物流人才。

一、竞赛情况概览

2023年北京市职业技能大赛（高职学生组）智慧物流赛项8支队伍的总成绩平均值为74.41分，最大值为99.00分，最小值为41.35分，中位数为76.90分，标准差为20.74。如图2-1所示，总成绩可分为两个类别。其中，高分段主要是集中在88.00分及以上这一区间，其中涵盖了4支参赛队伍，而这4支参赛队伍共涉及两所院校，具体来说分别是2023年北京市职业技能大赛（高职学生组）智慧物流赛项（以下简称"赛项"）的承办院校以及2024年北京市职业技能大赛（高职学生组）智慧物流赛项的承办院校。与之相对应的是，低分段主要位于65.00分以下，该分段同样包含着4支队伍，且这4支队伍也涉及两所院校。值得注意的是，在其中处于最后一名的院校，其并未开设物流类专业，正因为如此，该院校学生在物流专业知识的掌握以及相关技能的运用方面，相对来说就显得较为薄弱，这可能也是导致其在比赛中处于落后位置的一个重要原因。同时，这也凸显出专业设置对于学生在特定领域发展的重要性，以及院校在培养学生专业素养方面所肩负的重大责任。

表2-2　2023年北京市参赛队伍总体成绩描述统计表

名称	最小值	最大值	平均值	标准差	中位数
模块一（1+X职业素养）的得分	48.75	99.00	72.03	22.67	71.63
模块二（方案设计与仿真）的得分	39.50	99.00	75.00	20.68	78.00
总成绩	41.35	99.00	74.41	20.74	76.90

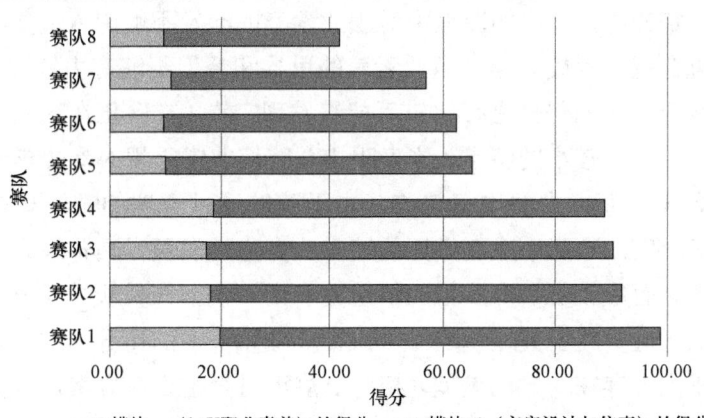

图2-1　总成绩构成堆叠图

二、分模块成绩分析

如图 2-2 所示，模块一（1+X 职业素养）的得分波动性相较于模块二（方案设计与仿真）的得分波动性明显更大，这充分表明参赛队伍在模块一（1+X 职业素养）的得分存在的差异性更为显著。

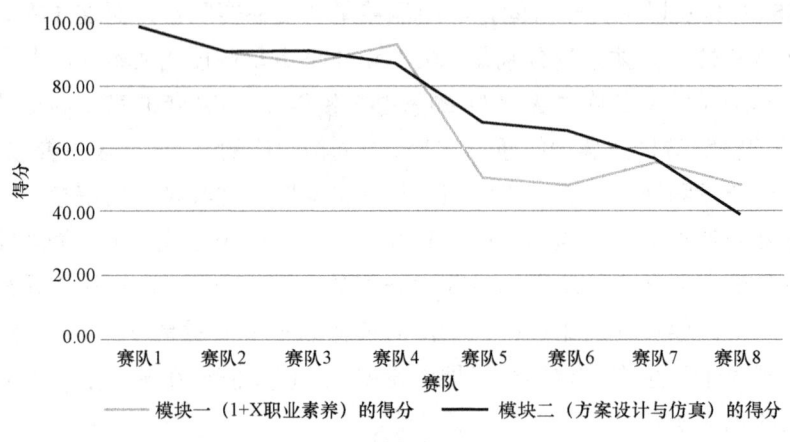

图 2-2　分模块得分折线图

这一差异性主要体现在前 4 支赛队与后 4 支赛队之间的明显差别上，前 4 支赛队在模块一（1+X 职业素养）的得分均处于 88.00 分及以上的水平，而后 4 支赛队的得分则均在 60.00 分以下。这表明后四支赛队所在的院校可能对参赛学生职业素养的培养并未给予足够的重视。这反映出其所在院校在对参赛队伍的培养过程中存在一定的不足，比如课程中对职业素养的涉及不够深入、参赛学生缺乏相关的实践机会或者院校对学生职业素养的引导和督促不够有力等。

通过对两个模块的得分进行比较后能够发现，前 4 支队伍在这两个模块的得分情况呈现出差异性较小的特点，这表明相关院校非常重视对参赛学生职业素养能力和物流方案规划能力的均衡培养。由于院校通过合理的教学安排和资源投入，使得参赛学生在这两个重要方面能够齐头并进地发展，具备较为全面和复合型的能力素养。而后 4 支参赛队伍的情况则有所不同，在模块二（方案设计与仿真）的得分上普遍要高于其在模块一（1+X 职业素养）的得分。这反映出这些院校在教学侧重点上存在一定的偏差，相对更注重对学生物流方案规划能力的培养和提升，而在参赛学生职业素养能力的培养方面投入不够，或者在教学方法和策略上存在一些不足之处，导致学生在职业素养方面表现得相对较弱。

三、部分获奖院校专业建设概况

荣获一等奖的院校即为此次赛项的承办院校北京经济管理职业学院，虽然该院校并未开设物流类专业，但由于该校加入京津冀职教改革示范园区，并且积极开展了应用型本科人才的培养工作，与北京联合大学联合培养物流工程专业学生。北京经济管理职业学院在校内建有临空经济职教本科产教融合实践基地，其中涵盖了如智能仓储实训中心、物流大数据中心、供应链科技中心、无界零售实践中心、物流科技联合实验室以及应急物流中心等一系列设施。通过这些实训设备，高职学生能够极大地丰富物流方面的专业知识，有效地提升实践能力。与此同时，在专业课程的建设上，该院校极为注重学生综合能力的培养，将部分物流类专业的核心课程纳入到人才培养方案中。在专任教师方面，该校拥有一定数量的物流领域专任教师，这些教师不仅具有较强的综合能力，教学、科研成果丰硕，参与或指导过多届职业技能大赛且获得较好的成绩。

荣获二等奖的院校在专业群建设、师资队伍建设、实训设备建设等方面表现突出，如专业所在的商学院设有国家双高专业群、北京市特色高水平骨干专业（群）。师资队伍建设方面，该学院拥有国家级职业教育教师教学创新团队，4名教师获得市级优秀教师荣誉，4名教师获得全国物流大赛裁判员证书，5名教师荣获国家级物流技能大赛最佳指导教师奖；高级职称的教师占比85%，双师型教师占比100%。校内实训设备方面，该学院建设有智慧商业供应链实训室、虚拟仿真实训室、绿色供应链包装测试实训室、人工智能体验馆等。这些设施和成果对该校在专业人才培养上给予了强有力的支持，极大地增强了其综合竞争力。

2.2 天津智慧物流（高职学生组）赛项技术分析报告

2023年天津市职业技能大赛（高职学生组）智慧物流赛项在天津交通职业学院举办。本次大赛有来自11所院校的11支参赛队伍参加。统计表明，天津市开设有物流类专业的高职院校有12所，参赛院校11所，参赛覆盖率为91.67%，整体参与积极性较高。本次竞赛内容包括1+X物流职业素养测试（简称"1+X职业素养"）、智慧物流系统规划仿真与方案设计（简称"方案设计与仿真"）、智慧物流系统方案实施与方案汇报答辩（简称"方案实施"和"方案答辩"），模块和分值与2023年全国职业院校技能大赛高职组智慧物流（学生赛）赛项基本一致。两者的不同之处在于，天津市赛以团体形式展开比赛，而最终竞赛的得分统计和排名则以个人赛的形式进行，国赛的获奖等次则依据团队的总得分排名来确定。

一、竞赛情况概览

2023年天津市职业技能大赛（高职学生组）智慧物流赛项44名参赛选手总成绩平均值为63.28分，最大值为92.55分，最小值为25.70分。赛项设一等奖5名，二等奖9名，三等奖13名。

（一）总体描述统计

表2-3 参赛选手（赛队）总体成绩描述统计表

名称	最小值	最大值	平均值	标准差	中位数
模块一（1+X职业素养）的得分	32.00	100.00	47.11	17.45	42.00
模块二（方案设计与仿真）的得分	27.00	88.50	69.19	16.99	73.00
模块三（方案实施）的得分	1.00	99.00	46.64	30.46	37.00
模块四（方案答辩）的得分	58.00	96.50	77.27	11.37	79.50
总成绩	25.70	92.55	63.28	16.35	63.78

注：模块一（1+X职业素养）的得分和总成绩各项指标按参赛选手统计，模块二（方案设计与仿真）的得分、模块三（方案实施）的得分、模块四（方案答辩）的得分按赛队进行统计。

如表 2-3 所示，赛项的总成绩中位数为 63.78 分，标准差为 16.35，总体表现良好，52.00%的参赛选手总成绩超过平均值。从总成绩分布来看，断层较为明显，90.00 分及以上参赛选手 4 人，均来自承办院校天津交通职业学院。剩下的选手得分均在 80.00 分以下，得分在 70.00 分到 79.00 分之间的参赛选手 8 人，得分在 60.00 分到 69.00 分之间的参赛选手 17 人，得分在 60.00 分以下的参赛选手 15 人。

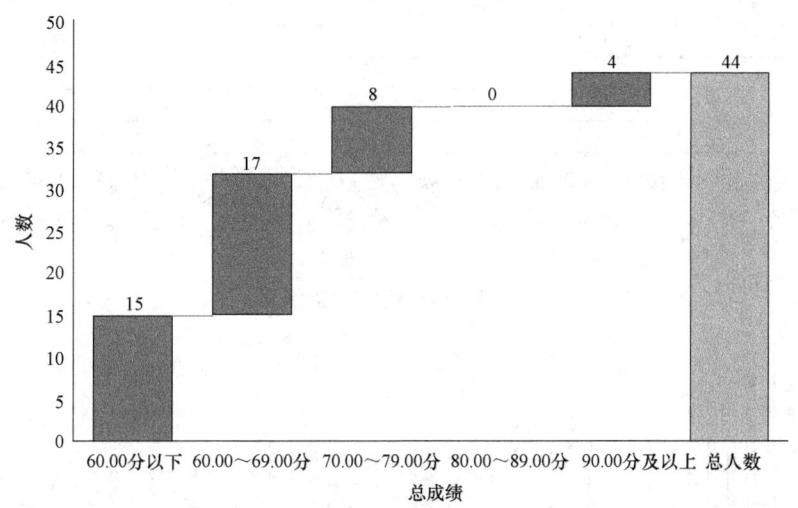

图 2-3　总成绩分区间得分瀑布图

如图 2-4 所示，总成绩呈现一定的阶梯形状，且参赛选手来自同一赛队的成绩相差较小。其主要原因是，总成绩由四个模块的得分组成，除了模块一（1+X 职业素养）根据选手实际得分来计算，剩下模块根据团队情况得分，即对于同一支赛队的选手 10.00%的分数具有差异性，剩下 90.00%的分数相同，这导致了同一支赛队的选手总成绩差异不大，从而使得所有选手的总成绩分布呈现阶梯状。

如图 2-5 所示，影响总成绩最大的部分为模块二（方案设计与仿真）的得分，其次是模块三（方案实施）的得分。其中排名靠前的选手在模块二（方案设计与仿真）的得分较有优势，因此总分排名靠前。从选手间的总分差异来看，排名靠前的选手差异性较大，如选手 1 至选手 4 均与选手 5 的总分具有较大的差距。排名靠后的选手差异性较小，如选手 13 至选手 40，总分波动较为平缓，表明这些选手和院校综合水平相当。值得注意的是，部分参赛选手在某一模块得分失利，导致总排名靠后，如选手 25 至选手 28 在模块二（方案设计与仿真）的得分远低于其他选手，在模块三（方案实施）表现较好，弥补了一部分总得分。选手 29 至选手 32 在模块二（方案设计与仿真）的得分较好，但在模块三（方案实施）的得分在 20.00 分以下，导致排名靠后。

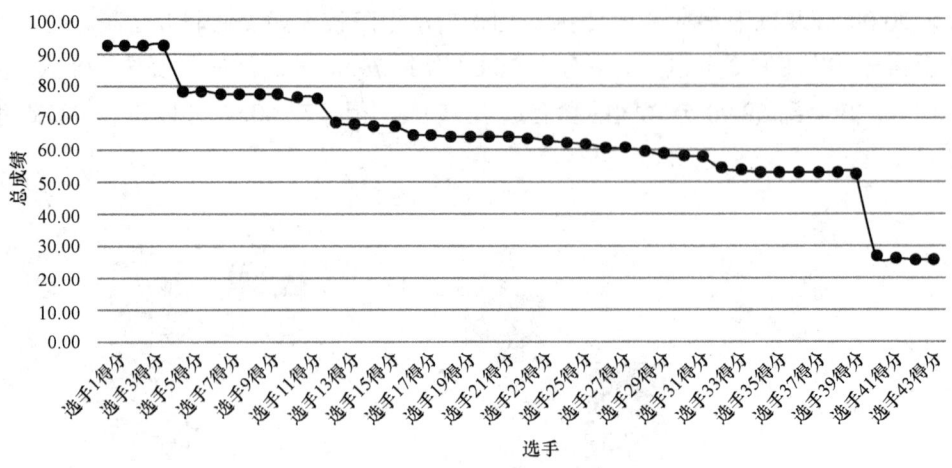

图 2-4　总成绩统计折线图

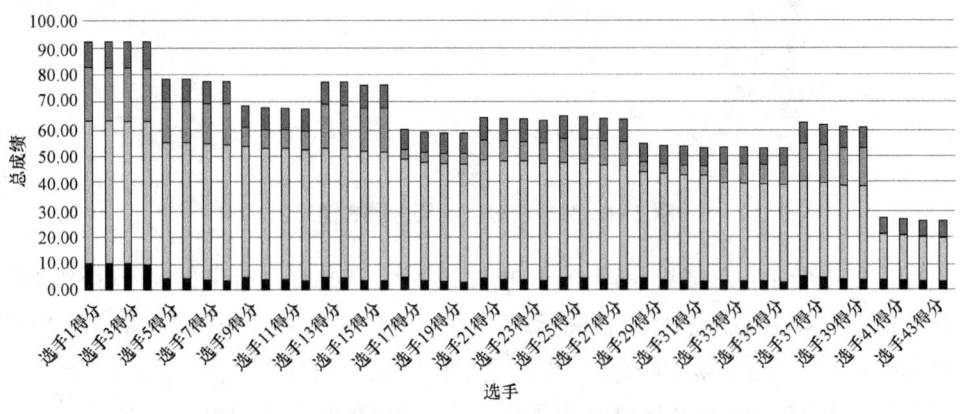

图 2-5　总成绩构成堆叠图

（二）分模块成绩分析

如图 2-6 所示，模块一（1+X 职业素养）的得分平均值为 47.11 分，最小值为 32.00 分，最大值为 100.00 分，标准差为 17.45。模块一（1+X 职业素养）的得分分层较为明显，参赛选手 1 至选手 4 得分均在 90.00 分及以上，剩下的参赛选手得分均在 60.00 分以下，各个选手之间的差异性较小，从图 2-6 能够看出，成绩波动相对平缓，大多集中在 30.00～50.00 分的区间范围内。造成该现象的原因可能是赛题设置问题：一方面可能是赛题难度过高，导致大部分选手难以取得较好的成绩，从而使得分数集中在较低区间；另一方面，赛题的区分度不够理想，未能充分体现出选手之间能力的差异，致使高分段选手突出，而中分段选手缺失，大部分选手集中在低分段。

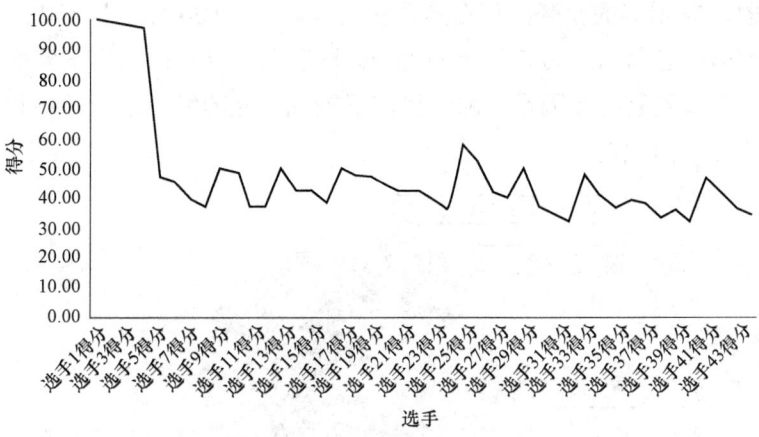

图 2-6　模块一（1+X 职业素养）的得分折线图

如图 2-7 所示，模块二（方案设计与仿真）的得分平均值为 69.19 分，最小值为 27.00 分，最大值为 88.50 分，标准差为 16.99，整体表现良好，81.80% 的赛队在该模块的得分超过 60.00 分。从图 2-7 来看，模块二（方案设计与仿真）的得分平稳下降，说明各支赛队间的差异性相对较为均衡。

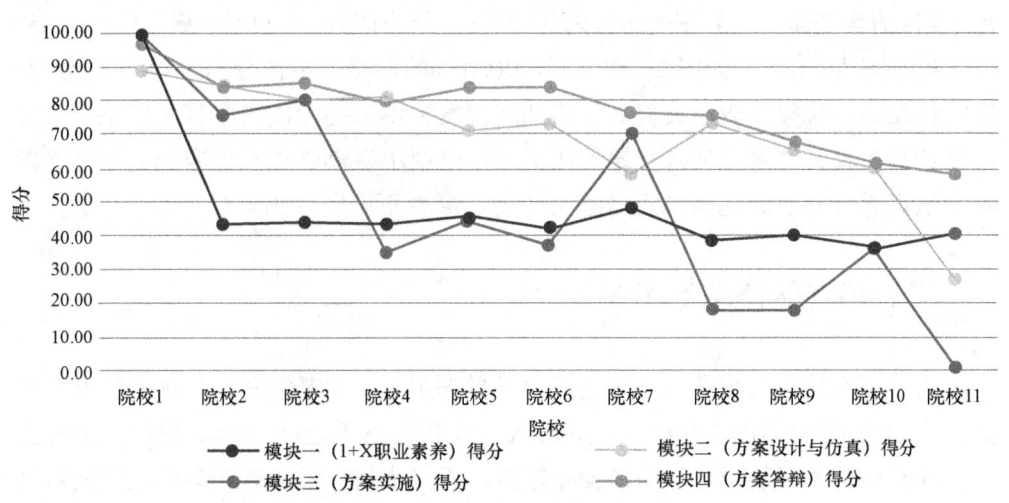

图 2-7　各模块成绩统计折线图

如图 2-8 所示，模块三（方案实施）的得分平均值为 46.64 分，最小值为 1.00 分，最大值为 99.00 分，标准差为 30.46，这个标准差为四个模块中的最大值，得分平均值为四个模块中的最小值。从图 2-7 中可以看出，模块三（方案实施）得分波动性最大，且最大值与最小值的差距最大。从图 2-8 来看，大部分参赛队伍处在低分段，36.40% 的参赛队伍在该模块得分高于 60.00 分，且模块三（方案实施）得分的第一名和第二名有一定的差距。这表明各支赛队之间的实操能力差异性较大，造成该现象的原因是：部分院校不重视实操的练习或未使用相关物流设备，学生实操能力较弱。

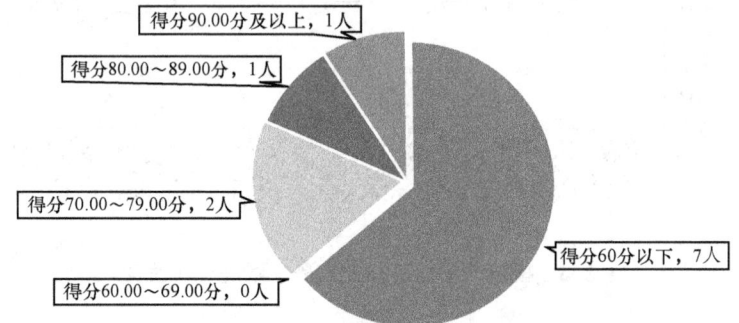

图 2-8　模块三（方案实施）模块得分区间统计图

从图 2-7 和图 2-9 中可以看出，模块四（方案答辩）模块的得分折线最为平缓，箱线图较为集中，这表明参赛队伍间的得分差异性最小，且整体得分较高。模块四（方案答辩）的得分平均值为 77.27 分，最小值为 58.00 分，最大值为 96.50 分，标准差为 11.37。如图 2-10 所示，90.90% 的参赛队伍得分高于 60.00 分，参赛队伍在该模块整体表现良好。模块四（方案答辩）的考核内容虽与模块二（方案设计与仿真）的内容具有一定的相关性，但由于答辩要求和内容相对固定，参赛队伍可通过赛前固化训练提升答辩能力，减少不确定性因素带来的失分。

二、参赛队伍对比分析

为了更好地分析出各位参赛选手之间的差异性，本书将从获奖选手情况对比分析和历史获奖情况对比着手，重点从不同获奖选手之间的模块差异性进行分析，挖掘不同时间段的选手成绩变化趋势，探究是何种因素导致某些选手能够持续保持优秀，而部分选手的表现则出现明显波动。通过以上重点分析，本书力求全面而深入地揭示各位参赛选手之间的差异性，为今后的比赛训练和人才培养提供有价值的参考。

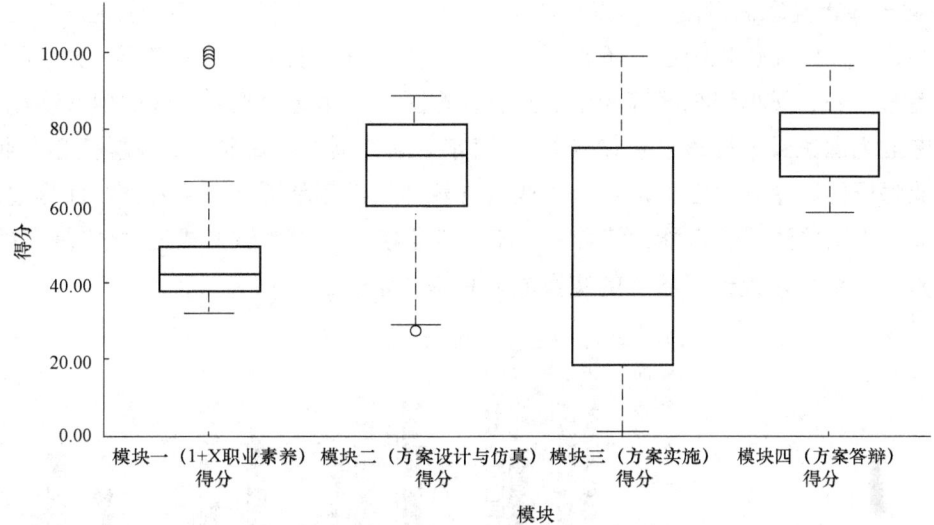

图 2-9　各模块成绩统计箱线图

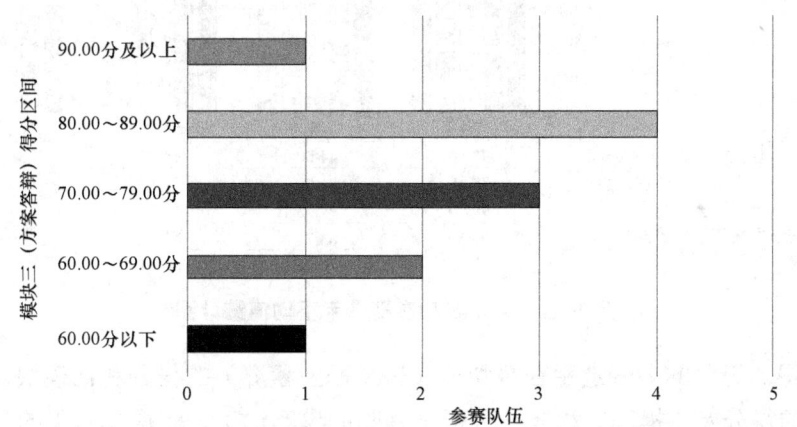

图 2-10　模块四（方案答辩）得分区间统计图

（一）获奖选手情况对比分析

如图 2-11 所示，获得一等奖的参赛选手在模块一（1+X 职业素养）和模块三（方案实施）的得分能力最强。对比各位奖项选手的得分，其中获得一等奖的选手在模块一（1+X 职业素养）和模块三（方案实施）的得分与获得二等奖的参赛选手相比，具有较大优势，表明获得一等奖的参赛选手物流职业素养和实操能力最强。其中，获得一等奖的四位参赛选手均来自承办院校天津交通职业学院，该校物流相关实训基地建筑面积达 2 000 多 m²，承办过 5 届全国范围的物流大赛、10 届天津市高职高专院校物流技能竞赛，建有仓储作业优化中心、配送作业优化中心、运输作业优化中心、条码制作中心、信息与监控中心、未来店、物联网系统运营中心、叉车训练区等。在专业建设方面，天津交通职业学院的现代物流管理专业为国家骨干校重点建设专业、"国家双高计划"之高水平专业群核心专业，专业师资团队荣获"首批国家级职业教育教师教学创新团队"称号。在课程建设方面，该院校注重综合能力培养，物流类专业核心课程考核方式为"平时+实操+期末"相结合，提升了学生的实操能力和综合素养。

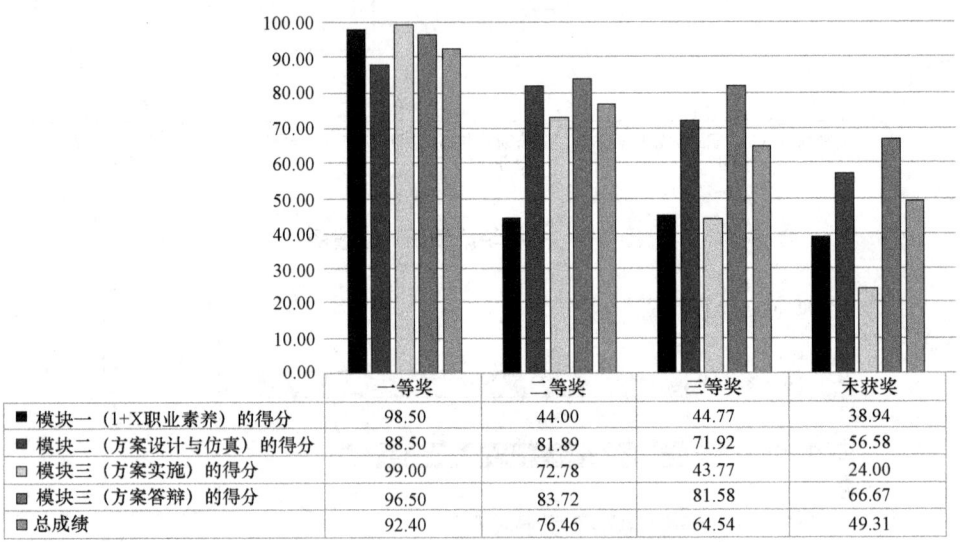

图 2-11　各个奖项参赛选手平均值统计图

获得二等奖的参赛选手在模块一（1+X 职业素养）的得分和在模块三（方案实施）的得分有待提高。相较于获得一等奖的参赛选手，获得二等奖的参赛选手在模块一（1+X 职业素养）和模块三（方案实施）的得分差距较大。因此获得二等奖的参赛选手应当针对这些差距进行有针对性的提升：一方面要加强对职业素养相关知识的深度学习，不仅要熟悉行业规范和标准，还应培养敏锐的职业洞察力和良好的职业道德；另一方面，要更加注重"岗课赛证"相融合，将实际工作岗位的需求融入课程学习，以赛促学，以证验学。在课程体系方面，应着重加强实操类课程的建设，增加实践教学的比重，让学生在实际操作中积累经验，提高技能水平；同时，关注课程间的关联性，打破课程之间的壁垒，使之形成一个有机的整体。例如，将职业素养的培养训练贯穿在各个实操课程中，使学生在提升技能的同时不断强化职业意识。

获得三等奖的参赛选手在模块三（方案实施）的得分最低，在模块四（方案答辩）的得分较高。对比获得二等奖和获得三等奖的选手，获得三等奖参赛选手在模块四（方案答辩）的得分平均值跟获得二等奖的参赛选手的得分平均值差异不大，差别较为明显的为在模块三（方案实施）的得分。在进行模块三（方案实施）的竞赛时所需的专业技能方面，获得三等奖的参赛选手可能存在掌握不够扎实、熟练的情况。例如，获得三等奖的参赛选手对于相关工具和技术的运用不够精准，操作流程不够规范，导致在实际执行方案时出现较多失误或效率低下。团队协作和沟通能力的不足也可能影响了方案的实施效果。在团队合作中，分工不合理、信息传递不畅或者成员之间配合不够默契，都可能使得方案在实施过程中遇到阻碍，进而影响参赛选手在该模块的得分。而在模块四（方案答辩）环节，由于参赛选手更多地侧重于对方案的理解、阐述和逻辑表达，获得三等奖的参赛选手在这方面能够通过充分的准备和较好的表达，展现与获得二等奖的选手较为接近的水平。

未获奖的参赛选手的整体水平有待提升。未获奖的参赛选手涉及5所院校的18位选手，其中有4所院校所属的参赛选手在模块三（方案实施）的得分低于40.00分，表明这4所院校所属的参赛选手基本未完成在模块三（方案实施）的比赛。有两所院校所属的参赛选手在模块二（方案设计与仿真）的得分低于60.00分，表明这两所院校所属的参赛选手未有效地完成在模块二（方案设计与仿真）的比赛。这种情况反映出部分院校在对参赛选手的教学和培训过程中存在一些明显的短板和不足：这可能是在课程设置上对方案实施的实践教学环节安排不够合理，学生缺乏足够的实际操作练习；也有可能是师资力量相对薄弱，教师在方案实施方面的指导能力有限，无法给予学生有效的帮助和支持。

（二）历史获奖情况对比分析

如图2-12、图2-13所示，对比参赛的11所院校在2022年和2023年获奖的级别和人数，部分院校表现较为稳定，如院校1、院校2、院校3，两年的比赛奖项和获奖人数无变化，且所属的参赛队伍包揽一、二等奖。对于表现稳定且优秀的参赛队伍所在的院校，其成功经验值得深入研究和借鉴，可能是其拥有成熟的竞赛培训体系、优质的师资力量以及对竞赛趋势的准确把握。部分院校有一定的提升，如院校4新增1人获得二等奖、新增2人获得三等奖，院校5新增4人获得三等奖。有所进步的院校说明其在过去一年中针对参赛队伍采取的改进措施取得了一定成效，或是加强了师资培训、优化了课程设置，或是加强了学生的实践和竞赛模拟训练。部分院校在该赛项上有所退步，如有的院校在 2022 年有 4 人获三等奖，2023 年未获任何奖项。而退步的院校可能存在对竞赛规则的理解不够深入、在学生选拔和培训上存在不足、教学内容和方法未能跟上行业发展的步伐等问题。

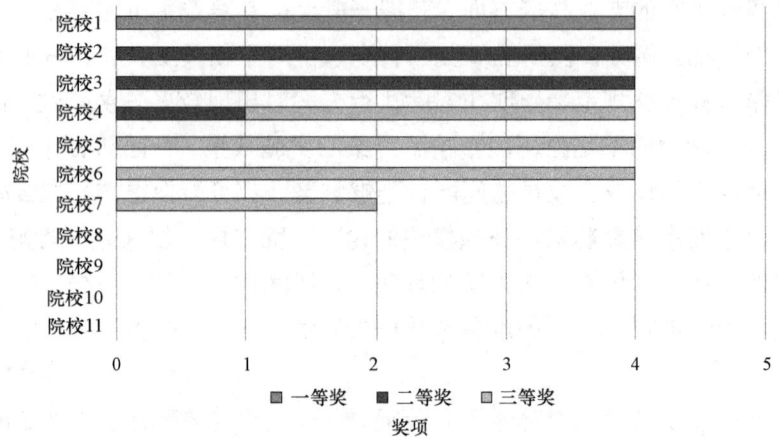

图 2-12　2023 年各支赛队获奖数量统计图

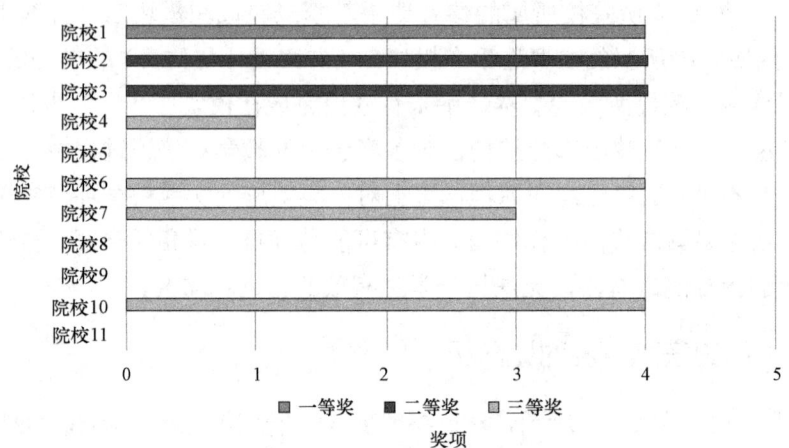

图 2-13　2022 年各支赛队获奖数量统计图

三、模块间相关性分析

本节利用相关分析去研究模块一（1+X 职业素养）的得分、模块二（方案设计与仿真）的得分、模块三（方案实施）的得分和模块四（方案答辩）的得分 4 项之间的相关关系，使用 Pearson 相关系数去表示相关关系的强弱情况。如表 2-4 所示，模块一（1+X 职业素养）的得分、模块三（方案实施）的得分、模块四（方案答辩）的得分之间全部均呈现出显著性,相关系数均大于 0,意味着模块一（1+X 职业素养）的得分、模块三（方案实施）的得分、模块四（方案答辩）的得分之间有着正相关关系。同时，模块一（1+X 职业素养）的得分与模块二（方案设计与仿真）的得分之间并不会呈现出显著性，相关系数值接近于 0，说明模块一（1+X 职业素养）的得分与模块二（方案设计与仿真）的得分之间并没有相关关系。对于呈现正相关的关系的模块，在培养和提升学生能力时，可以将职业素养的训练与方案实施和方案答辩的训练有机结合，相互促进。例如，通过加强职业素养的培养，有助于提高学生在方案实施过程中的严谨性、责任心和团队协作能力，从而提升方案实施的效果和质量；同时，良好的职业素养也能够让学生在模块答辩中展现出更自信、更专业的形象，提高答辩的表现力和说服力。

表 2-4 各个模块间得分的相关性分析

相关系数模块	模块			
	模块一 （1+X 职业素养）	模块二 （方案设计与仿真）	模块三 （方案实施）	模块四 （方案答辩）
模块一（1+X 职业素养）	1			
模块二（方案设计与仿真）	0.406	1		
模块三（方案实施）	0.655*	0.651*	1	
模块四（方案答辩）	0.645*	0.837**	0.776**	1

注：* $P<0.05$ ** $P<0.01$。

2.3 河北智慧物流（高职学生组）赛项技术分析报告

2024 年河北省职业院校技能大赛高职组"智慧物流"赛项（学生赛）于 2024 年 4 月 11 日至 13 日在河北交通职业技术学院成功举办，有来自 22 所参赛院校的 22 支参赛队伍参加此次大赛。据统计，河北省共有高等职业院校 70 所，其中本科层次的院校 4 所，开设物流管理专业的院校共 32 所，占河北省整个高职院校数量的 45.71%。参加本次大赛的院校数量在整个开设物流管理专业的院校中占 68.75%，有 10 所院校未报名参赛。

本次赛项的内容包括 1+X 物流职业素养测试、智慧物流系统规划仿真与方案设计、智慧物流系统方案实施与方案汇报答辩，考核的内容及分值占比与 2023 年全国职业院校技能大赛高职组智慧物流（学生赛）赛项一致。

一、竞赛情况概览

2024 年河北省职业院校技能大赛高职组"智慧物流"赛项（学生赛）仅披露了总成绩，因此该部分主要是对各参赛队伍在比赛中的整体表现进行量化评估，以展示各参赛队伍的优势和不足。

如表 2-5 所示，其中总成绩最小值为 0.00 分，最大值为 97.45 分，平均分为 53.08 分，中位数为 58.11 分，标准差为 24.51。如图 2-14 所示，从图中可知前后两端成绩下降明显，中间成绩较为平稳。如图 2-15 所示，各个成绩段分布不均匀，总成绩不及格的参赛队伍较多，占比 59.09%。如图 2-16 所示，63.64%的参赛队伍（14 支赛队）总分超过平均值；在总分未超过平均分的赛队中，赛队 19～赛队 22 的总成绩对总体平均分的影响较大。

表 2-5 参赛队伍总成绩描述统计表

统计值	平均数	中位数	标准差	最小值	最大值
总成绩	53.08	58.11	24.51	0.00	97.45

2 华北篇

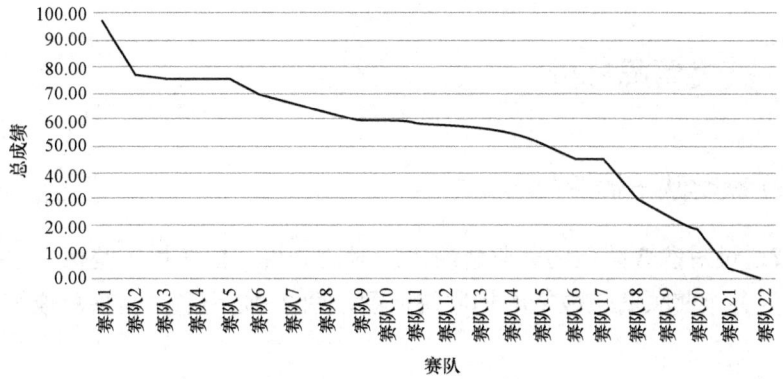

图 2-14　参赛队伍总成绩趋势图

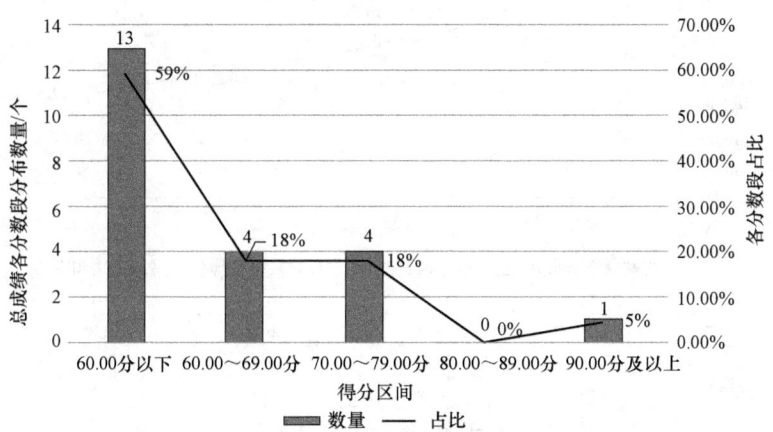

图 2-15　总成绩分段统计图

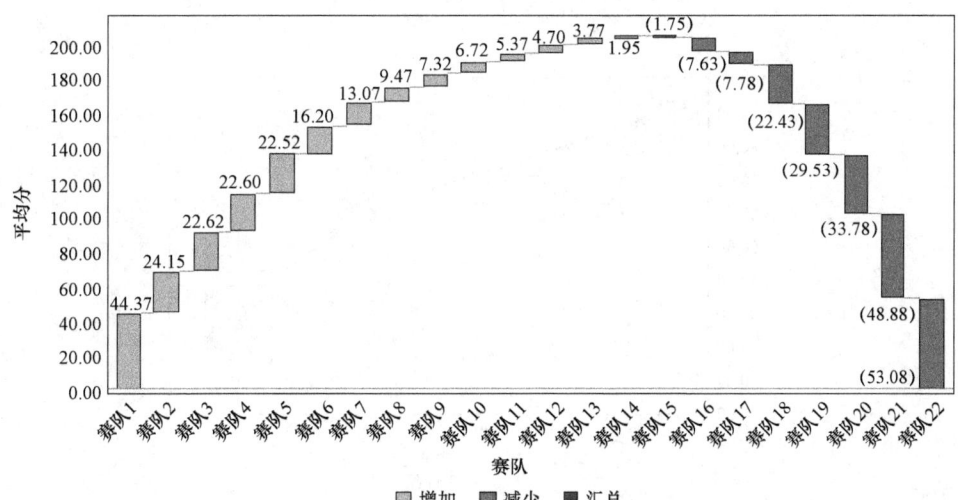

图 2-16　各赛队总成绩与平均分差异图

二、获奖情况分析

（一）获奖队伍情况分析

本节通过对参赛队伍的获奖情况进行对比分析，旨在找出差距，弥补不足。图 2-17 为各个奖项队伍成绩的描述统计图，图 2-18 为各个奖项总成绩箱线图。

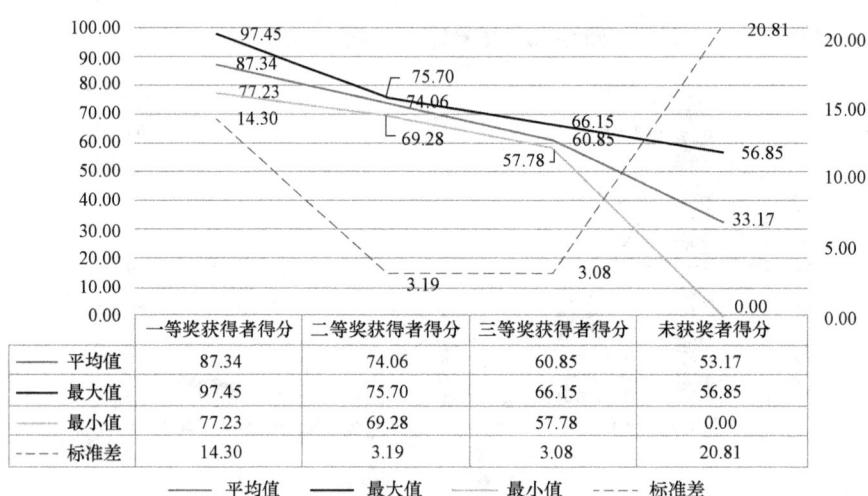

图 2-17　各个奖项队伍成绩描述统计图

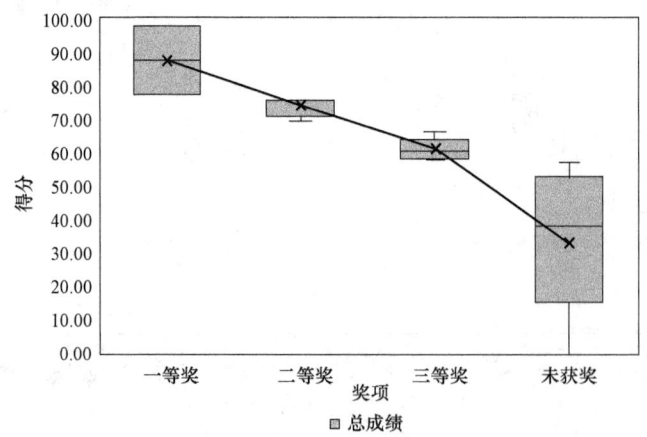

图 2-18　各个奖项总成绩箱线图

如图2-17所示，获得一等奖的参赛队伍间（2支）差异较大，其标准差为14.30。在获得一等奖的参赛队伍中，两支赛队（赛队1和赛队2）的总成绩相差大约20.00分。赛队1所在的院校是河北省域双高院校，其高水平专业群为现代物流管理专业群，此外，其现代物流管理专业教学资源库和现代物流工程应用技术协同创新中心均属于河北省高等职业教育创新发展行动计划（2022—2025年）的项目。赛队1所在的院校作为本次河北省职业院校技能大赛的承办院校河北交通职业技术学院，建有国家和省财政重点支持的实训基地，能够支撑学生平时的训练。

获得二等奖的参赛队伍（4支）间和获得三等奖的参赛队伍（6支）间总成绩差异较小，其标准差分别为3.19和3.08，说明获得二等奖的4支参赛队伍彼此水平差异不大，竞争激烈。获得三等奖的6支参赛队伍亦是如此，但获得三等奖的参赛队伍和获得二等奖的参赛队伍的平均值相差大约13.00分，说明获得三等奖的参赛队伍想要进一步提升，必须加大训练力度、加倍努力，以争取上一个台阶。

未获奖的参赛队伍（10支）间差异较大，其标准差分别为20.81。如图2-19所示，未获奖的参赛队伍成绩呈现一个快速下降的趋势，特别是赛队18～赛队22，其总成绩有一个较大的跳跃，这种波动反映了赛队之间的实力差异，或者是比赛过程中的某些特殊情况导致。

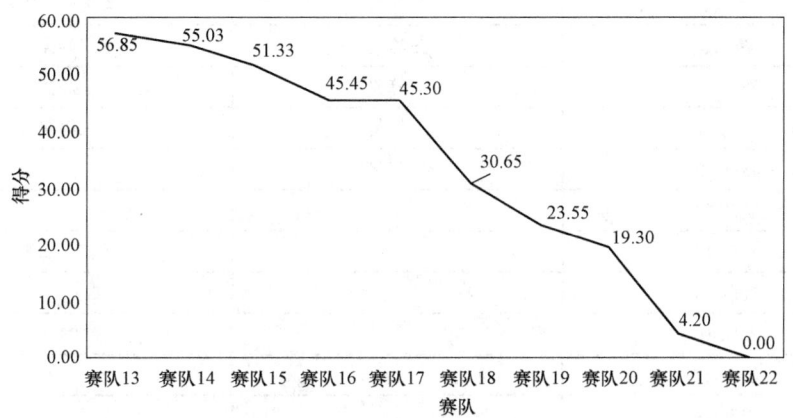

图2-19　未获奖赛队成绩对比图

（二）各参赛队伍历年获奖情况分析

本小节对参赛队伍在2023年和2024年的获奖情况进行分析。2023年河北省职业院校技能大赛高职组"智慧物流"赛项（学生赛）与2024年有所不同，每所院校可以派出2支参赛队参加，共有来自17所院校的30支赛队参加了2023年度的省赛，有3支队伍获得一等奖、6支队伍获得二等奖、9支队伍获得三等奖。

如表2-6所示，赛队2和赛队12在2024年获得的奖项数量有显著的提升，从2023年的未获奖到2024年分别获得一等奖和三等奖，是表现强劲的新兴力量。赛队14的成绩出现下滑，从2023年获得两个二等奖到2024年未获奖，这可能需要认真分析原因，调整策略或加强训练。对于未获奖的参赛队伍，建议其加强基础知识和技能的训练，同时注重团队协作和策略制定，以提升整体竞争力。

表2-6 参赛队伍历年获奖情况统计图

参赛队伍	2024年	2023年
赛队1	一等奖	一等奖、二等奖
赛队2	一等奖	
赛队3	二等奖	一等奖、三等奖
赛队4	二等奖	二等奖、三等奖
赛队5	二等奖	一等奖
赛队6	二等奖	二等奖、二等奖
赛队7	三等奖	三等奖、三等奖
赛队8	三等奖	三等奖、三等奖
赛队9	三等奖	三等奖
赛队10	三等奖	三等奖
赛队11	三等奖	三等奖
赛队12	三等奖	
赛队13		
赛队14		二等奖、二等奖
赛队15		
赛队16		
赛队17		
赛队18		
赛队19		
赛队20		
赛队21		
赛队22		

三、相关性分析

"双师型"教师占比和高职称教师占比是评价高职院校教师水平的重要指标之一。"双师型"教师占比能够反映学校教师队伍中既具有理论知识又具备实践经验的教师的比例,这对于高职院校培养技术技能人才至关重要;高职称教师占比能够反映学校教师队伍的学术水平和专业实力,对于提升学校的教学质量和科研能力有积极影响。因此,用 SPSS 软件对总成绩和参赛院校的"双师型"教师占比、高职称教师占比进行 Spearman 相关性分析可以发现,总成绩和"双师型"教师占比的相关性显著,其相关系数为 0.59,属于中等正相关;总成绩和高职称教师占比的相关性显著,其相关系数为 0.59,属于中等正相关,如表 2-7 所示。该结果表明,在通常情况下,拥有更高"双师型"教师占比和高职称教师占比的参赛院校在智慧物流赛项中可获得更好的总成绩。其相关关系分别如图 2-20 和图 2-21 所示。

表 2-7　Spearman 相关性分析结果

指标	"双师型"教师占比	高职称教师占比
Spearman 相关系数	0.59**	0.59**

注:**.在 0.01 级别(双尾),相关性显著。

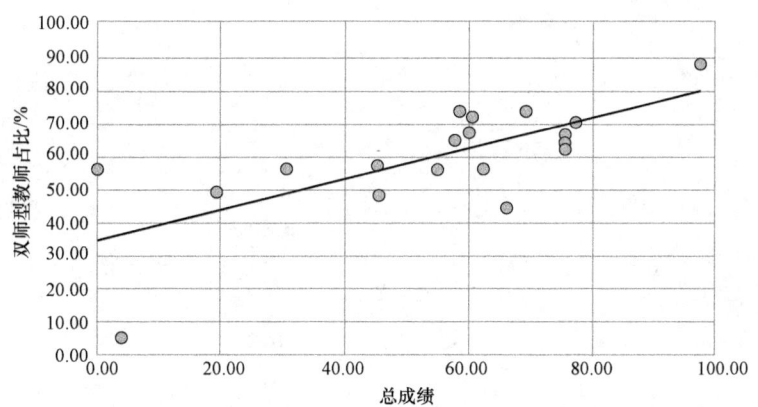

图 2-20　总成绩和"双师型"教师占比的相关关系

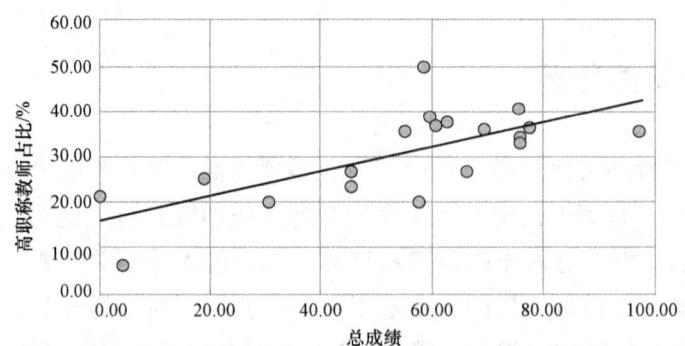

图 2-21　总成绩和高职称教师占比的相关关系

对于高职院校来说，双师结构是提高实践教学能力的重要途径。建议高校在招聘和选拔教师时，注重教师的实践经验和行业背景，同时鼓励教师参与企业实践、行业交流等活动，提升实践教学能力。高职称教师在教学和科研方面通常具有较高的水平，应该充分发挥他们的引领作用。

2.4 山西智慧物流（高职学生组）赛项技术分析报告

2023年山西省第17届职业院校技能大赛智慧物流（学生赛）赛项于2023年11月10日至12日在山西工程科技职业大学举办，有来自9所参赛院校的17支参赛队伍参加大赛，其中6所院校均派出2支参赛队伍，2所院校各派出3支参赛队伍。据统计，山西省有高职院校49所，其中本科层次的有2所，专科层次的有47所。山西省高职院校中开设物流类专业的院校有20所，其中有9所院校参赛，覆盖率45.00%，参赛比例不高。

2023年山西省第17届职业院校技能大赛智慧物流（学生赛）赛项以智慧物流系统规划设计、仿真建模与运行、系统实施为主要工作任务，包括1+X物流职业素养测试（简称"1+X职业素养"）、智慧物流系统规划仿真与方案设计（简称"方案设计与仿真"）、智慧物流系统方案实施（简称"方案实施"）与方案汇报答辩（简称"方案答辩"），考核的内容及分值占比与2023年全国职业院校技能大赛高职组智慧物流（学生赛）赛项一致。

一、竞赛情况概览

（一）总体描述统计

2023年山西省第17届职业院校技能大赛智慧物流（学生赛）赛项中参赛队伍的各模块的得分和总成绩分析如表2-8所示。

表2-8 参赛队伍的各模块的得分和总成绩分析表

模块	模块一 （1+X职业素养） 的得分	模块二 （方案设计与仿真） 的得分	模块三 （方案实施） 的得分	模块四 （方案答辩） 的得分	总成绩
平均值	59.44	35.01	34.09	77.38	41.51
中位数	54.50	28.00	26.00	80.00	35.80
标准差	16.49	27.59	29.89	9.14	22.12
最小值	38.00	3.00	5.00	61.00	15.38
最大值	100.00	93.00	98.00	92.50	94.65

如图 2-22 所示，影响总成绩最大的部分为模块二（方案设计与仿真）的得分和模块三（方案实施）的得分这两个部分。大部分参赛队伍在模块二（方案设计与仿真）的得分和模块三（方案实施）的得分成正比关系，有个别院校出现严重偏科情况，如赛队 2 和赛队 4 在模块二（方案设计与仿真）的得分较高，在模块三（方案实施）的得分较低；赛队 3 和赛队 5 在模块三（方案实施）的得分较高，在模块二（方案设计与仿真）的得分较低，影响总得分。在排名前 50.00%的参赛队伍中，模块四（方案答辩）的得分差异性较小，拉开差距的主要为模块二（方案设计与仿真）的得分和模块三（方案实施）的得分，因此参赛队伍若想获得高分，需从模块二（方案设计与仿真）及模块三（方案实施）着手，加强训练。

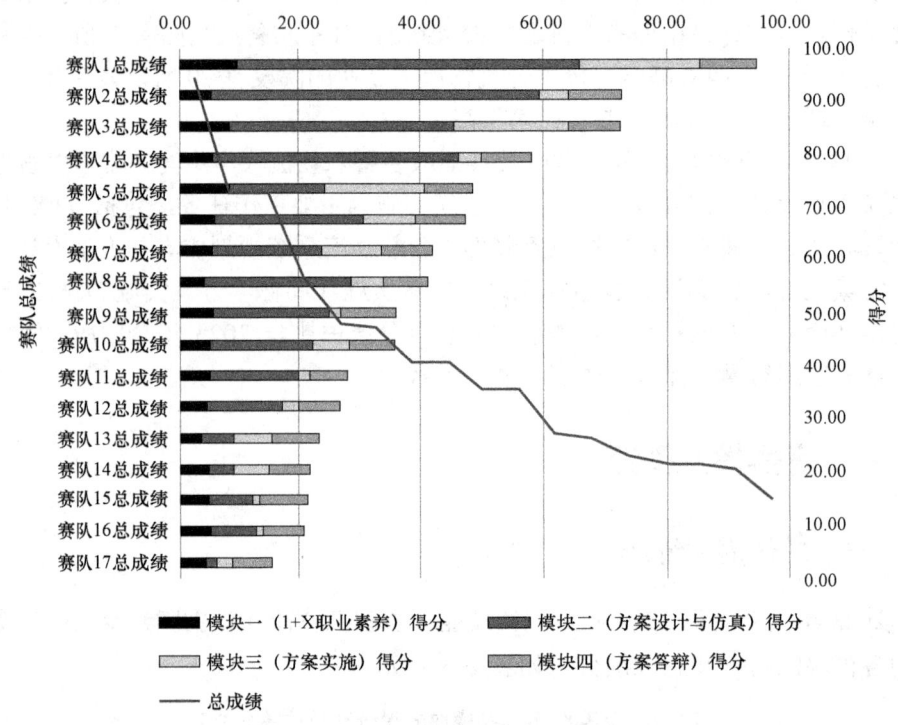

图 2-22　总成绩及其构成堆叠图

如图 2-23 所示，2023 年山西省第 17 届职业院校技能大赛智慧物流（学生赛）赛项的参赛队伍整体表现不佳，总成绩分布不均匀，82.35%的参赛队伍总成绩在 60.00 分以下，大部分参赛队伍的总成绩集中在 20.00～39.00 分这个区间，共有 8 支队伍；而 80.00 分及以上的参赛队伍仅 1 支。表 2-8 为各个模块的得分及总成绩的数据分析，其中总成绩最大值为 94.65 分，最小值为 15.38 分，中位数为 35.80

分，平均值为 41.51 分，41.18% 的队伍总成绩高于平均值，标准差为 22.12。

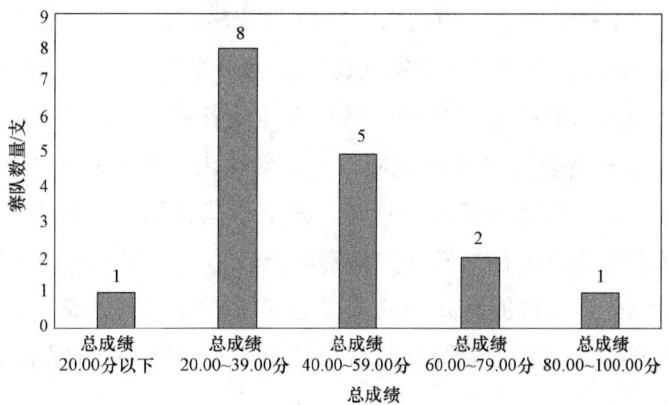

图 2-23 总成绩分段统计图

（二）分模块成绩分析

模块一（1+X 职业素养）的得分平均值偏低，标准差较小。如图 2-24 所示，模块一（1+X 职业素养）的得分平均值为 59.44 分，处于及格线附近，标准差为 16.49。从图 2-24 可以看出，3 支参赛队伍在模块一（1+X 职业素养）得分远超平均分，3 支参赛队伍的得分接近平均分，其余 11 支参赛队伍的得分均低于平均分，可见模块一（1+X 职业素养）的得分总体偏低，参赛队伍之间的分层明显。

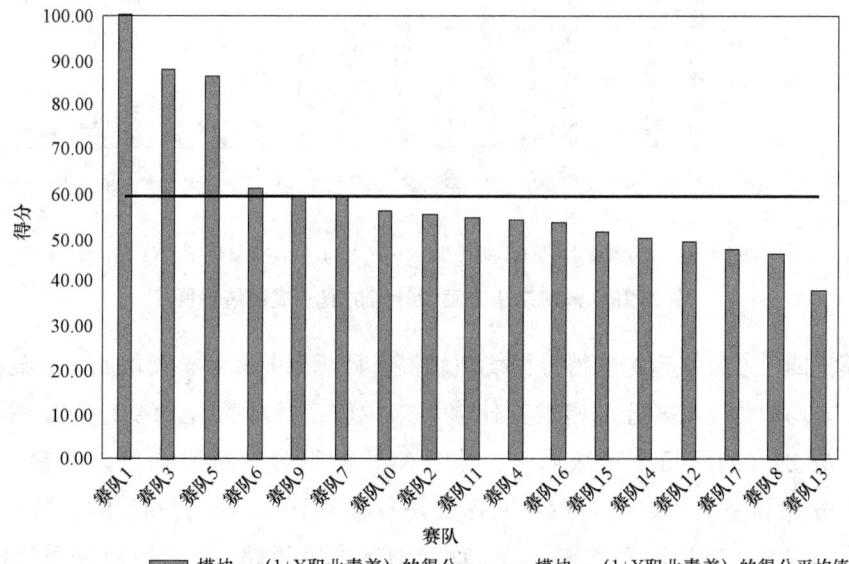

图 2-24 模块一（1+X 职业素养）的得分统计图

模块二（方案设计与仿真）和模块三（方案实施）的得分平均值较低，且标准差偏大。如图 2-25 所示。模块二（方案设计与仿真）的得分平均值为 35.01 分，标准差为 27.59；模块三（方案实施）的得分平均值为 34.09 分，标准差为 29.89，其平均值是各模块中最低的，其标准差是各模块中最大的，如图 2-25、图 2-26 所示。当把各参赛队伍在模块二（方案设计与仿真）的得分、模块三（方案实施）的得分按从高到低依次排列时，其下降趋势明显，超过 76.00% 的参赛队伍得分没有达到及格线且得低分的参赛队伍较多，参赛队伍之间差异性较大。这说明参赛队伍在相关技能和知识的掌握上存在较大的不足或不平衡，这可能与赛前准备不充分、教学培训资源有限或学生对该领域知识的理解不充分和应用能力有限有关。

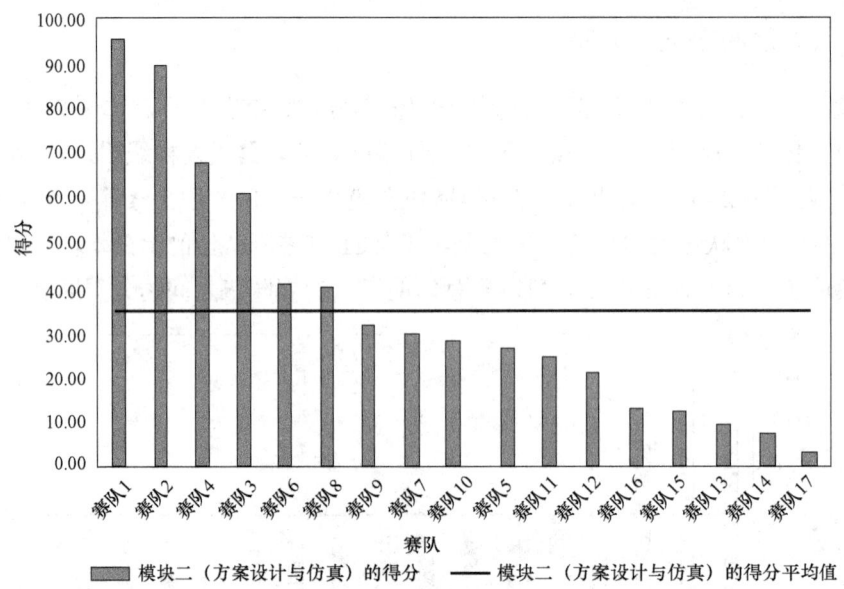

图 2-25　模块二（方案设计与仿真）成绩统计图

模块四（方案答辩）的得分平均值较高，且标准差较小。模块四（方案答辩）的得分平均值为 77.38 分，相对其他模块来说较高，标准差为 9.14。如图 2-27 所示，58.82% 的队伍在模块四（方案答辩）的得分超过平均值，各参赛队伍间的得分差异不大。这说明参赛队伍在进行模块四（方案答辩）的比赛前均做了充分的准备，包括熟悉答辩流程、理清阐述方案思路、有效应对评委提问等，参赛学生们对答辩技巧的掌握和训练较为到位。

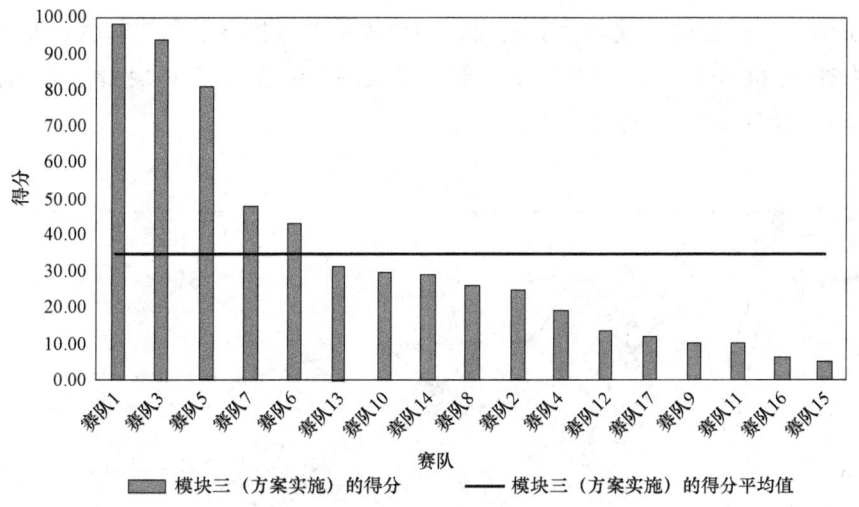

图 2-26 模块三（方案实施）成绩统计图

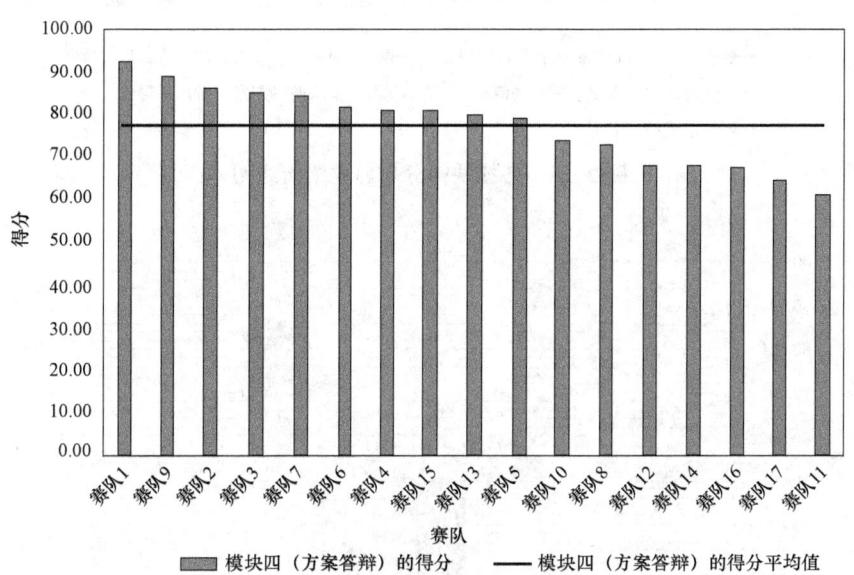

图 2-27 模块四（方案答辩）成绩统计图

模块三（方案实施）的得分平均值最低，数据波动性较大。模块三（方案实施）的得分平均值为 34.09 分，中位数为 26.00 分，标准差为 29.89。如图 2-28 所示，各参赛队伍在模块三（方案实施）的整体水平较低，成绩波动剧烈，下降趋势明显，这表明参赛队伍之间具有较大差异。如图 2-29 所示，模块二（方案设计与仿真）的得分和模块三（方案实施）的得分的极大值距离上四分位较大，同时极小值与下四分位距离较大,表明这两个模块的数据离散程度较大,大部分分数集中在40.00分以下,一些队伍可能具备较高的专业素养和实践能力,而另一些队伍则可能在这方面存在较大的不足。

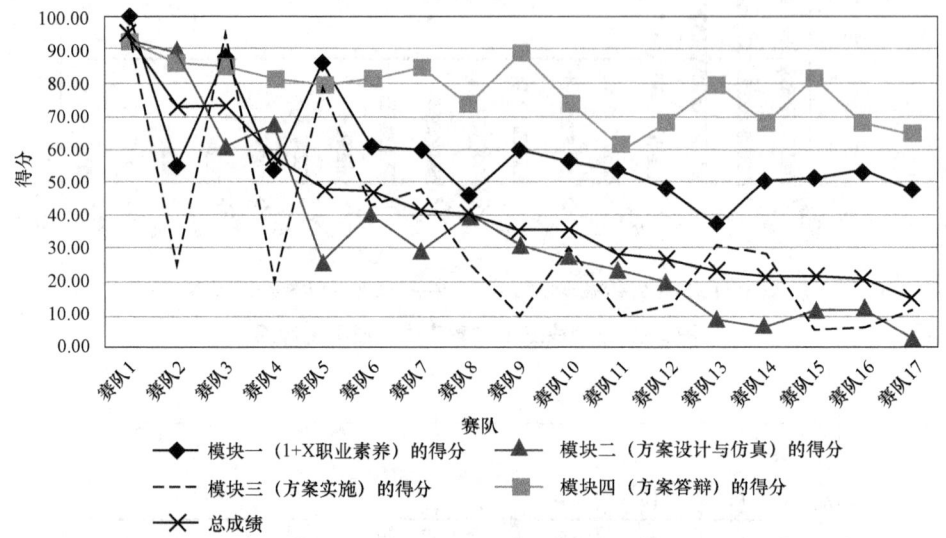

图 2-28　各模块得分与总成绩折线图

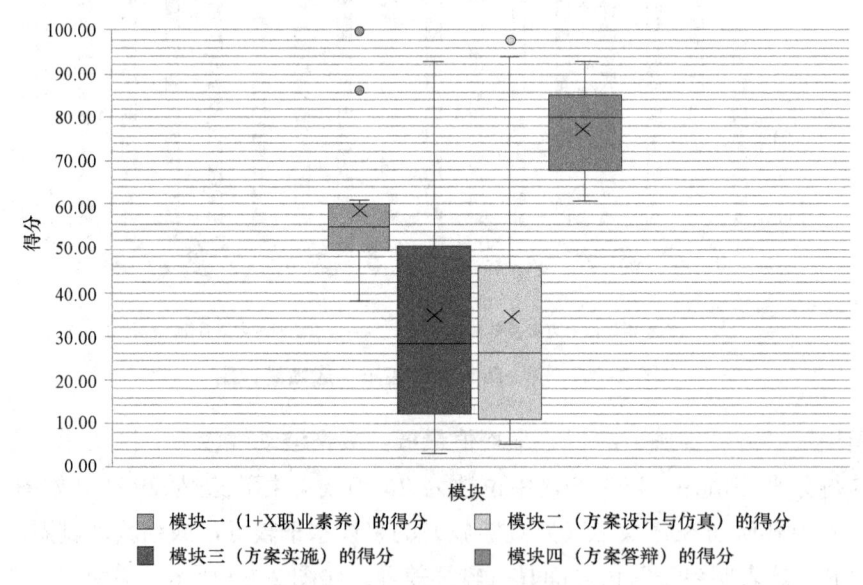

图 2-29　各模块得分箱线图

二、参赛队伍对比分析

(一)参赛队伍聚类分析

通过对各参赛队伍进行系统 k 均值聚类分析,可以将参赛队伍分为五类,如图 2-30 所示。由于赛队 1 各项成绩均突出,因此将其单独作为一类;赛队 2 和赛队 4 为第二类,其特点是在模块二(方案设计与仿真)的得分和模块四(方案答辩)的得分较高,在模块三(方案实施)的得分很低;赛队 3 和赛队 5 为第三类,其特点是在模块二(方案设计与仿真)的得分偏低,在另外三个模块的得分较高;赛队 6 和赛队 7 为第四类,其特点是在模块一(1+X 职业素养)的得分中等,在模块二(方案设计与仿真)的得分和模块三(方案实施)的得分较低,在模块四(方案答辩)成绩较高;赛队 8 等其余 10 支队伍为第五类,其特点是在模块四(方案答辩)的得分中等偏高,在其余模块得分偏低。

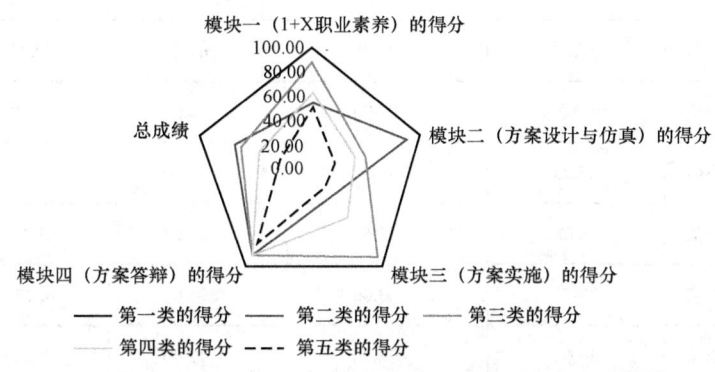

图 2-30 各个聚类分组分模块得分和总成绩平均值雷达图

统计各个分组的平均值,可直观看出不同组别之间的区别,表现最优异的为第一类,在四个模块得分均较高。其次是第二类和第三类参赛队伍,这两类参赛队伍均有其特长之处,但第二类参赛队伍需加强模块三(方案实施)的训练,第三类参赛队伍需加强模块二(方案设计与仿真)的训练。第四类参赛队伍需加强模块二(方案设计与仿真)和模块三(方案实施)训练。表现最差的为第五类,除模块四(方案答辩)外,在其余三个模块均表现最差。

（二）获奖队伍情况分析

获得一等奖的参赛队伍在模块二（方案设计与仿真）得分差异性最小。如表 2-9 和图 2-31 所示，获得一等奖的参赛队伍的总分差异较大，主要是在模块一（1+X 职业素养）的得分和在模块三（方案实施）的得分相差较大。模块二（方案设计与仿真）的得分平均值、中位数、上四分位和下四分位均最大，极大值与极小值差额最小，表明获得一等奖的参赛队伍在模块三（方案实施）的得分能力最强。获得一等奖的参赛院校综合能力较强的主要原因是物流类为其所在学校的重点专业和省级示范特色专业且具有物流类职业教育示范性虚拟仿真实训基地等，其中赛队 1 所在的院校山西工程科技职业大学曾多次承办山西省教育厅主办的山西省职业院校技能大赛高职组"智慧物流作业方案设计与实施"赛项，具备很好的实训条件。

表 2-9 各个奖项成绩统计表

奖项	指标	模块一 （1+X 职业素养）	模块二 （方案设计与仿真）	模块三 （方案实施）	模块四 （方案答辩）	总成绩
一等奖	平均值	77.63	91.25	61.25	89.25	83.69
	最大值	100.00	93.00	98.00	92.50	94.65
	最小值	55.25	89.50	24.50	86.00	72.73
二等奖	平均值	76.08	51.67	64.67	81.67	59.71
	最大值	87.75	68.00	94.00	85.00	72.68
	最小值	54.00	26.00	19.00	79.00	48.35
三等奖	平均值	56.70	33.92	31.30	80.40	40.32
	最大值	61.25	40.50	48.00	89.00	47.18
	最小值	46.25	28.00	10.00	73.00	35.70
未获奖	平均值	49.07	12.57	15.21	70.00	22.49
	最大值	54.50	24.00	31.00	81.00	27.95
	最小值	38.00	3.00	5.00	61.00	15.38

2 华北篇

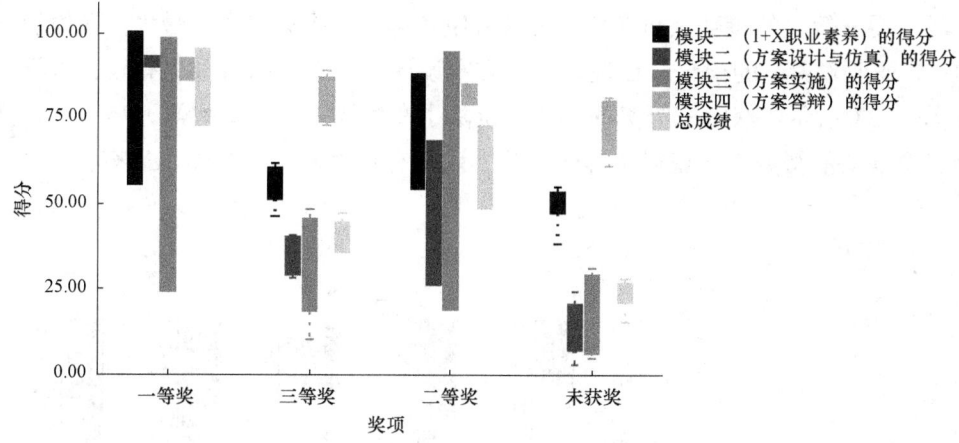

图 2-31　各个奖项成绩分析箱线图

获得二等奖的参赛队伍在模块二（方案设计与仿真）的得分较低，在模块三（方案实施）的得分差异大。如表 2-9 和图 2-32 所示，模块二（方案设计与仿真）的得分最大值、平均值明显低于其他模块，导致获得二等奖的参赛队伍总分较低，在模块三（方案实施）的得分差异大，存在极端值。如图 2-32 所示，获得二等奖的参赛队伍在模块二（方案设计与仿真）的得分均比获得一等奖的参赛队伍低很多，表明获得二等奖的参赛队伍与获得一等奖的参赛队伍差距最大的为模块二（方案设计与仿真），需加强方案设计与仿真的培训。在模块三（方案实施）的得分上，获得二等奖的参赛队伍与获得一等奖的参赛队伍均存在差距，这与其规划与仿真方案的设计有关联，因此获得二等奖的参赛队伍所在学校需加强规划和仿真类课程教学改革。

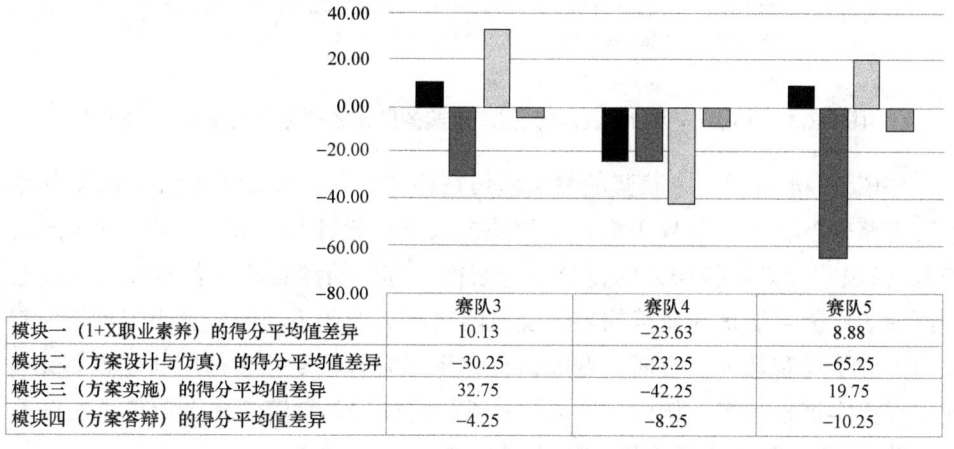

	赛队3	赛队4	赛队5
模块一（1+X职业素养）的得分平均值差异	10.13	−23.63	8.88
模块二（方案设计与仿真）的得分平均值差异	−30.25	−23.25	−65.25
模块三（方案实施）的得分平均值差异	32.75	−42.25	19.75
模块四（方案答辩）的得分平均值差异	−4.25	−8.25	−10.25

图 2-32　获得二等奖的参赛队伍与获得一等奖的参赛队伍的得分平均值差异分析图

获得三等奖的参赛队伍在模块三（方案实施）的得分差异性最大，在模块一（1+X 职业素养）的得分、在模块二（方案设计与仿真）的得分也有较大差异。如图 2-33 所示，获得三等奖的参赛队伍除了在模块三（方案答辩）环节，在其余三个模块的得分均与获得二等奖的参赛队伍有较大差异，整体水平有待提高。

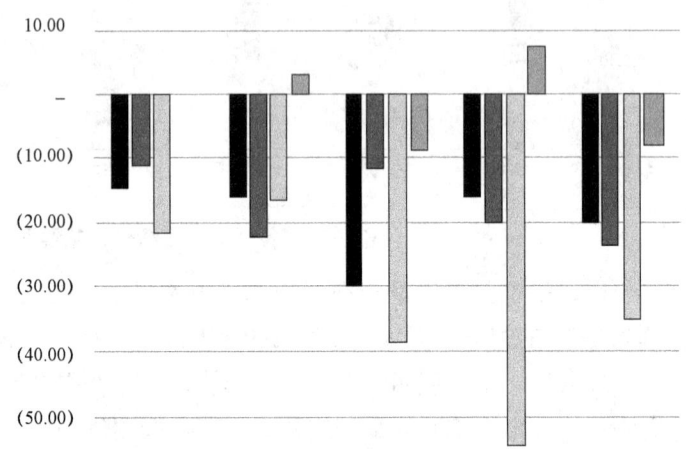

图 2-33　获得三等奖的队伍与获得二等奖的队伍的得分平均值差异分析图

如图 2-34 所示，未获奖的参赛队伍在模块一（1+X 职业素养）的得分与获得三等奖的参赛队伍差异不大，在模块二（方案设计与仿真）、模块三（方案实施）、模块四（方案答辩）的得分均与获得三等奖的参赛队伍差异较大。造成成绩落后的原因可能是未获奖的参赛院校的物流类专业不是学校重点专业、物流专业的方向不是智慧物流方面、专业课程体系不完善、专业教师团队建设不完善、缺少重点实训设备等。例如，赛队 13 所属院校注重物流管理专业英语的培养，但赛队 15 所属院校未开设现代物流管理专业。

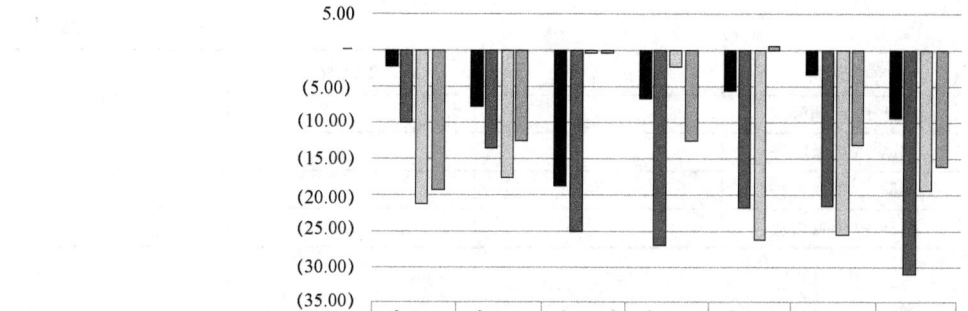

	赛队11	赛队12	赛队13	赛队14	赛队15	赛队16	赛队17
模块一（1+X职业素养）的得分平均值差异	(2.20)	(7.70)	(18.70)	(6.70)	(5.45)	(3.20)	(9.45)
模块二（方案设计与仿真）的得分平均值差异	(9.92)	(13.42)	(24.92)	(26.92)	(21.92)	(21.42)	(30.92)
模块三（方案实施）的得分平均值差异	(21.30)	(17.80)	(0.30)	(12.30)	(26.30)	(25.30)	(19.30)
模块四（方案答辩）的得分平均值差异	(19.40)	(12.40)	(0.40)	(12.40)	0.60	(12.90)	(15.90)

■ 模块一（1+X职业素养）的得分　　■ 模块二（方案设计与仿真）的得分
□ 模块三（方案实施）的得分　　□ 模块四（方案答辩）的得分

图 2-34　未获奖队伍与获得三等奖的队伍的得分平均值差异分析图

（三）各参赛队伍历年获奖情况分析

由于山西省第 15 届职业院校技能大赛智慧物流（学生赛）赛项获奖情况未公开披露，因此本文统计了参赛队伍第 17 届、第 16 届、第 14 届共 3 年的获奖情况，如表 2-10 所示。由此可以看出各院校的智慧物流赛项竞争力情况：赛队 1 和赛队 2 所属院校竞争力最强，获得较多一等奖，属于第一梯队。赛队 6、赛队 9 和赛队 10 所属院校获得较多二等奖或三等奖，属于第二梯队。赛队 12、赛队 13、赛队 15 和赛队 17 所属院校为第 3 类，属于第三梯队，三年内未获得奖项，其师生物流专业水平较低，该梯队成员需加强专业建设、实训基地建设、师资培训以及加大教学改革力度等。

表 2-10　历年获奖情况统计表

学校名称	第 17 届	第 16 届	第 14 届
赛队 1 所属院校	一等奖	一等奖	
赛队 2 所属院校	一等奖	一等奖	一等奖
赛队 6 所属院校	三等奖	三等奖	二等奖
赛队 9 所属院校	三等奖	二等奖	二等奖
赛队 10 所属院校	三等奖		三等奖

续表

学校名称	第 17 届	第 16 届	第 14 届
赛队 12 所属院校			
赛队 13 所属院校			
赛队 15 所属院校			
赛队 17 所属院校			

三、成绩关联分析

（一）指导教师因素分析

1. "双师型"教师占比的相关性分析

分析竞赛成绩与参赛院校"双师型"教师占比的相关性，对参赛队伍在各个模块的得分及总成绩进行相关性分析，使用 Spearman 相关系数去表示相关关系的强弱情况。如表 2-11 所示，"双师型"教师占比和模块二（方案设计与仿真）、模块四（方案答辩）的得分及总成绩之间有正相关关系，其相关系数介于 0.60 到 0.80 之间，属于强相关，这可能是因为"双师型"教师不仅具备理论教学能力，还具有丰富的实践经验，能够更有效地指导学生进行方案设计、仿真模拟以及答辩准备，从而提升学生的实际操作能力和综合素质。参赛院校"双师型"教师与参赛学生在模块一（1+X 职业素养）的得分和模块三（方案实施）的得分不相关，对于模块一（1+X 职业素养），职业素养的培养可能更多地依赖于学校的整体教育环境、文化氛围以及学生的自我修养；而模块三（方案实施），可能涉及更多技术细节和团队协作，这些方面可能更多地依赖于学生的专业技能、团队协作能力和项目管理能力，而非单纯受"双师型"教师占比的影响。

表 2-11 "双师型"教师占比对各个模块得分的相关性分析表

模块	双师型教师占比
模块一（1+X 职业素养）	0.47
模块二（方案设计与仿真）	0.70
模块三（方案实施）	0.26
模块四（方案答辩）	0.67
总成绩	0.74

注：* $P<0.05$ ** $P<0.01$。

2. 高职称教师占比的相关性分析

分析竞赛成绩与参赛队伍高职称教师占比的相关性，对各个模块成绩及总成绩进行相关性分析，可使用 Spearman 相关系数去表示相关关系的强弱情况。如表 2-12 所示，高职称教师占比与模块一（1+X 职业素养）的得分、模块二（方案设计与仿真）的得分、总成绩之间有着显著的正相关关系，为强相关，这说明高职称教师通常具有丰富的教学经验和深厚的专业知识，他们在培养学生的职业素养和指导学生进行方案设计时能够发挥重要作用。高职称教师占比与参赛学生在模块三（方案实施）的得分和模块四（方案答辩）的得分无相关性，表明这两个模块的教学和表现更多地依赖于其他因素，如学生的实际操作能力、团队协作能力、沟通技巧以及临场应变能力等。

表 2-12　高职称教师占比对各个模块得分的相关性分析表

模块	高职称教师占比
模块一（1+X 职业素养）的得分	0.77
模块二（方案设计与仿真）的得分	0.73
模块三（方案实施）的得分	0.36
模块四（方案答辩）的得分	0.44
总成绩	0.76

注：* $P<0.05$　** $P<0.01$。

（二）模块间相关性分析

分析各个模块成绩间的相关性，可使用 Spearman 相关系数去表示相关关系的强弱情况。如表 2-13 所示，模块一（1+X 职业素养）的得分与其他三个模块的得分均存在正相关关系，相关系数分别是 0.65、0.54 和 0.63，这表明职业素养的提升对学生在其他模块中的表现出色有积极的促进作用。良好的职业素养可以帮助学生更好地理解任务要求、提升解决问题的能力，并在多个方面表现更出色。模块二（方案设计与仿真）的得分和模块四（方案答辩）的得分呈现出显著性，相关系数值均大于 0.70，意味着具有正相关性并且为强正相关，这表明学生在方案设计阶段的表现直接影响到他们在后续答辩阶段的表现，优秀的方案设计往往能够为答辩提供有力的支撑，使学生在答辩过程中更加自信、流畅地阐述自己的观点和方案。但模块二（方案设计与仿真）的得分和模块三（方案实施）的得分、模块三（方案实施）的得分和模块四（方案答辩）的得分的相关性不显著，这表明尽管方案设计与答辩之间联系紧密,但设计与实施之间、实施与答辩之间可能存在一些独立的因素或挑战,使得它们之间的相关性并不显著。

表 2-13　各个模块成绩的相关性检验表

	模块一 （1+X 职业素养）	模块二 （方案设计与仿真）	模块三 （方案实施）	模块四 （方案答辩）
模块一（1+X 职业素养）	1			
模块二（方案设计与仿真）	0.65	1		
模块三（方案实施）	0.54	0.44	1	
模块四（方案答辩）	0.63	0.73	0.45	1

注：* $P<0.05$　** $P<0.01$。

2.5 内蒙古智慧物流（高职学生组）赛项技术分析报告

2023年秋季学期内蒙古自治区高等职业院校学生技能大赛智慧物流（学生组）赛项于2023年12月4日至6日在呼和浩特职业学院举办。本次大赛有来自9所院校的17支参赛队伍参加。竞赛内容包括1+X物流职业素养测试、智慧物流系统规划仿真与方案设计、智慧物流系统方案实施与方案汇报答辩，模块和内容要求与2023年全国职业院校技能大赛高职组智慧物流（学生赛）赛项基本一致。

一、竞赛情况概览

2023年秋季学期内蒙古自治区高等职业院校学生技能大赛智慧物流（学生组）赛项的参赛队伍共17支，奖项中设一等奖2名，二等奖3名，三等奖5名，获奖的参赛队伍数量占总参赛队伍的58.80%。

表2-14为参赛院校近三次竞赛的成绩排名对比，参赛院校有两支队伍的，以最高排名为分析对象。如表2-14所示，部分院校排名提升较为明显，如院校1从之前获得三等奖提升到获得一等奖，院校2由之前获得二等奖提升为获得一等奖。部分院校获奖退步较为明显，如院校5，之前两次均获得一等奖，但在2023年秋季仅获三等奖。退步院校应把握自身优势，不断开展新技术、新技能培训，注重学生综合能力培养。

表2-14 参赛队伍历年获奖情况统计表

院校	2022年	2023年春	2023年秋
院校1	三等奖	三等奖	一等奖
院校2	二等奖	二等奖	一等奖
院校3	二等奖	二等奖	二等奖
院校4	三等奖	三等奖	三等奖
院校5	一等奖	一等奖	三等奖
院校6			三等奖
院校7	三等奖	三等奖	

排名靠前的参赛队伍，在实训基地、人才培养方案设计、课程体系设置等方面均有突出的表现。如院校 1 具有智慧物流综合实训室、物流信息一体化实训室、物流立体仓实训室等；在课程体系方面，设置有物流系统规划与设计、生产物流等课程。院校 2 开设有物流智能化装备应用与维护实训、物流系统规划与设计实训等实践课程，拥有智慧物流综合实训中心等。因此，排名靠后的院校，应该加强专业课程体系建设、实训中心建设、教师专业知识和实践能力培养等。

二、内蒙古物流行业发展简述

（一）内蒙古物流业运行情况描述

从 2019—2023 年的数据看，内蒙古社会物流总额在 2019—2021 年间稳定保持在 34 000.00 亿～40 000.00 亿元，2021—2023 年连续突破 40 000.00 亿元，2023 年实现社会物流总额 53 309.70 亿元，同比增长 6.60%，为近 5 年来最快增速，如图 2-35 所示。经济的迅猛发展为物流业创造了旺盛的市场需求，同时也为其可持续发展提供了有力保障，这不仅促进了内蒙古社会物流总额的增长，还降低了社会物流总费用，使得物流行业的运行质量日益提升，社会物流总额呈现出稳中有升的良好态势。

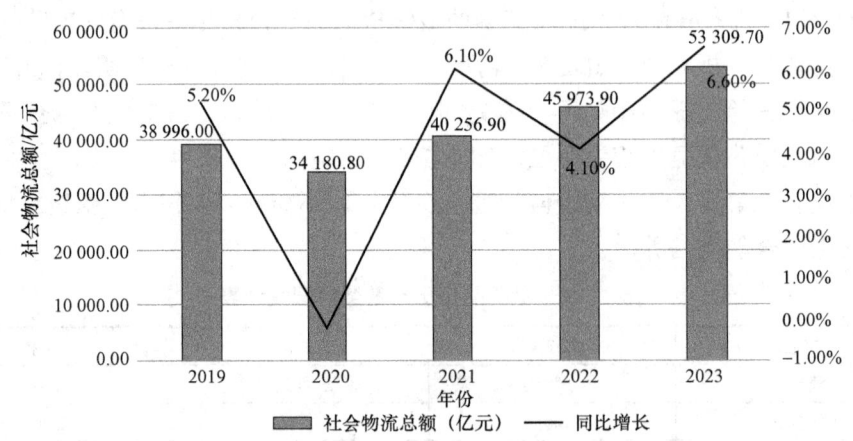

图 2-35 2019—2023 年内蒙古社会物流总额增长情况

2023 年内蒙古工业品物流总额以 53.40%的比重居于主导地位，农产品物流总额占社会总额的 5.30%，农产品物流总额较少，如图 2-36 所示。据相关统计数据，内蒙古地区工业品运输所消耗的物流总量几乎达到了第三产业的两倍。

内蒙古地域辽阔，矿产资源丰富，主要产品有煤炭、稀土化合物以及钢材等。当前，内蒙古拥有鄂尔多斯、乌海和阿拉善等多个煤炭生产基地，这些基地所生产的煤炭主要运往华北、华东等地区，为全国多个省（自治区、直辖市）提供煤炭资源，有力地缓解了国内煤炭供应紧张的局面。

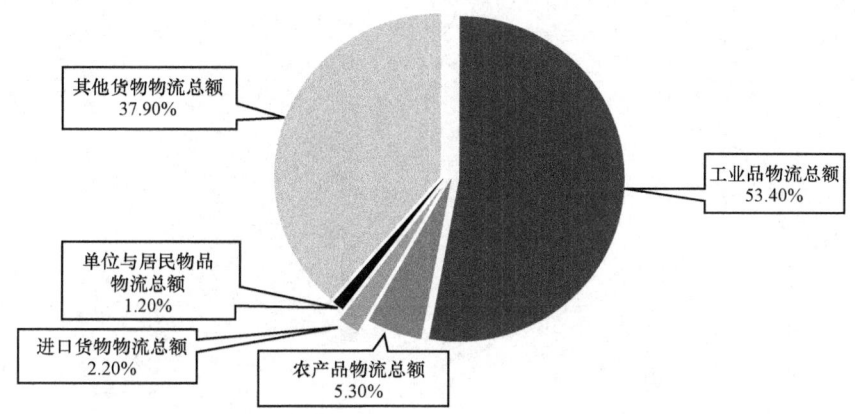

图 2-36　2023 年内蒙古社会物流总额构成图

（二）内蒙古物流企业发展概述

"十三五"期间，内蒙古自治区运营、在建和规划的各类物流园区超过 70 个，呼和浩特、包头、赤峰、乌兰察布、鄂尔多斯、满洲里、二连浩特等被纳入国家物流枢纽布局承载城市。其中，乌兰察布-二连浩特陆港型（陆上边境口岸型）国家物流枢纽、满洲里陆上边境口岸型国家物流枢纽、呼和浩特商贸服务型国家物流枢纽已分别列入国家物流枢纽年度建设名单。巴彦淖尔成功入选首批国家骨干冷链物流基地建设名单，内蒙古红山物流园区、集宁现代物流园区、通辽经济开发区综合物流园区等国家级示范物流园区建设加快推进。

内蒙古自治区在"十三五"期间累计列入 A 级物流企业 47 家，其中 5A 级 8 家、4A 级 19 家、3A 级 17 家、2A 级 3 家。京东、传化、菜鸟、顺丰等知名企业入驻，物流企业一体化运作、网络化经营和供应链管理等水平得到进一步提升。在龙头企业的带动下，内蒙古大部分物流企业、重点物流园区和物流配送中心也采用了现代化的物流信息管理技术，主要包括 BC 条形码技术、RFID 无线射频识别技术、GIS 地理信息技术及 EDI 电子数据交换技术等，用于客户数据采集和货物追踪定位。总体来看，在信息技术的推动下，内蒙古物流企业的系统化运作能力、信息化布局能力和现代化管理水平得到进一步提升。

3 东北篇

本赛项技术分析报告中的东北篇由黑龙江省、吉林省和辽宁省赛区数据技术分析报告组成。3个省中，在比赛中竞争较为激烈的为辽宁省，其参赛队伍数量最多，有30支。参赛队伍数量最少的为吉林省，仅有8支。虽然黑龙江省参赛队伍数量处于中间位置，但黑龙江全省的职业院校参赛积极性最高，参赛覆盖率达89.47%。在竞赛模块方面，仅辽宁省竞赛模块与2023年国赛的模块一致，吉林省和黑龙江省竞赛模块与2023年国赛的模块有一定的区别，比如吉林省竞赛未设置答辩模块，黑龙江省竞赛未设置1+X物流职业素养测试和方案答辩模块。

各个省竞赛总成绩也具有一定的离散性，其中离散程度最大的为黑龙江省，变异系数达到0.65，这表明该省总成绩差异性最大。离散程度较小且总成绩较为稳定的为吉林省，变异系数为0.25。东北地区3省的参赛队伍的总成绩均较低，3个省的参赛队伍的总成绩平均值在60.00分以下。本赛项技术分析报告将分别对东北地区3个省的职业院校技能大赛智慧物流（高职学生组）赛项进行深入分析，为教学研究和相关决策提供有力的参考依据，助力东北地区职业教育改革和教学高质量发展。

3.1 辽宁智慧物流（高职学生组）赛项技术分析报告

辽宁省第 21 届职业院校技能大赛高职组智慧物流（学生赛）赛项于 2024 年 3 月 13 日至 17 日在辽宁省交通高等专科学校成功举办，有来自 16 个参赛院校的 30 支参赛队伍参加此次大赛。据统计，辽宁省高等职业院校共 51 所，其中本科层次的院校 1 所；开设现代物流管理专业的院校共 27 所，占整个高职院校的 52.94%；参加本次大赛的院校数量在整个开设现代物流管理专业的院校中占比 59.26%，有 11 所院校未报名本次比赛。

本次赛项的内容包括 1+X 物流职业素养测试、智慧物流系统规划仿真与方案设计、智慧物流系统方案实施与方案汇报答辩三个模块，考核的内容及分值占比与 2023 年全国职业院校技能大赛高职组智慧物流（学生赛）赛项一致。

一、竞赛情况概览

辽宁省第 21 届职业院校技能大赛高职组智慧物流（学生赛）赛项仅披露了总成绩信息，因此本节聚焦于对参赛队伍在整个比赛过程中的综合表现进行量化衡量与评价，旨在通过数据分析，清晰地展现出各队伍的优势亮点与有待提升之处，从而为后续的技能提升与教学改进提供有力依据。

表 3-1 为各参赛队伍在辽宁省第 19 届至第 21 届比赛中的总成绩的描述统计表，其中第 21 届总成绩的得分最小值为 8.68 分，最大值为 92.30 分，平均分为 50.72 分，中位数为 53.54 分，标准偏差为 21.72。如图 3-1 所示，第 21 届比赛的平均成绩为 50.72 分，相较于第 20 届的 59.84 分，下降较为明显，这表明参赛队伍的整体水平在第 21 届有所下降或可能比赛赛项难度增加导致。中位数作为成绩的中间值，代表了一般参赛队伍的水平，从中位数得分可以看出，第 21 届比赛中大部分队伍的成绩集中在中等偏下水平，与平均水平趋势一致。第 21 届的标准差为 21.72，高于第 20 届的 16.92，这反映了第 21 届比赛的成绩分布的离散程度较高，第 21 届中各参赛队伍的成绩分布更为广泛，实力差异较大，存在一些极端高分或低分情况。

3 东北篇

表 3-1 参赛队伍在第 19 届至第 21 届总体成绩描述统计表

统计值	第 21 届	第 20 届	第 19 届
平均分	50.72	59.84	45.66
中位数	53.54	61.31	38.48
标准差	21.72	16.92	21.42
最小值	8.68	14.38	8.96
最大值	92.30	89.23	87.50

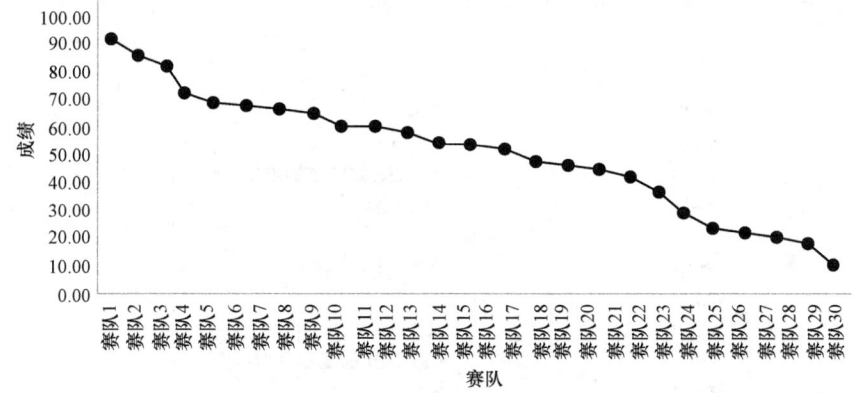

图 3-1 第 21 届参赛队伍总成绩折线图

图 3-2 为第 20 届和第 21 届智慧物流赛项的总成绩各分数段占比统计图。如图 3-2 所示，第 21 届成绩较前 1 届整体下降的原因在于，60.00~69.00 分和 70.00~

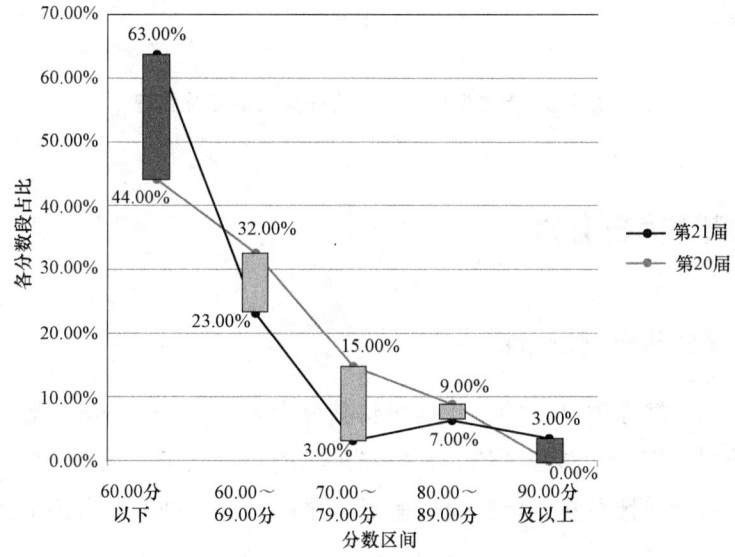

图 3-2 总成绩各分数段占比统计图

083

79.00 分这两个分数段的参赛队伍数量较多，而在本次第 21 届比赛中总成绩不及格的队伍较多。

图 3-3 为参赛队伍排名与上一年排名变化情况。在分析时，若参赛院校有两支队伍的，以最高排名为分析对象；赛队 25 和赛队 30 前两年未参赛，因此不对其做分析。如图 3-3 所示，部分院校排名提升较为明显，如赛队 4、赛队 12 和赛队 19 所属的院校，排名分别上升 22 名、15 名和 9 名。赛队 18 和赛队 23 所属院校排名下降较多，排名分别下降 10 名和 14 名。

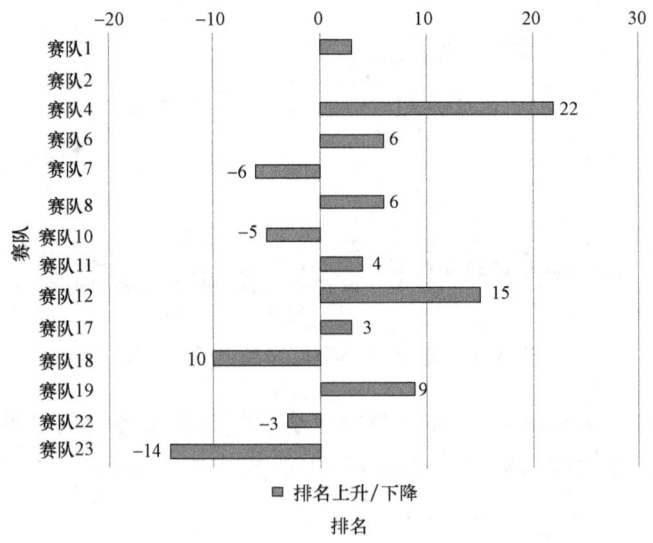

图 3-3 参赛队伍排名与上一年排名变化情况

二、获奖情况分析

（一）获奖队伍情况分析

根据本届比赛参赛队伍的获奖情况将其分为 4 个组，分别是获得一等奖的参赛队伍、获得二等奖的参赛队伍、获得三等奖的参赛队伍和未获奖的参赛队伍，对这 4 个组进行对比分析，旨在找出差距，弥补不足。图 3-4 为各个奖项的统计值图。

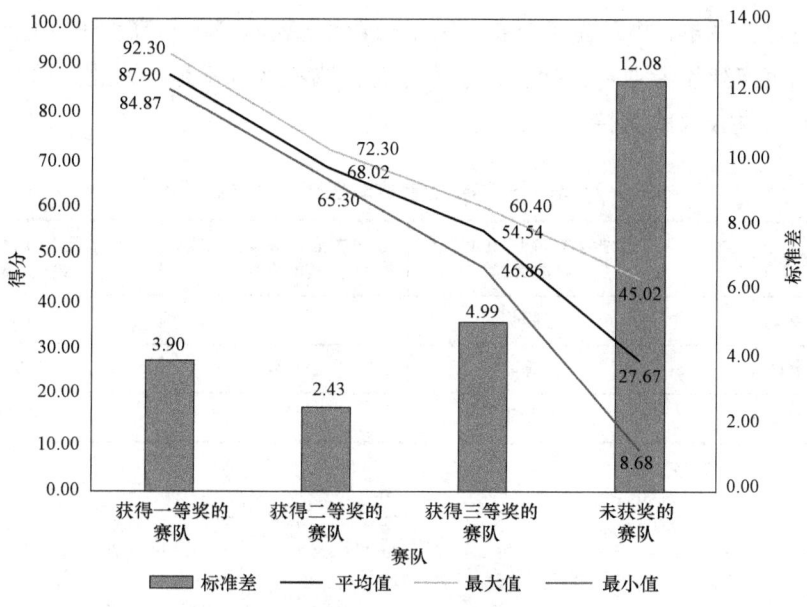

图 3-4 获得各个奖项的赛队得分统计值图

获得一等奖的参赛队伍、获得二等奖的参赛队伍和获得三等奖的参赛队伍里各参赛队伍间的差异均不大,其标准差分别为 3.90、2.43 和 4.99,获得二等奖的参赛队伍的最高分与获得一等奖的参赛队伍的最低分相差 12.57 分,获得三等奖的参赛队伍的最高分和获得二等奖的参赛队伍的最低分相差约 5.00 分,说明本次比赛能较好区分各院校的水平,且各参赛队伍内部的参赛队实力相当。从平均分来看,获得二等奖的参赛队伍的平均分与获得一等奖的参赛队伍的平均分相差约 20.00 分,获得三等奖的参赛队伍的平均分与获得二等奖的参赛队伍的平均分相差约 21.00 分,未获奖的参赛队伍的平均分与获得三等奖的参赛队伍的平均分相差约 20.00 分,说明获得二等奖的参赛队伍、获得三等奖的参赛队伍、未获奖的参赛队伍,如果想要上升一个等次,还需要付出很大的努力。

(二)各参赛队伍历年获奖情况分析

这里对本次参赛队伍在辽宁省第 19 届、第 20 届、第 21 届职业院校技能大赛的获奖情况进行分析。

如表 3-2 所示,获得一等奖的参赛队伍在近 3 年里其获奖等级都是不断上升的,特别是赛队 1 和赛队 3;如图 3-5 所示,这两支参赛队伍在近 3 年间的成绩提升迅速。赛队 1 和赛队 3 所属院校的物流管理专业群是国家示范性高等职业院校重点建设专业群,并入选辽宁省"高水平现代化高职院校和高水平特色专业群"项目中的重点建设专业群,拥有共享型综合性物流实训基地,因此能够给学生实训、实习提供较大的支持。

表 3-2　获得一等奖的参赛队伍获奖情况统计表

参赛队伍	辽宁省第 19 届职业院校技能大赛	辽宁省第 20 届职业院校技能大赛	辽宁省第 21 届职业院校技能大赛
赛队 1	三等奖	二等奖	一等奖
赛队 2	二等奖	一等奖	一等奖
赛队 3	未获奖	二等奖	一等奖

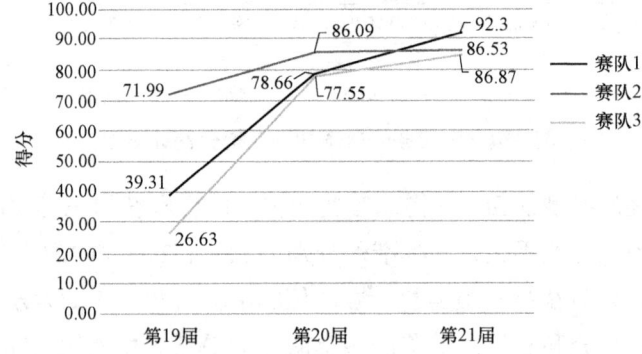

图 3-5　获得一等奖的参赛队伍在历届辽宁省职业院校技能大赛的得分趋势

如表 3-3 和图 3-6 所示,获得二等奖的参赛队伍在近 3 年里其获奖等级不太稳定,各参赛队伍总成绩存在较大波动,但各参赛队伍在第 21 届比赛时水平相差不大。进步最快的是赛队 4,而赛队 9 成绩退步较多。

表 3-3　二等奖队伍获奖情况统计表

参赛队伍	第 19 届	第 20 届	第 21 届
赛队 4	三等奖	未获奖	二等奖
赛队 5	二等奖	一等奖	二等奖
赛队 6	三等奖	三等奖	二等奖
赛队 7	一等奖	二等奖	二等奖
赛队 8	未参赛	三等奖	二等奖
赛队 9	一等奖	二等奖	二等奖

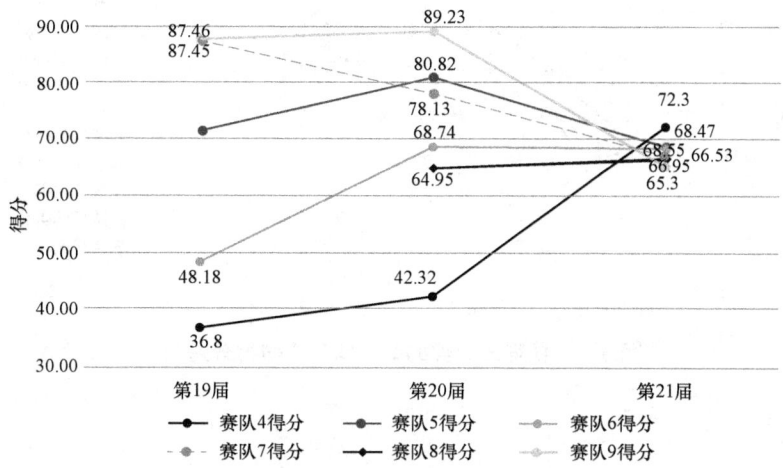

图 3-6　获得二等奖的参赛队伍历届得分趋势

如表 3-4 和图 3-7 所示,有些参赛队伍在前两年没有获奖但在今年获得了三等奖,如赛队 13、赛队 17;也有参赛队伍近 3 年获奖情况不太稳定,如赛队 11、赛队 12、赛队 14、赛队 19。这些队伍在第 20 届未拿到奖项。

表 3-4　获得三等奖的参赛队伍获奖情况统计表

参赛队伍	第 19 届	第 20 届	第 21 届
赛队 10	二等奖	三等奖	三等奖
赛队 11	三等奖	未获奖	三等奖
赛队 12	三等奖	未获奖	三等奖
赛队 13	未获奖	未获奖	三等奖
赛队 14	三等奖	未获奖	三等奖
赛队 15	未获奖	三等奖	三等奖
赛队 16	二等奖	二等奖	三等奖
赛队 17	未获奖	未获奖	三等奖
赛队 18	未获奖	二等奖	三等奖
赛队 19	三等奖	未获奖	三等奖

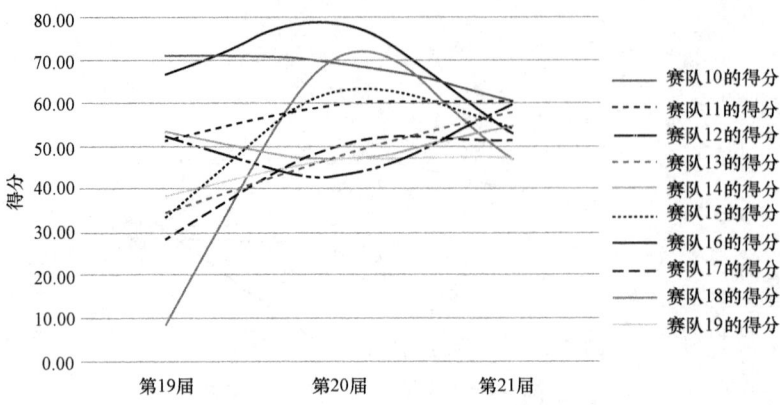

图 3-7　获得三等奖的参赛队伍历届得分趋势

3.2 吉林智慧物流（高职学生组）赛项技术分析报告

2024 年吉林省职业院校技能大赛（高职学生组）智慧物流赛项在长春汽车职业技术大学举办，吉林省的 8 所高职院校参加了此次赛事。据统计，吉林省设有物流类专业的高职院校 17 所，赛区覆盖率 47.06%。本次竞赛内容包括物流职业素养测试（简称"模块一（1+X 职业素养）"）、智慧物流系统规划与仿真（简称"模块二（方案设计与仿真）"）、智慧物流系统方案实施（简称"模块三（方案实施）"）三个模块。本次赛事未设置答辩环节，可能是赛项设置特色、时间和场地限制或评审方式调整等原因所致。本节通过 SPSS 软件对大赛数据情况进行深入分析，为提升学生智慧物流综合水平给出改进建议。

一、竞赛情况概览

（一）总体描述统计

如表 3-5 所示，参赛队伍总分平均值为 59.18 分，最小值为 44.20 分，最大值为 89.43 分。数据中没有异常值出现。总分样本 $n=8<5\,000$，采用 S-W 检验，显著性 P 值为 $0.28<0.05$，水平不呈现显著性，不能拒绝原假设，数据满足正态分布。

表 3-5 总分数据分析表

名称	最小值	最大值	中位数	平均值	标准差	变异系数	偏度	峰度	S-W 检验	K-S 检验
统计值	44.20	89.43	56.62	59.18	15.08	0.24	1.20	1.38	0.90（0.28）	0.16（0.97）

如图 3-8 所示，虽有 62.50% 的赛队总分超过平均值，但低分段赛队较多，高分段赛队较少，且各个成绩段分布差异较大。没有总成绩在 90.00 分及以上的赛队，得分 80.00~89.00 分的赛队共 1 支，得分 60.00~69.00 分的赛队共 2 支，

还有 5 支赛队得分低于 60.00 分。由此可见，各个成绩段分布差异较大，参赛队伍普遍水平不高。

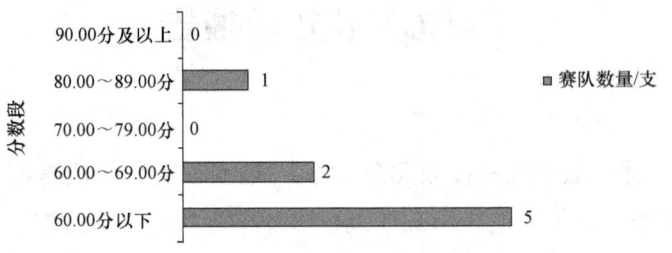

图 3-8　各赛队分数段情况统计图

（二）各模块成绩分析

如表 3-6 所示，模块一（1+X 职业素养）标准差为 1.67，整体数据波动较为稳定，反映各赛队得分差距较小，该模块得到了参赛队伍的普遍重视，各赛队都具备一定的职业素养能力。模块二（方案设计与仿真）标准差为 11.25，反映各赛队得分差距较大，不同赛队在比赛中实操环节差距较大。

表 3-6　智慧物流赛项各模块成绩分析表

模块	最小值	最大值	中位数	平均值	标准差	变异系数	偏度	峰度	S-W 检验	K-S 检验
模块一（1+X 职业素养）	5.40	9.93	7.07	7.24	1.67	0.22	0.39	-1.26	0.92 (0.44)	0.17 (0.94)
模块二（方案设计与仿真）	17.40	55.80	33.45	34.24	11.25	0.31	0.72	1.62	0.93 (0.52)	0.27 (0.51)
模块三（方案实施）	5.10	24.30	20.55	17.7	6.79	0.36	-1.04	0.06	0.88 (0.19)	0.26 (0.55)

如表 3-6 和图 3-9 所示，模块一（1+X 职业素养）分数范围在 5.40 到 9.93 之间，该模块的分数相对集中，没有出现极端高分或低分。

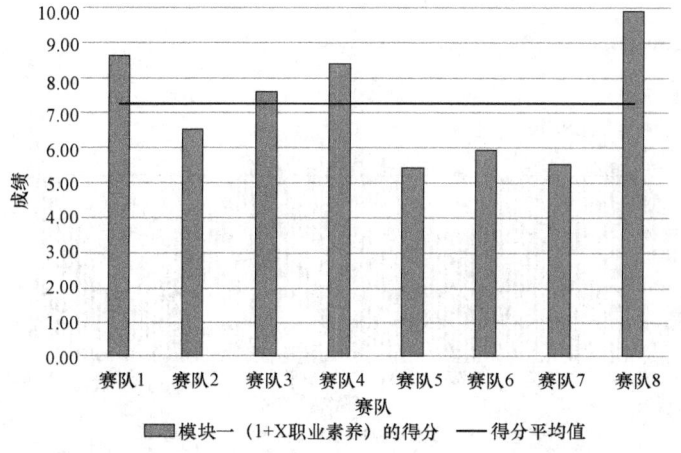

图 3-9 模块一（1+X 职业素养）各赛队的得分柱形图

如表 3-6 和图 3-10 所示，模块二（方案设计与仿真）分数范围在 17.40 到 55.80 之间，显示出该模块的分数分布较为广泛，存在较大的分数差异。模块二（方案设计与仿真）的得分平均值为 34.24 分，最小值 17.40 分，最大值 55.80 分。通过分析参赛队伍得分情况，模块二（方案设计与仿真）的得分超过平均值的参赛队伍只有赛队 5 和赛队 8。其他各赛队得分均低于平均值，各院校对参赛队伍方案设计与仿真能力的培养有待加强。

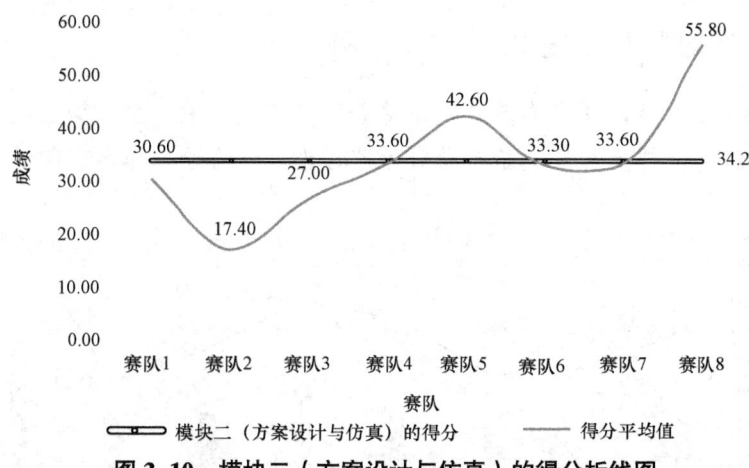

图 3-10 模块二（方案设计与仿真）的得分折线图

如表 3-6 和图 3-11 所示，模块三（方案实施）分数范围在 5.10 到 24.30 之间，虽然也有一定的分数差异，但相比模块二（方案设计与仿真）来说，差异较小。大多数参赛队伍在模块三（方案实施）的得分集中在平均值附近，但仍有参赛队伍的得分远高于或远低于平均值。

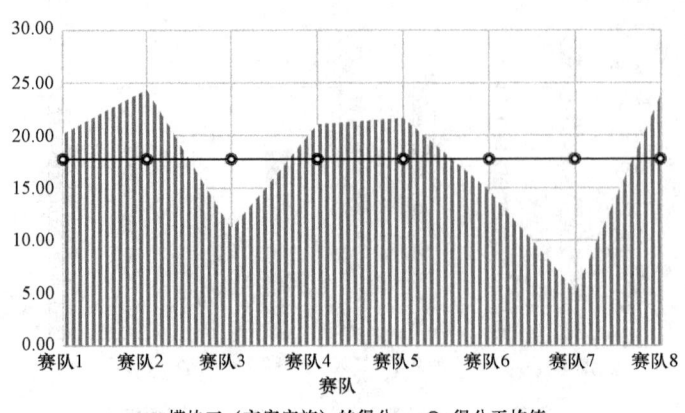

图 3-11 模块三（方案实施）的得分面积图

二、赛队对比分析

为了深入了解各参赛队伍的综合实力、优劣势以及发展趋势，全面把握竞赛的整体格局和动态变化，通过院校成绩对比分析，追踪参赛队伍成绩的变化趋势，以剖析影响排名波动的因素。

（一）院校成绩对比分析

如图 3-12 所示，排名靠前的院校总分差异较大，第一名和第二名的总分差值接近 20.00 分。排名靠后的院校总分差值较小。一方面，排名靠前的院校往往

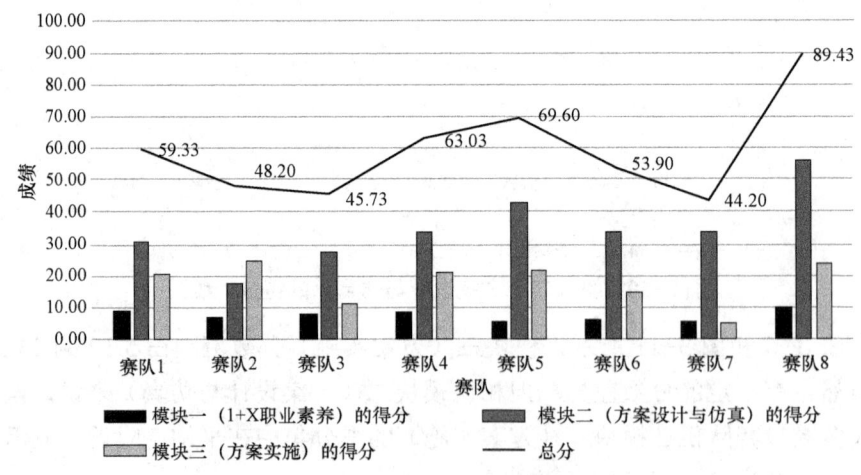

图 3-12 各赛队成绩柱形图

竞争压力更大，资源分配和学生自身素质的差异可能更为突出。对于成绩差距较小的院校，其整体教学水平和资源条件相对较为平均，并且院校的资源条件和教学水平也相对接近，难以拉开较大差距，所以在竞赛中的表现较为平稳，总分差值较小。

（二）历年排名对比分析

如图 3-13 所示，为各赛队近 3 年的总分排名情况。赛队 5 近 3 年稳居榜首。2022 年，赛队 3、赛队 4、赛队 6 未参赛。赛队 3 和赛队 4 近两年排名不变。赛队 1 和赛队 8 在 2022 年居于榜首，2023 年排名双双跌落，2024 年排名相继回升。赛队 2 和赛队 6 相较于 2023 年排名，2024 年排名均有跌落趋势。造成参赛院校成绩退步的主要原因有几个方面。

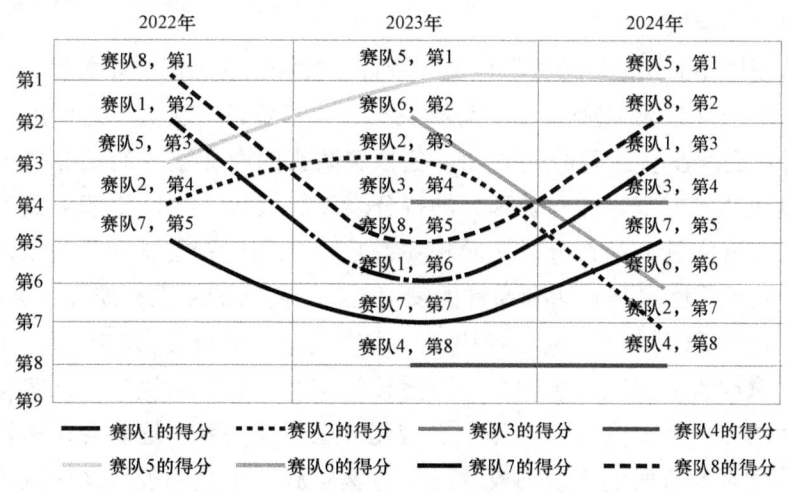

图 3-13　各赛队近三年得分排名情况

一是师资队伍的变动与不稳定。部分院校可能出现了骨干教师的离职、退休或因其他情况，使骨干教师无法全身心投入竞赛指导工作，新的指导教师在经验和专业能力上尚未达到较高水平，无法对参赛学生进行高效、精准的指导和训练，影响了参赛学生在竞赛中的表现。

二是对竞赛规则和内容的研究不足，本次赛项相较于上一届有了较大的变化，可能部分院校没有及时关注、深入研究这些变化，也未及时调整训练策略和教学内容，导致学生在竞赛中无法适应新的要求和挑战，从而使成绩下滑。

三是缺乏与其他院校和行业企业的交流合作。有的院校如果处于相对封闭的状态，不能及时了解物流行业的最新动态和掌握先进技术，无法借鉴其他院校的优秀经验和训练方法，就会导致其所属的赛队在竞赛中逐渐失去竞争力，竞赛成绩自然也会受到影响。

三、成绩关联分析

在职业技能竞赛中，成绩的取得受到多种因素的综合影响。为了深入探究影响竞赛成绩的关键因素，理清成绩背后的潜在联系，以促进竞赛水平的提升和人才培养质量的提高。本文对赛项的各个模块之间进行相关性分析，以探究不同模块之间的相互作用和内在联系。模块二（方案设计与仿真）的成绩占比 60.00%，因此对总成绩的影响最大；虽然模块三（方案实施）的成绩占比仅为 20.00%，但模块三（方案实施）的成绩波动程度最大，导致了模块三（方案实施）的成绩对总成绩的影响较大。

本节使用 Spearman 相关系数去分析各个模块的成绩间的相关性。如表 3-7 所示，模块一（1+X 职业素养）与模块二（方案设计与仿真）之间的相关性为 0.00，两者之间没有显著的相关性。各参赛队伍的职业素养的高低并不直接影响其在模块二（方案设计与仿真）的得分表现。模块一（1+X 职业素养）的与模块三（方案实施）的得分之间的相关系数为 0.26，存在正相关关系，但相关性较弱，且显著性水平未达到通常的阈值 0.05，两者的关系在统计上并不显著。模块一（1+X 职业素养）对于模块三（方案实施）的得分影响有限，可能受到其他未测量因素的影响。模块二（方案设计与仿真）和模块三（方案实施）的得分之间的相关系数为 0.12，显示出较弱的正相关关系，这表明在模块二（方案设计与仿真）阶段的表现与模块三（方案实施）阶段的表现之间缺乏明显的直接联系。

表 3-7 各个模块成绩的相关性分析

相关模块	模块一（1+X 职业素养）	模块二（方案设计与仿真）	模块三（方案实施）
模块一（1+X 职业素养）	1.00（0.000***）	0.00（1.00）	0.26（0.53）
模块二（方案设计与仿真）	0.00（1.00）	1.00（0.00***）	0.12（0.78）
模块三（方案实施）	0.26（0.53）	0.12（0.78）	1.00（0.00***）

注：***、**、*分别代表 1.00%、5.00%、10.00%的显著性水平。

3.3 黑龙江智慧物流（高职学生组）赛项技术分析报告

2024年黑龙江省职业院校技能大赛智慧物流（学生赛）赛项于2024年3月23日至24日在黑龙江农业工程职业学院（松北校区）成功举办，共有来自17所参赛院校的17支参赛队伍参加大赛。据统计，黑龙江省有高职院校39所，其中有6所属于国家"双高"校。具有物流类专业的院校有19所，其中17所院校参赛，覆盖率达到89.47%，参赛比例较高。

2024年黑龙江省职业院校技能大赛智慧物流（学生赛）赛项以智慧物流系统规划设计、仿真建模与运营、生产物流运营管理为主要工作任务，包括智慧物流系统规划与仿真（以下简称"模块一（方案设计与仿真）"）、智慧物流系统方案实施（以下简称"模块二（方案实施）"）两个模块，如表3-8所示。与全国职业院校技能大赛智慧物流赛项相比，黑龙江省赛少了1+X物流职业素养模块和系统方案答辩模块，并且智慧物流系统方案实施模块的分值占比提高到了40.00%。

表3-8　2024年黑龙江省智慧物流（学生赛）赛项模块及主要内容

模块		主要内容	比赛时长	分值权重
模块一	智慧物流系统规划与仿真	参赛队伍根据提供的任务背景及相关数据，完成智慧物流场地规划设计、生产物流功能区域布局设计，并运用系统完成仿真	240 min	60.00%
模块二	智慧物流系统方案实施	参赛队伍根据智慧物流规划方案运用设备完成相关操作	30 min	40.00%

不同的地区根据其自身的教育特点、行业发展需求和赛事目标，可能会对赛项的具体模块进行定制和调整。与全国职业院校技能大赛智慧物流赛项相比，黑龙江省职业院校技能大赛可能更注重学生在智慧物流系统规划与仿真、智慧物流系统方案实施等方面的实践操作能力，因此在设计赛项时没有设置1+X物流职业素养模块和系统方案答辩模块。

一、竞赛情况概览

竞赛成绩概览包括总体成绩描述统计和分模块成绩分析，主要是对各参赛队伍在比赛中的整体表现进行量化评估，同时对不同模块的成绩进行深入剖析，以揭示各参赛队伍的优势和不足。

（一）总体成绩描述统计

如表 3-9 和图 3-14、图 3-15 所示，2024 年黑龙江省职业院校技能大赛智慧物流（学生赛）赛项参赛队伍整体表现不佳，64.71%的参赛队伍总成绩在 60.00 分以下，但各个分数区间分布比较均匀。如表 3-9 所示，各个模块得分及总成绩的描述统计，其中总成绩最大值为 97.60 分，最小值为 0.00 分，中位数为 42.50 分，平均值为 44.49 分，47.06%的参赛队伍总成绩高于平均值，标准偏差为 29.06。总的来说，有 2 支队伍表现出色，4 支队伍总成绩接近最低分，各支参赛队伍的总成绩平均值和中位数较低，大部分参赛队伍需要提高成绩。

表 3-9　参赛队伍总体成绩描述统计表

统计值	模块一（方案设计与仿真）得分	模块二（方案实施）得分	总成绩
得分平均数	50.26	35.82	44.49
得分中位数	50.00	24.00	42.50
得分标准差	27.31	35.10	29.06
得分最小值	0.00	0.00	0.00
得分最大值	98.00	97.00	97.60

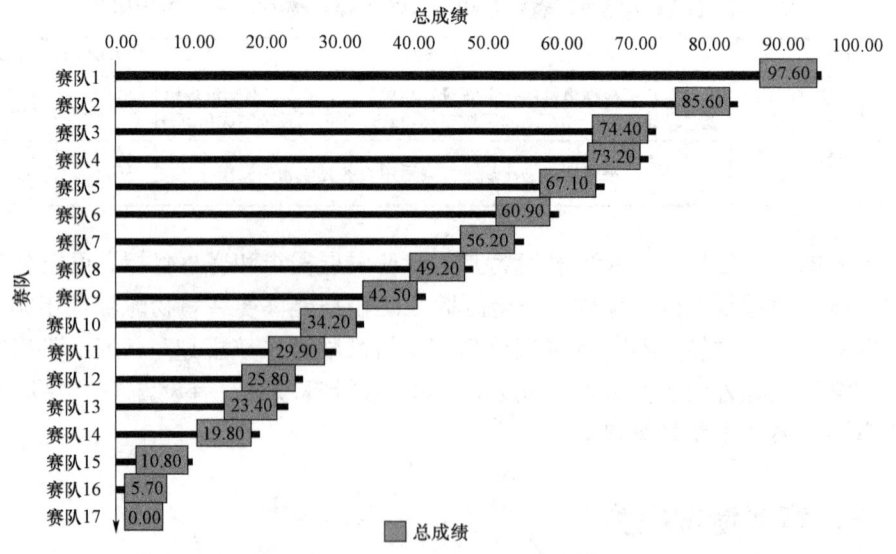

图 3-14　各参赛队伍总成绩统计图

3 东北篇

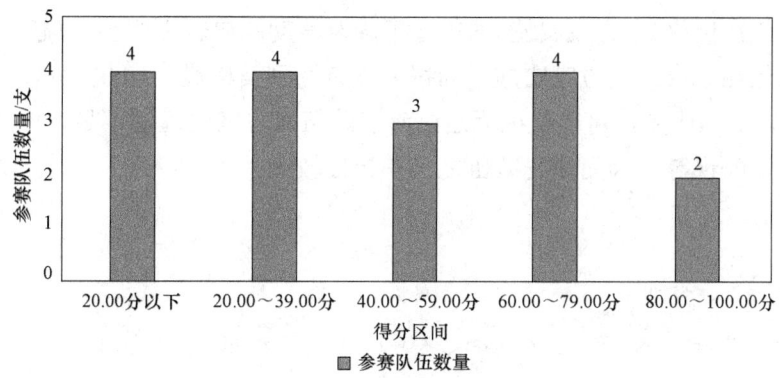

图 3-15 总成绩分段统计图

（二）分模块成绩分析

模块一（方案设计与仿真）的得分平均值偏低，成绩分布较合理。如表 3-9 和图 3-16 所示，模块一（方案设计与仿真）的得分平均值为 50.26 分，标准差为 27.31，中位数为 50.00 分，与得分平均值相近。得分在平均值上下的队伍数量几乎相同，得分高于平均值的参赛队伍有 7 支，得分低于平均值的参赛队伍有 7 支，得分接近平均值的队伍有 3 支，成绩分布比较合理。

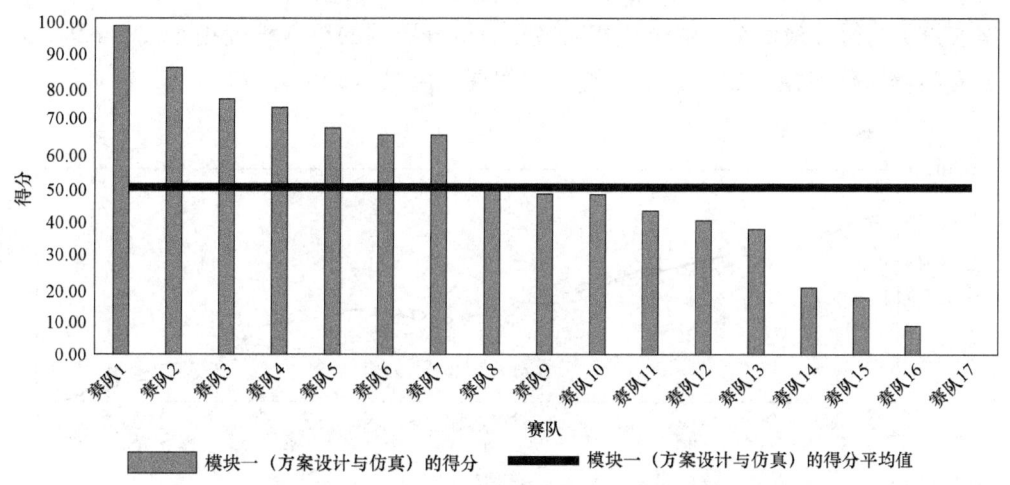

图 3-16 模块一（方案设计与仿真）的得分统计图

模块二（方案实施）的得分平均值最低，且标准差偏大。如表 3-9 和图 3-17 所示，模块二（方案实施）的得分平均值为 35.82 分，标准差为 35.10，得分在 20 分以下的参赛队伍最多，达到 8 支，占总参赛队伍的 47.06%。如图 3-17 所示，各参赛队伍在模块二（方案实施）的得分下降及波动趋势较为明显。有超过 64.71% 的参赛队伍在模块二（方案实施）的得分没有达到及格线，10.00 分以下的参赛队伍较多，共 10 支，可能是因为这些参赛队伍对方案的理解不足、实施策略有误或者操作失误等，因而参赛队伍之间差异性较大。

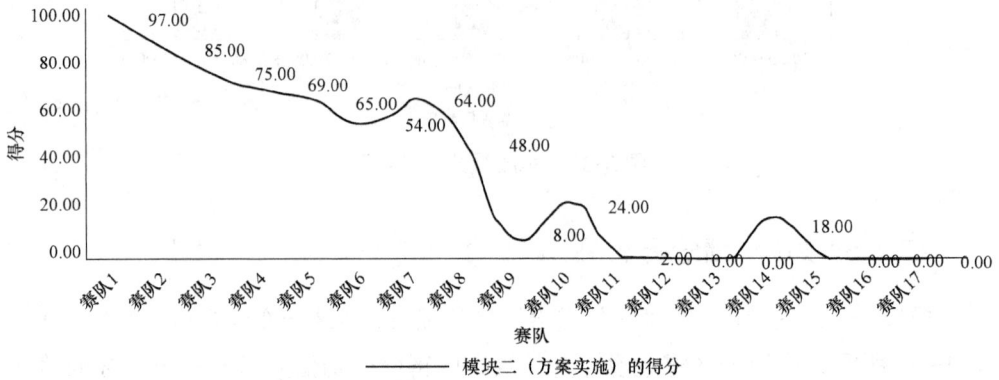

图 3-17　模块二（方案实施）得分统计图

模块二（方案实施）的成绩波动性较大。如图 3-18 所示，模块二（方案实施）整体水平较低，成绩波动剧烈，下降趋势明显。如图 3-19 所示，模块二（方案实施）的得分最低分、中位线相对较低，得分数据的离散程度相对较高。因此，各支参赛队伍对模块二（方案实施）的掌握程度具有较大差异。

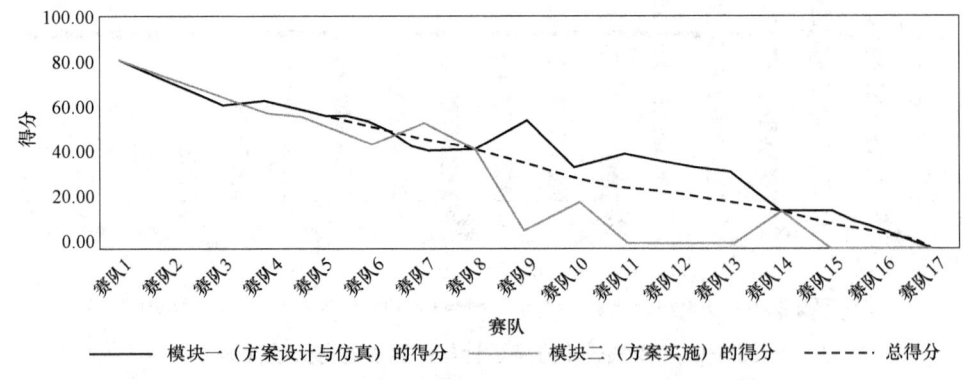

图 3-18　各参赛队伍各模块的得分与总成绩折线图

3 东北篇

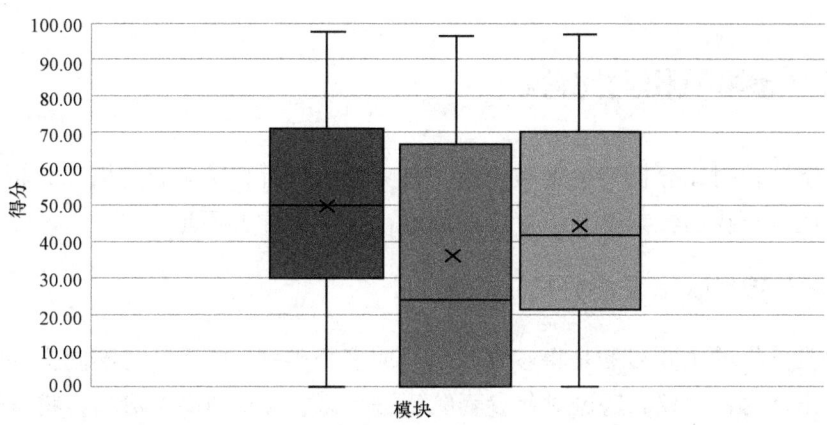

图 3-19　各模块得分箱线图

如图 3-20 所示，虽然影响总成绩最大的为模块一（方案设计与仿真）的得分，但是模块二（方案实施）的得分过低，也会造成总成绩排名靠后。41.18%的参赛队伍在出现严重偏科情况，如赛队 9、赛队 10、赛队 11 等，因此这部分参赛队伍若想获得高分，需从模块二（方案实施）着手，加强对该模块的训练。

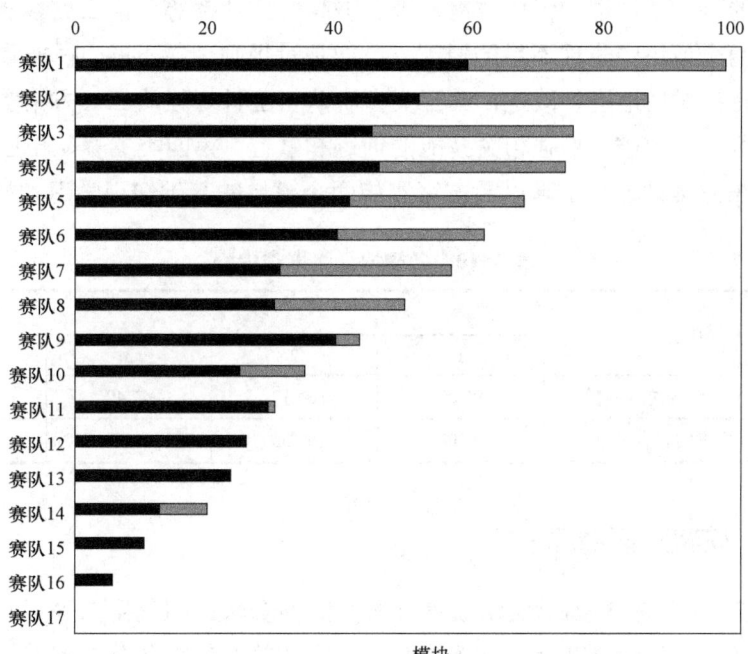

图 3-20　总成绩构成堆叠图

099

二、参赛队伍对比分析

参赛队伍对比分析包括聚类分析、获奖情况分析和历年获奖情况分析，旨在通过对比分析找出各参赛队伍存在的问题，以便于弥补不足。

（一）参赛队伍聚类分析

聚类分析的主要目的是将参赛队伍分成多个类别，然后针对不同类别的参赛队伍提出针对性建议。通过对各参赛队伍进行系统 k 均值聚类分析，将参赛队伍分为四类，如表 3-10 所示。由于赛队 1 和赛队 2 在两个模块的得分均比较高，因此将其归为第一类；赛队 3、赛队 4、赛队 5、赛队 6、赛队 7、赛队 8 为第二类，其特点是这些参赛队伍在两个模块的得分均为中等偏低；赛队 9、赛队 10、赛队 11、赛队 12、赛队 13 为第三类，其特点是模块一（方案设计与仿真）的得分中等偏低，模块二（方案实施）的得分过低；剩余 4 支参赛队为第四类，其特点是两个模块的得分均过低。因此，第一类参赛队伍要在现有基础上，寻找进一步提高成绩的可能性，进行优化方案设计、提高实施效率等；第二类参赛队伍应深入分析在两个模块中表现不足的原因，可能是对规则理解不够、技能掌握不熟练等，需要有针对性地进行改进；第三类参赛队伍应针对模块二（方案实施）的比赛内容进行重点突破，加强相关技能的训练和掌握；第四类参赛队伍应从基础开始，加强在方案设计与仿真以及方案实施两个模块的基础知识学习和技能训练。

表 3-10　各模块最终聚类中心

模块	最终聚类中心			
	1	2	3	4
模块一（方案设计与仿真）得分	92.00	64.17	47.40	12.13
模块二（方案实施）得分	91.00	62.50	6.80	4.50

（二）获奖队伍情况分析

如表 3-11 和图 3-21 所示，获得一等奖的参赛队伍和获得二等奖的参赛队伍在模块一（方案设计与仿真）和模块二（方案实施）的得分总体相差较大，但是这两类参赛队伍之间的差异性都不大且没有"偏科"，说明各赛队在训练和准备过程中，注重了各个模块的技能提升，确保每个参赛队员都能在两个模块上有出色发挥。获得三等奖的参赛队伍在模块二（方案实施）的得分差异性较大，未获奖的参赛队伍在模块一（方案设计与仿真）的得分差异性较大，说明获得三等奖的参赛队伍将理论知识转化为实际操作的能力存在差异，而未获奖的参赛队伍可能对于模块一（方案设计与仿真）的赛题理解有偏差或在资源的获取、利用和整合能力上存在差异。同时，未获奖的参赛队伍存在"偏科"现象，其大多在模块二（方案实施）获得很低的分数，说明这些参赛队伍可能缺乏实训条件。

表 3-11 各个奖项成绩统计表

奖项	指标	模块一（方案设计与仿真）的得分	模块二（方案实施）的得分	总成绩
一等奖	平均值	92.00	91.00	91.60
	最大值	98.00	97.00	97.60
	最小值	86.00	85.00	85.60
二等奖	平均值	72.83	69.67	71.57
	最大值	76.00	75.00	74.40
	最小值	68.50	65.00	67.10
三等奖	平均值	54.60	39.60	48.60
	最大值	65.50	64.00	60.90
	最小值	41.00	8.00	34.20
未获奖	平均值	25.57	2.86	16.49
	最大值	48.50	18.00	29.90
	最小值	0.00	0.00	0.00

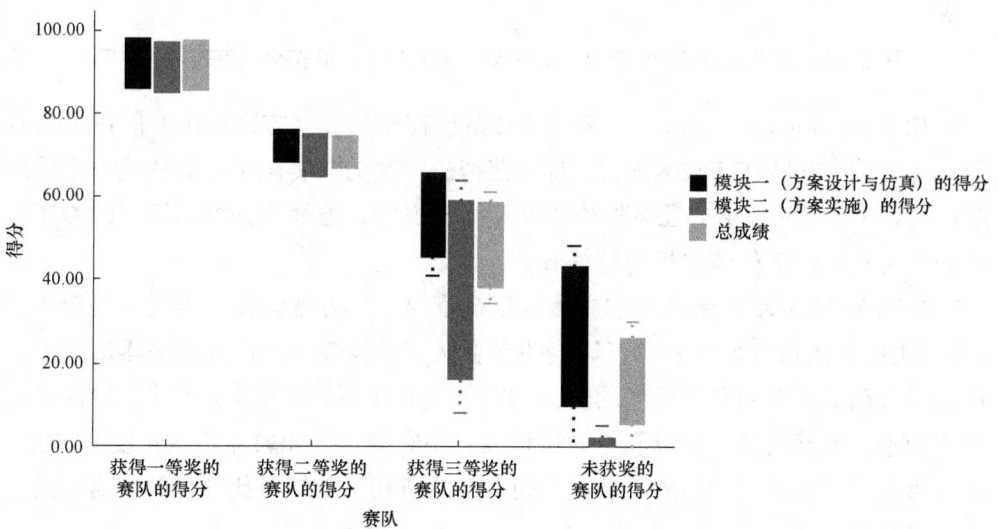

图 3-21 各个奖项获得者的成绩分析箱线图

如表 3-11 和图 3-22 所示，获得二等奖的参赛队伍在模块一（方案设计与仿真）和模块二（方案实施）取得的平均成绩比获得一等奖的参赛队伍均低了 20.00 分以上，这说明获得二等奖的参赛队伍在方案设计与仿真以及方案实施方面掌握的情况比较均衡，但相比于获得一等奖的参赛队伍仍有较大的提升空间。因此，此次比赛中获得二等奖的参赛队伍所在的院校应深入分析其不足之处，加强规划和仿真类课程教学改革，而学生应加强对相关知识点的全面学习和应用。

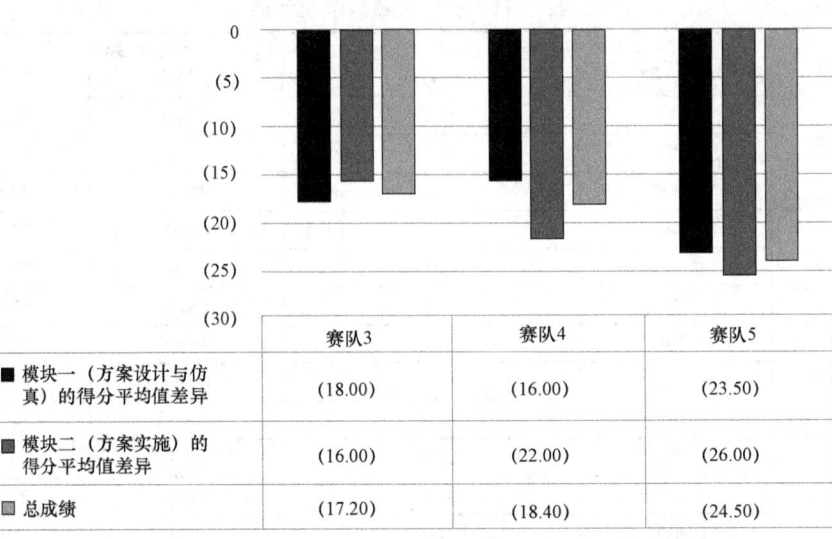

图 3-22　获得二等奖的参赛队伍与获得一等奖的参赛队伍平均值差异分析图

如图 3-23 所示，获得三等奖的参赛队伍在模块二（方案实施）的得分与获得二等奖的参赛队伍有较大差异，说明获得三等奖的参赛队伍在对物流方案的理解深度、设备运用能力、团队协作以及现场应变能力方面与获得二等奖的参赛队伍还有所差距，其整体水平有待提升。

如图 3-24 所示，未获奖的参赛队伍在模块一（方案设计与仿真）和模块二（方案实施）的得分均与获得三等奖的参赛队伍差异较大。造成成绩落后的原因可能是未获奖的参赛队伍所在的院校的物流类专业不是学校重点专业、物流专业的方向不是智慧物流方面以及专业课程体系不完善、专业教师团队建设不完善、缺少重点实训设备等。另外，未获奖的参赛队伍还可能缺乏比赛经验，需要进一步寻求突破。

3 东北篇

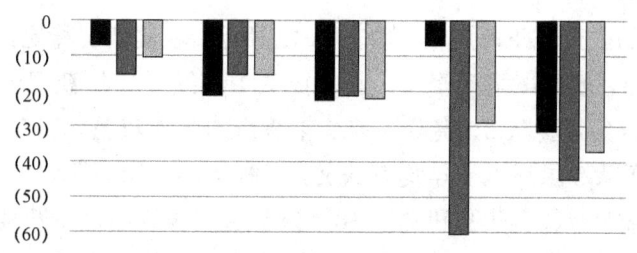

	赛队6	赛队7	赛队8	赛队9	赛队10
■ 模块一（方案设计与仿真）的得分平均值差异	(7.33)	(21.83)	(22.83)	(7.33)	(31.83)
■ 模块二（方案实施）的得分平均值差异	(15.67)	(5.67)	(21.67)	(61.67)	(45.67)
□ 总成绩	(10.67)	(15.37)	(22.37)	(29.07)	(37.37)

■ 模块一（方案设计与仿真）的得分　　■ 模块二（方案实施）的得分　　□ 总成绩

图 3-23　获得三等奖的参赛队伍与获得二等奖的参赛队伍得分平均值差异分析图

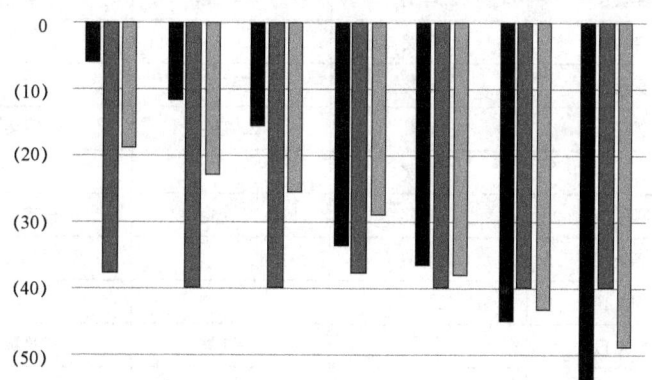

	赛队11	赛队12	赛队13	赛队14	赛队15	赛队16	赛队17
■ 模块一（方案设计与仿真）的得分平均值差异	(6.10)	(11.60)	(15.60)	(33.60)	(36.60)	(45.10)	(54.60)
■ 模块二（方案实施）的得分平均值差异	(37.60)	(39.60)	(39.60)	(21.60)	(39.60)	(39.60)	(39.60)
□ 总成绩	(18.70)	(22.80)	(25.20)	(28.80)	(37.80)	(42.90)	(48.60)

■ 模块一（方案设计与仿真）的得分　　■ 模块二（方案实施）的得分　　□ 总成绩

图 3-24　未获奖的参赛队伍与获得三等奖的参赛队伍的得分平均值差异分析图

（三）各参赛队伍历年获奖情况分析

从黑龙江省职业院校技能大赛智慧物流（高职学生组）赛项近 4 年的获奖情况来看，各参赛队伍表现各异，有的参赛队伍获奖情况稳定，有的参赛队伍呈现明显的上升或下降趋势。如表 3-12 所示，获奖情况稳定的队伍有赛队 1、赛队 2、赛队 3、赛队 6 和赛队 8，其中赛队 1 连续 4 年均获得一等奖或二等奖，表现优异且稳定，赛队 2、赛队 3 前 3 年获得的名次较差，但在 2024 年有所突破，赛队 6 和赛队 8 虽然近 4 年均有获奖，但等级均有所下降。在 2024 年大赛中首次获奖的有赛队 4、赛队 9 和赛队 10，说明这些赛队通过不断地学习、训练和实践，积累了一定的技能和知识，因而在比赛中成功地展现了自己的实力，这对于新的参赛队伍有重要的借鉴意义。

表 3-12 历年获奖情况统计表

参赛队伍	2024 年	2023 年	2022 年	2021 年
赛队 1	一等奖	一等奖	二等奖	二等奖
赛队 2	一等奖	二等奖	二等奖	二等奖
赛队 3	二等奖	三等奖	三等奖	三等奖
赛队 4	二等奖			
赛队 5	二等奖	三等奖		
赛队 6	二等奖	二等奖	一等奖	一等奖
赛队 7	三等奖			三等奖
赛队 8	三等奖	三等奖	三等奖	二等奖
赛队 9	三等奖			
赛队 10	三等奖			
赛队 11		三等奖	三等奖	三等奖
赛队 12				
赛队 13				三等奖
赛队 14				
赛队 15				
赛队 16				
赛队 17				

三、各模块间相关性分析

本文使用 SPSS 软件分析模块一（方案设计与仿真）的得分和模块二（方案实施）的得分的相关性，使用 Spearman 相关系数去表示相关关系的强弱情况。

通过分析可知，模块一（方案设计与仿真）的得分和模块二（方案实施）的得分存在正相关关系，相关系数是 0.90，属于正向强相关，如图 3-25 所示。通过分析，学生在学习过程中，其方案设计与仿真能力的高低与方案实施能力的高低有着密切的联系。学生在模块一（方案设计与仿真）的比赛中取得较好的成绩，往往也能在模块二（方案实施）的比赛中表现出色，反之亦然。

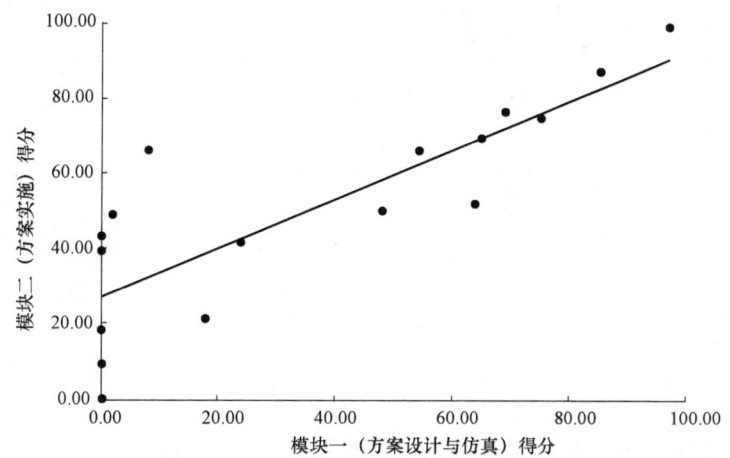

图 3-25　模块一（方案设计与仿真）的得分和模块二（方案实施）的得分的相关关系

模块一（方案设计与仿真）的得分和模块二（方案实施）的得分的相关关系不仅体现了物流管理理论知识与实践的紧密联系，也强调了方案设计与方案实施之间相辅相成的重要性。对于参赛队伍而言，要提升方案设计与仿真的能力，需注重理论与实践相结合。参赛院校和指导老师应关注两个模块之间的关联性，通过设置合理的课程和选择有效的教学方法，促进学生在这两个模块之间的知识和能力的迁移与融合；学生也应重视这两个模块之间的学习，通过自主学习和实训活动，不断提升自己的方案设计与仿真以及方案实施能力。

4　华东篇

　　本赛项技术分析报告中的华东篇由上海市、江苏省、浙江省、安徽省、福建省、江西省和山东省赛区数据技术分析报告组成。在 7 个省市中，安徽省的比赛竞争较为激烈，参赛队伍数量最多，有 43 支。参赛队伍数量最少的省市为上海市，仅有 12 支。竞赛模块方面，有三个省市的竞赛模块与 2023 年国赛有差异，分别是上海、安徽和福建，其他省市的竞赛模块与 2023 年国赛基本一致。

　　各个省市的竞赛总成绩具有一定的离散性，其中离散程度最大的为福建省，变异系数达到 0.38，表明该省总成绩差异性最大。离散程度较小、总成绩较为稳定的为安徽省，变异系数为 0.22。从这几个省市的得分平均值来看，华东地区六省一市的竞赛总成绩平均值均在 60.00 分以上，其中江苏省的竞赛总成绩平均值为 75.60 分，为最高。本赛项技术分析报告将分别对华东地区 7 个省市的职业院校技能大赛智慧物流（高职学生组）赛项进行深入分析，为教学研究和相关决策提供有力的参考依据，以期助力华东地区职业教育改革和高质量发展。

4.1 上海智慧物流（高职学生组）赛项技术分析报告

2024年上海市职业院校技能大赛高职组"智慧物流"赛项（学生赛）数据样本12项，参赛队伍12支。据统计，上海市高校一共64所，其中本科层次高等学校40所，专科层次高等学校24所，专科层次高等学校中开设物流管理专业的院校共16所，占整个专科层次高等学校的66.67%。在整个开设物流管理专业的院校中参加本次竞赛的院校一共12所，占比75%，有4所院校未报名；本次参加竞赛的院校属于公办学校的占58.33%，属于民办学校的占41.67%。

本次赛项的内容包括1+X物流职业素养测试、智慧物流系统规划与仿真、智慧物流系统方案汇报答辩三个模块，权重分别为10%、70%、20%。与2023年全国职业院校技能大赛高职组智慧物流（学生赛）赛项相比，本次赛项不考查智慧物流系统方案实施，更注重于考查运用系统思维通过建模组合的方式搭建智慧物流系统，验证智慧物流系统规划方案的可行性与有效性。

一、竞赛情况概览

2024年上海市职业院校技能大赛高职组"智慧物流"赛项（学生赛）仅披露了总成绩，因此本节主要是对参赛队伍总体成绩描述统计，以揭示整体比赛情况和各参赛队伍之间的差异。

表4-1为对总成绩的描述统计表，其中总成绩最小值为34.30分，最大值为92.90分，平均值为60.39分，中位数为61.80分，标准差为18.24。如图4-1、图4-2所示，各个分数段分布不均匀，总成绩60.00分以下的参赛队伍有6支。如图4-2所示，50.00%的参赛队伍总分数超过总成绩平均值。

表4-1 参赛队伍总体成绩描述统计表

统计值	平均值	中位数	标准差	最小值	最大值
总成绩	60.39	61.80	18.24	34.30	92.90

4 华东篇

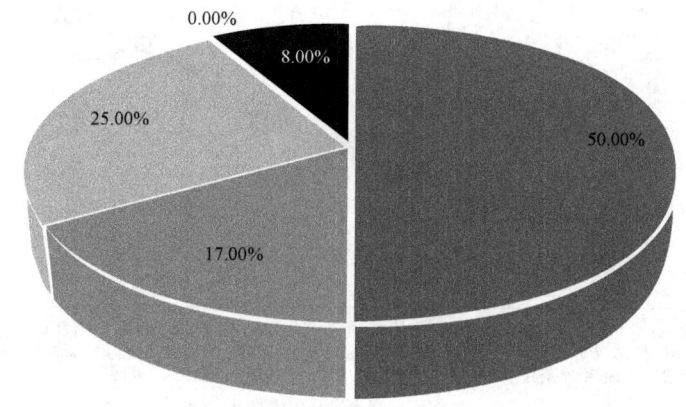

图 4-1 总成绩分布情况统计图

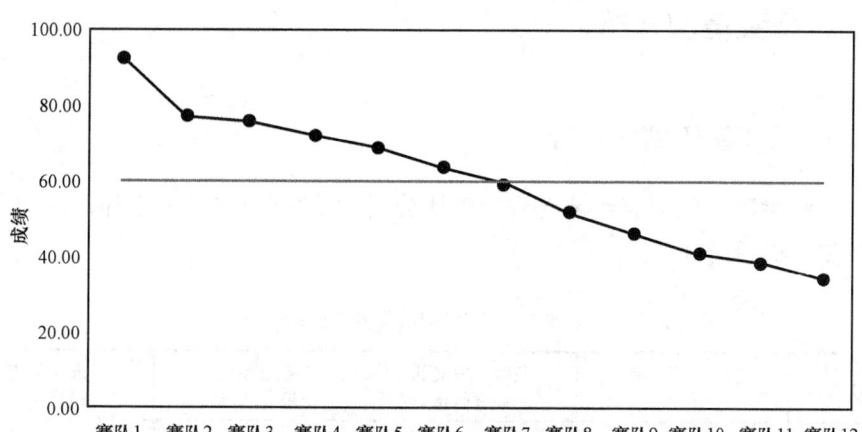

图 4-2 各参赛队总成绩情况

总成绩的标准差为 18.24，波动程度较大，表明各支参赛队伍的水平差异性较大。如图 4-3 所示，除赛队 3、赛队 5 和赛队 11 外，其余参赛队伍总成绩与前一名队伍的成绩差距均在 4.00 分以上，特别是赛队 2 和赛队 8，与前一名参赛队伍成绩差距分别为 15.00 分和 8.00 分。

109

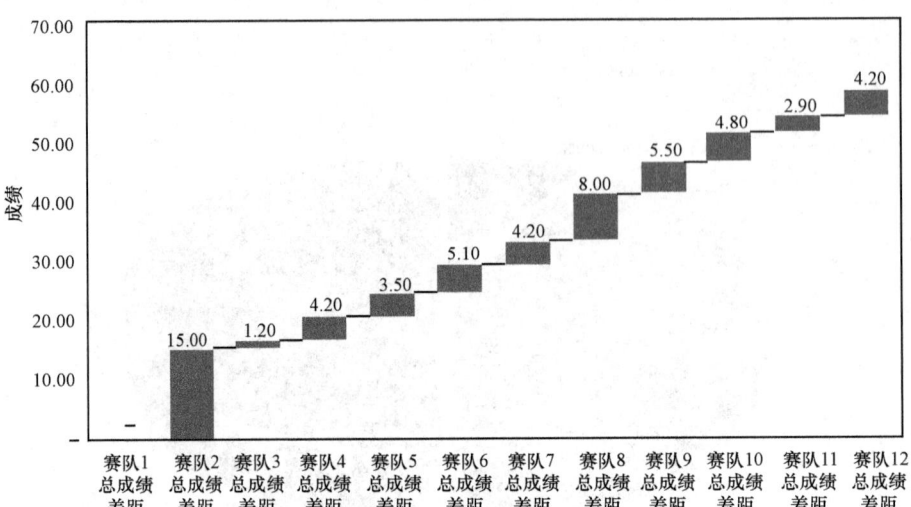

图 4-3　参赛队伍与前一名参赛队伍总成绩的差距

二、获奖情况分析

（一）获奖队伍情况分析

通过对参赛队伍的获奖情况进行对比分析，旨在找出差距，弥补不足。表 4-2 为各个奖项描述统计表。

表 4-2　各个奖项描述统计表

统计值	获得一等奖的参赛队伍	获得二等奖的参赛队伍	获得三等奖的参赛队伍	未获奖的参赛队伍
总成绩平均值	92.90	77.30	66.28	42.42
总成绩最大值	92.90	77.90	72.50	51.70
总成绩最小值	92.90	76.70	59.70	34.30
总成绩标准差	—	0.85	5.63	6.76

获得一等奖的参赛队伍有 1 支。这支参赛队伍所在院校的现代物流管理专业是交通运输部主干专业、上海市"085"工程重点专业，该专业培养的学生多次在全国物流竞赛中获得优异成绩。该专业除了实行常规的三年制专业培养模式外，还打造了五年制中高职贯通"点对点"体内循环以及"点对面"体外循环两

类培养模式,更有利于培养高素质技能人才。

获得二等奖的参赛队伍间(2支)成绩差异很小,其标准差为0.85,说明获得二等奖的2支参赛队伍水平相当。赛队2所在院校的现代物流管理专业是高本贯通专业,该专业在专科阶段注重实践技能的培养,而在本科阶段则进一步深化对理论知识的学习,并强化专业技能的应用以及理论与实践的深度融合,使学生在参加"智慧物流"赛项时能够更好地将理论知识应用于实际操作中,提高解决问题的能力和效率。赛队2所在院校的现代物流管理专业群是上海第二批高水平高职专业群,其实验、实训设施(含虚拟仿真实训场景等)较为先进,能够满足实验实训教学需求,有助于参赛队伍为参加大赛积累实训经验。如图4-4所示,获得二等奖的参赛队伍成绩和获得一等奖的参赛队伍相差较大,为15.60分,这表明获得二等奖的参赛队伍在技能水平、备赛情况等方面与获得一等奖的参赛队伍差异较大,获得二等奖的参赛队伍应反思自身在备赛过程中的不足和短板,并以此为契机加强学习和训练,努力提升竞赛技能水平。

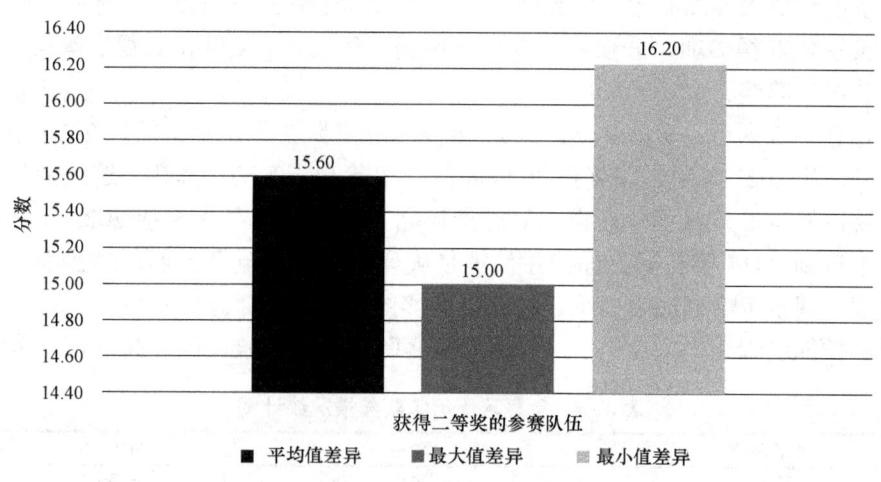

图4-4 获得二等奖的参赛队伍成绩差异图

如表4-2所示,获得三等奖的参赛队伍间差异和未获奖的参赛队伍间差异都不大,其标准差分别为5.63和6.76。如图4-5所示,获得三等奖的参赛队伍和获得二等奖的参赛队伍的平均分相差11.00分,未获奖的参赛队伍和获得三等奖的参赛队伍的总成绩平均分相差约24.00分,说明这两类参赛队伍在技能掌握和实际应用上可能存在较大的提升空间,要想获得奖项或再上一层楼,还需要付出较大的努力,在各方面均衡发展。

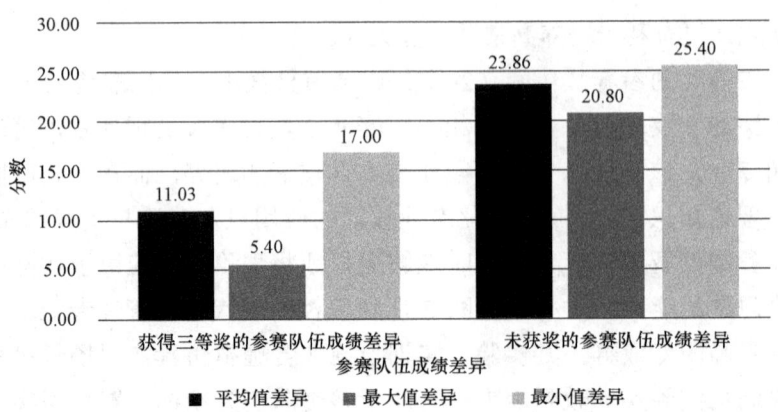

图 4-5　获得三等奖的参赛队伍和未获奖的参赛队伍总成绩差异图

（二）各参赛队伍历年获奖情况分析

本节对各参赛队伍在 2023 年和 2024 年的获奖情况进行分析。2023 年上海市职业院校技能大赛高职组"智慧物流"赛项（学生赛）与 2024 年有所不同，只有 3 支队伍获得奖项，分别是 1 支队伍获得一等奖、1 支队伍获得二等奖、1 支队伍获得三等奖。

如表 4-3 所示，赛队 2、赛队 3、赛队 4 和赛队 7 的比赛成绩在 2024 年得到了提升，从 2023 年的未获奖到 2024 年的二等奖和三等奖；赛队 1 连续两年获得一等奖，赛队 6 连续两年获得三等奖但排名有所下降；赛队 5 从 2023 年获得二等奖下滑到 2024 年获得三等奖并且排名从第 2 名下滑至第 5 名，这需要认真分析原因、调整策略或加强训练。对于未获奖的参赛队伍，建议加强对基础知识的学习和技能的训练，向赛队 2～赛队 4 和赛队 7 汲取经验，以提高整体竞争力。

表 4-3　参赛队伍历年获奖情况统计图

参赛院校	2024 年	2023 年
赛队 1	一等奖	一等奖
赛队 2	二等奖	未获奖
赛队 3	二等奖	未获奖
赛队 4	三等奖	未获奖
赛队 5	三等奖	二等奖
赛队 6	三等奖	三等奖
赛队 7	三等奖	未获奖
赛队 8	未获奖	未获奖
赛队 9	未获奖	未获奖
赛队 10	未获奖	未获奖
赛队 11	未获奖	未获奖
赛队 12	未获奖	未获奖

4.2 江苏智慧物流（高职学生组）赛项技术分析报告

2024年江苏省职业院校技能大赛高职智慧物流（学生赛）赛项于2024年1月20日至21日在江苏航运职业技术学院成功举办，有来自江苏全省36所院校的36支参赛队伍参加此次大赛。据统计，江苏省专科层次职业院校共90所，其中开设物流管理专业的院校共62所，占整个专科院校的69%。参加本次大赛的院校数量在江苏省所有开设物流管理专业的院校中占58%，有26所院校未报名。

本次赛项的内容包括1+X物流职业素养测试（以下简称"1+X职业素养"）、智慧物流系统规划仿真与方案设计（以下简称"方案设计与仿真"）、智慧物流系统方案实施（以下简称"方案实施"）与方案汇报答辩（以下简称"方案答辩"），考核的内容与2023年全国职业院校技能大赛高职组智慧物流（学生赛）赛项一致。模块一（1+X职业素养）、模块二（方案设计与仿真）、模块三（方案实施）和模块四（方案答辩）占总成绩的权重分别为10%、60%、20%、10%。

一、竞赛情况概览

（一）总体成绩描述统计

如表4-4所示，其中总成绩最小值为5.03分，最大值为98.87分，平均分为98.87分，中位数在75.59分，标准偏差为19.63。如图4-6所示，本赛项整体成绩除有个别极端值外，成绩的走势相对比较平稳。如图4-7所示，55.56%的参赛队伍总分超过平均值，各个分数段分布相对较为均匀。

表 4-4 参赛队伍总体成绩描述统计表

统计值	模块				总成绩
	模块一（1+X 职业素养）得分	模块二（方案设计与仿真）得分	模块三（方案实施）得分	模块四（方案答辩）得分	
平均值	76.59	76.37	69.03	83.00	75.59
中位数	79.25	86.50	77.00	85.50	79.63
标准差	11.63	23.55	27.57	15.53	19.63
最小值	49.25	0.00	0.00	0.00	5.03
最大值	98.50	100.00	100.00	94.70	98.87

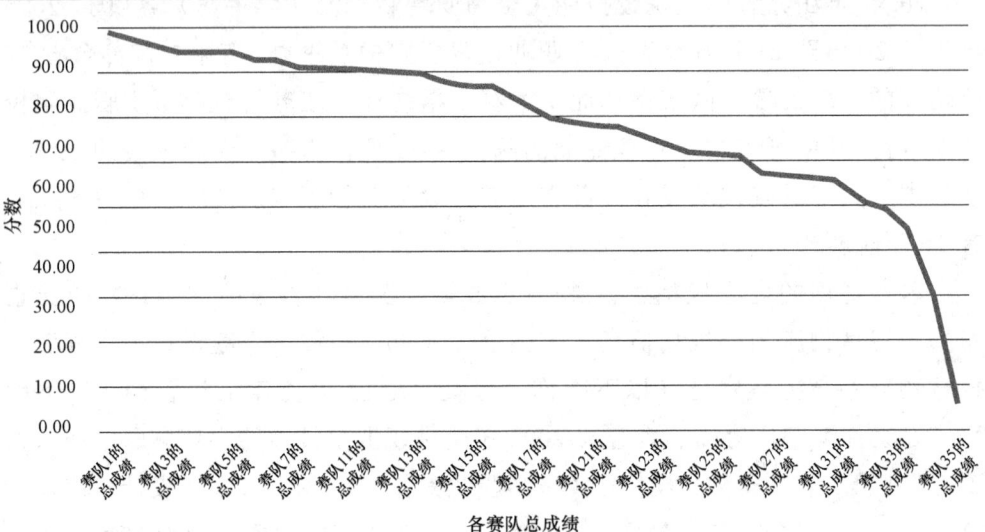

图 4-6 各参赛队伍总成绩折线图

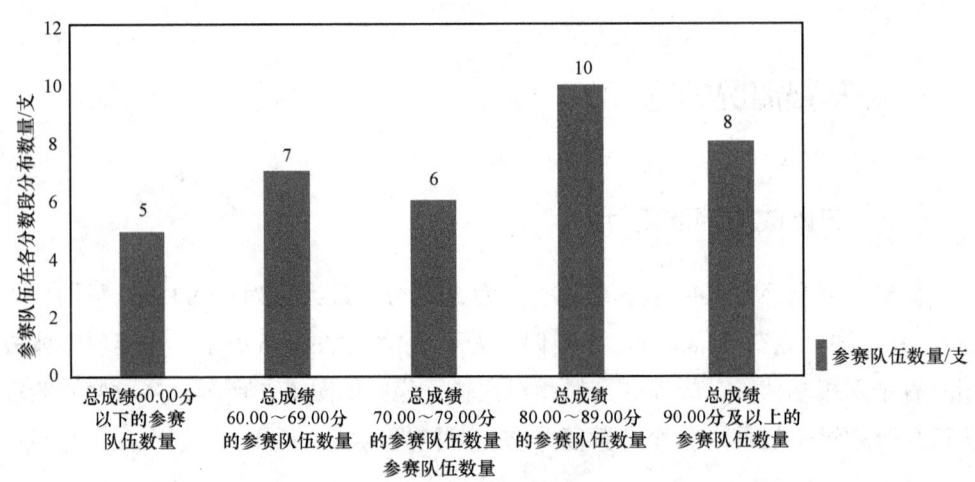

图 4-7 总成绩分段统计的参赛队伍数量图

（二）分模块成绩分析

从平均值中分析，模块三（方案实施）的得分平均值最低，仅有 69.03 分，模块四（方案答辩）的得分平均值最高，达到 83.00 分。从成绩分布看，各个模块的成绩分布均呈现不同的特点，如图 4-8 所示。

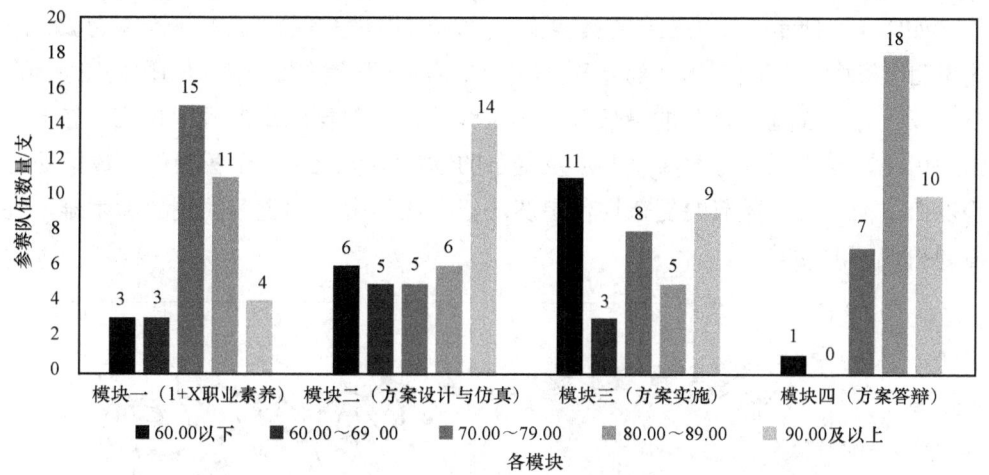

图 4-8　各个模块的得分分段统计的参赛队伍数量图

如图 4-8 所示，在模块一（1+X 职业素养）成绩中等的参赛队伍数量较多。模块一（1+X 职业素养）的平均得分（76.59 分）和中位数（79.25 分）相差不大，且其标准差为 11.63，在 4 个模块中最小，说明模块一（1+X 职业素养）的成绩分布较为集中，各参赛队伍的得分差异不是特别大，成绩分布合理，没有出现严重的偏态或异常值。但是该省份模块一（1+X 职业素养）的平均得分仅处于中等水平，参赛队伍在物流职业素养方面还有一定的提升空间。

模块二（方案设计与仿真）的比赛中，高分层的参赛队伍数量较多。模块二（方案设计与仿真）的平均得分（76.37 分）和中位数（86.50 分）相差大约 10.00 分，标准差为 23.55，说明高分层的参赛队伍数量较多，因 60.00 分以下的参赛队伍中有两支参赛队伍在模块二（方案设计与仿真）的得分是 0 分，拉低了该模块的平均分，所以模块二（方案设计与仿真）的分数分布较为离散。由此可见，江苏省的参赛队伍整体在模块二（方案设计与仿真）的得分有一定的水平，但不同参赛队伍之间的表现差异较大。

模块三（方案实施）的平均得分（69.03 分）和中位数（77.00 分）相差大约 8.00 分，标准差为 27.57，并且在该模块出现了大量处于低分层的参赛队伍，40.00

分以下的参赛队伍有 6 支。这说明尽管有 9 支参赛队伍在模块三（方案实施）的得分较高，但得低分的参赛队伍拉低了该模块的平均分，使得平均分和中位数之间存在一定差距，不同队伍之间的得分差异很大。大量低分参赛队伍的出现，特别是 40.00 分以下的队伍，表明这些参赛队伍在模块三（方案实施）环节存在较大的问题，可能是由于技能掌握不熟练、实践经验不足或者是对比赛要求理解不够深入等。

如图 4-9 所示，模块三（方案实施）得分的波动程度最大，其标准差为 27.57，这说明在模块三（方案实施）部分各支参赛队伍的水平差异性最大。如图 4-10 所示，模块三（方案实施）得分的最低分、中位线最低，数据的离散程度也相对较高。由此可见，模块三（方案实施）涉及复杂的物流系统配置、设备操作、数据处理等多个方面，这一环节的复杂性使参赛队伍在比赛中遇到更多的挑战和困难，进而导致成绩波动较大。

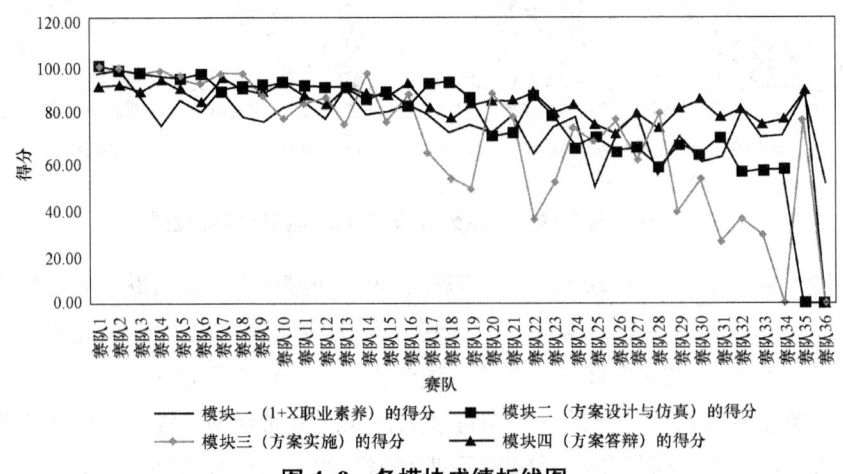

图 4-9　各模块成绩折线图

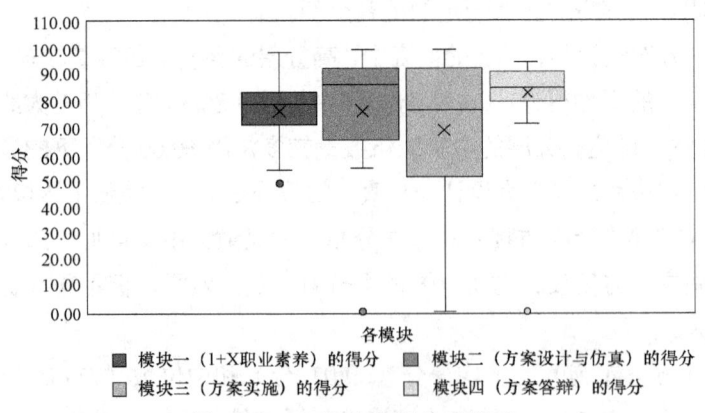

图 4-10　各模块的得分箱线图

在模块四（方案答辩）得高分的参赛队伍较多。模块四（方案答辩）的平均得分在各个模块中为最高（83.00 分），除了 1 支参赛队伍的得分是 0.00 分外，其他参赛队伍在模块四（方案答辩）的得分均在 70.00 分以上，说明参赛队伍在模块四（方案答辩）方面普遍具备较高的能力和水平。

二、参赛队伍对比分析

这里对参赛队伍的对比分析包括聚类分析、获奖情况分析和历年获奖情况分析，旨在通过对比找出差距、弥补不足。

（一）参赛队伍聚类分析

对各参赛队伍进行系统 k 均值聚类分析，得到最终聚类中心雷达图，将参赛队伍分为 5 类，各类在 4 个模块的聚类均值情况如图 4-11 所示。

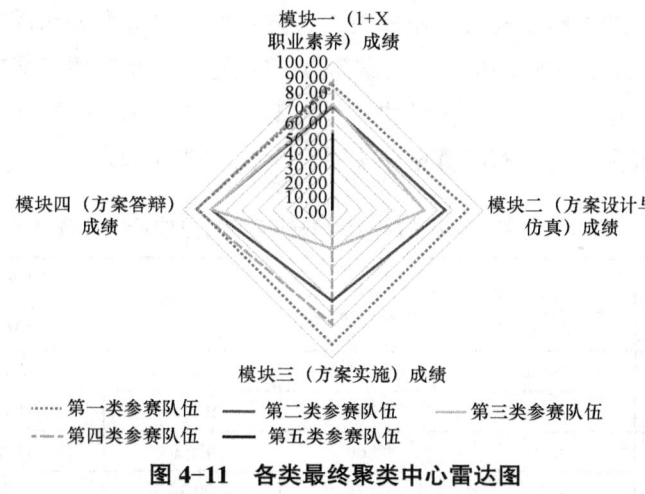

图 4-11　各类最终聚类中心雷达图

第一类参赛队伍的特征是各模块的得分比较均衡，有赛队 1~赛队 16、赛队 20；第二类参赛队伍的特征是模块四（方案答辩）的得分较为突出，有赛队 17~赛队 19、赛队 21~赛队 28、赛队 30；第三类参赛队伍的特征是模块三（方案实施）的得分大大低于其他三项，有赛队 29、赛队 31~赛队 34；赛队 35 由于其模块二（方案设计与仿真）成绩为 0，因此为第四类；赛队 36 除了模块一（1+X 职业素养）有成绩，其他成绩为 0，因此为第五类。

因此，第一类参赛队伍要保持当前各模块成绩的均衡性，不要偏废对任何一个模块的学习，继续深入分析每个模块的得分点，确保在每个模块中都能找到稳定的得分策略。第二类参赛队伍应巩固在模块四（方案答辩）的优势，提升答辩技巧，如逻辑性、条理性、创新性等，还要注意加大对其他模块的练习力度，提高对物流专业知识的系统掌握。第三类参赛队伍应该重点关注模块三（方案实施）的训练，找出导致得分低的根本原因，如技术能力不足、操作不熟练等。第四类参赛队伍应深入分析模块二（方案设计与仿真）得分为 0 的原因，如是否对规则理解有误、是否缺乏相应技能等。第五类参赛队伍应从基础开始，深入了解各个模块的比赛要求和技能点，加强与其他参赛队伍的交流和学习，提升整体的比赛能力水平。

（二）获奖队伍情况分析

如表 4-5 和图 4-12 所示，获得一等奖的参赛队伍在模块一（1+X 职业素养）的得分总体相差较大，在其他模块的得分均集中在较高的水平；获得二等奖的参赛队伍在各个模块的得分整体上比获得一等奖的参赛队伍低，在模块一（1+X 职业素养）的得分整体上比其他三个模块低；获得三等奖的参赛队伍在模块三（方案实施）的得分总体相差较大，在模块二（方案设计与仿真）和模块四（方案答辩）的得分均集中在比较高的水平；未获奖的参赛队伍在模块三（方案实施）的得分差异性大且存在异常值，在模块二（方案设计与仿真）的得分整体上比获奖的参赛队伍低很多，是这些参赛队伍未能获奖的主要原因之一。

表 4-5　各个奖项的各个模块的得分与总成绩统计表

奖项	计算指标	模块一（1+X 职业素养）的得分	模块二（方案设计与仿真）的得分	模块三（方案实施）的得分	模块四（方案答辩）的得分	总成绩
一等奖	平均值	89.31	97.63	98.50	92.10	96.42
	最大值	98.50	100.00	100.00	94.70	98.87
	最小值	75.25	95.00	97.00	89.70	93.60
二等奖	平均值	83.21	92.75	90.29	90.29	91.06
	最大值	90.75	96.50	97.00	94.70	93.43
	最小值	77.25	89.75	78.00	85.30	89.27
三等奖	平均值	77.66	85.75	71.82	86.39	82.22
	最大值	91.25	93.25	97.00	93.00	88.43
	最小值	62.75	71.00	36.00	78.30	74.73
未获奖	平均值	68.80	54.73	47.79	74.09	56.69
	最大值	87.75	78.75	79.00	90.30	72.98
	最小值	49.25	0.00	0.00	0.00	5.03

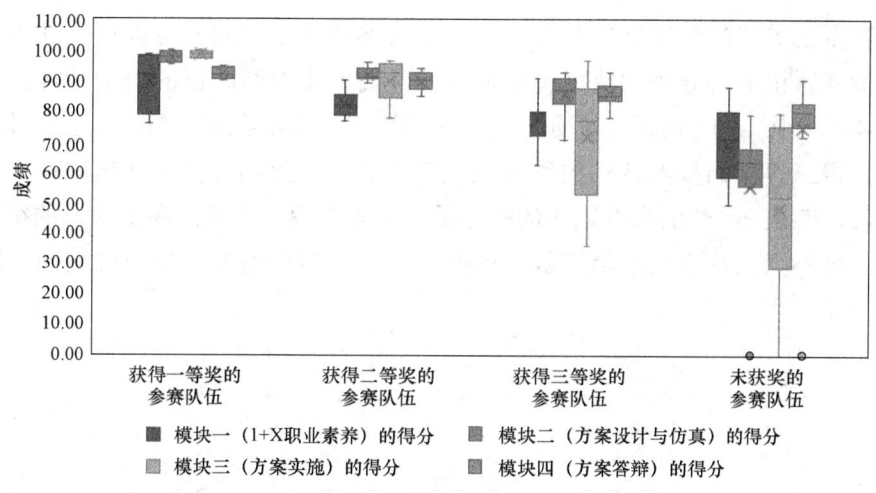

图 4-12 各个奖项成绩分析箱线图

获得二等奖的参赛队伍与获得一等奖的参赛队伍的差异，可以通过获得一等奖的参赛队伍的得分平均值分别减去获得二等奖的各支参赛队伍的得分计算得到。

如表 4-5 和图 4-13 所示，分析获二等奖的参赛院校与获得一等奖的参赛院校在各个模块的得分平均值，二者在模块一（1+X 职业素养）和模块二（方案设计与仿真）的得分差距最大，分别差了 6.00 分和 8.00 分，因此获得二等奖的参赛队伍均需要在模块一（1+X 职业素养）和模块二（方案设计与仿真）加强练习。

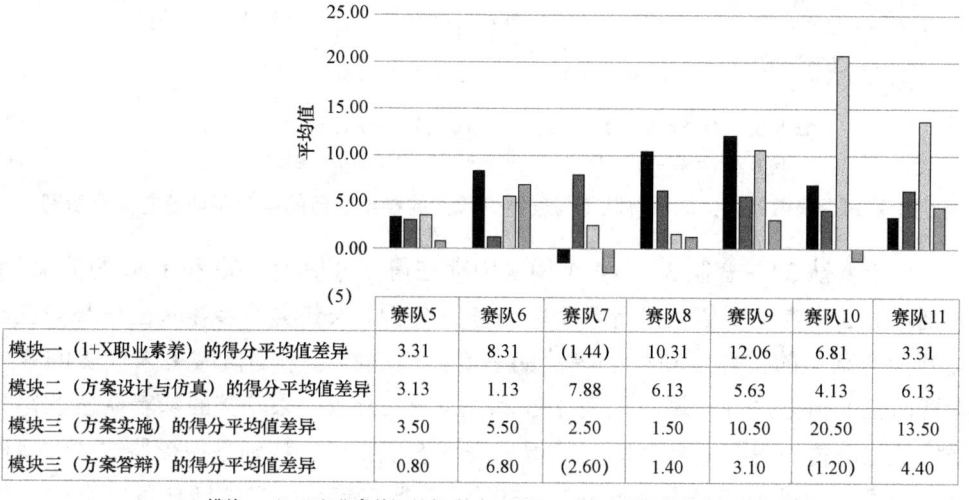

(5)	赛队5	赛队6	赛队7	赛队8	赛队9	赛队10	赛队11
模块一（1+X职业素养）的得分平均值差异	3.31	8.31	(1.44)	10.31	12.06	6.81	3.31
模块二（方案设计与仿真）的得分平均值差异	3.13	1.13	7.88	6.13	5.63	4.13	6.13
模块三（方案实施）的得分平均值差异	3.50	5.50	2.50	1.50	10.50	20.50	13.50
模块三（方案答辩）的得分平均值差异	0.80	6.80	(2.60)	1.40	3.10	(1.20)	4.40

图 4-13 获得二等奖的参赛队伍与获得一等奖的参赛队伍的得分平均值差异分析图

获得三等奖的参赛队伍与获得二等奖的参赛队伍的差异可以通过获得二等奖的参赛队伍的得分平均值减去获得三等奖的各支参赛队伍的成绩进行计算，如表4-5和图4-14所示，得分平均值中模块三（方案实施）的得分差距较大。分析获得三等奖的参赛队伍的得分最大值与获得二等奖的参赛队伍的得分平均值发现，获得三等奖的参赛队伍的得分最大值与获得二等奖的参赛队伍的得分平均值差异不大，这表明获得三等奖的参赛队伍还应注重各个模块的均衡，防止偏科。

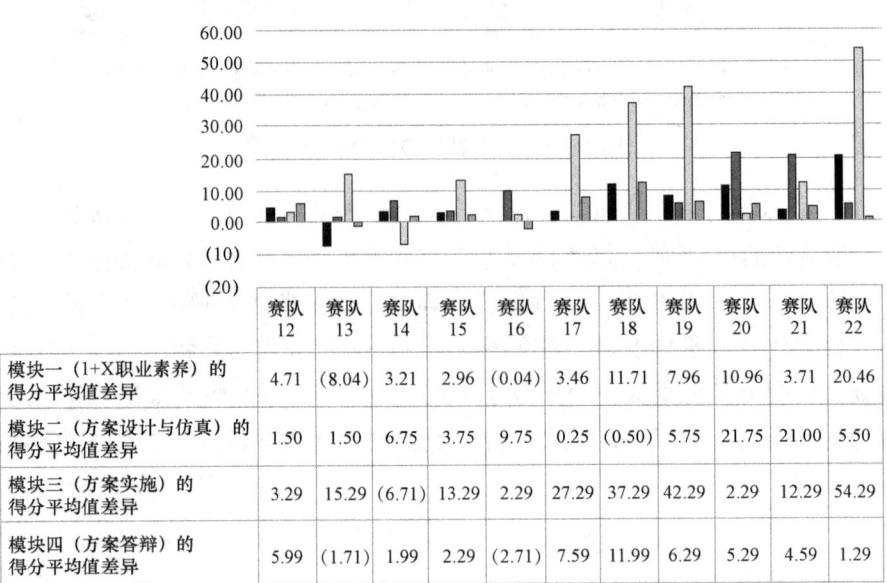

	赛队12	赛队13	赛队14	赛队15	赛队16	赛队17	赛队18	赛队19	赛队20	赛队21	赛队22
模块一（1+X职业素养）的得分平均值差异	4.71	(8.04)	3.21	2.96	(0.04)	3.46	11.71	7.96	10.96	3.71	20.46
模块二（方案设计与仿真）的得分平均值差异	1.50	1.50	6.75	3.75	9.75	0.25	(0.50)	5.75	21.75	21.00	5.50
模块三（方案实施）的得分平均值差异	3.29	15.29	(6.71)	13.29	2.29	27.29	37.29	42.29	2.29	12.29	54.29
模块四（方案答辩）的得分平均值差异	5.99	(1.71)	1.99	2.29	(2.71)	7.59	11.99	6.29	5.29	4.59	1.29

图4-14 获得三等奖的参赛队伍与获得二等奖的参赛队伍的得分平均值差异分析图

由于赛队34~赛队36在4个模块中存在得分分值为0.00和1.00的情况，本文剔除这3支参赛队伍后进行参赛队伍差异分析。未获奖的参赛队伍与获得三等奖的参赛队伍的差异以获得三等奖的参赛队伍的得分平均值减去未获奖的各支参赛队伍的得分进行计算。如表4-5和图4-15所示，未获奖的参赛队伍的得分平均值比获得三等奖的参赛队伍的得分平均值低很多，特别是在模块二（方案设计与仿真）和模块三（方案实施），分别比获得三等奖的参赛队伍的得分平均值低了21.00分和18.00分，这表明如果参赛队伍要想获奖，就必须着重准备模块二（方案设计与仿真）和模块三（方案实施）的学习并加强对这两个模块的训练。

4 华东篇

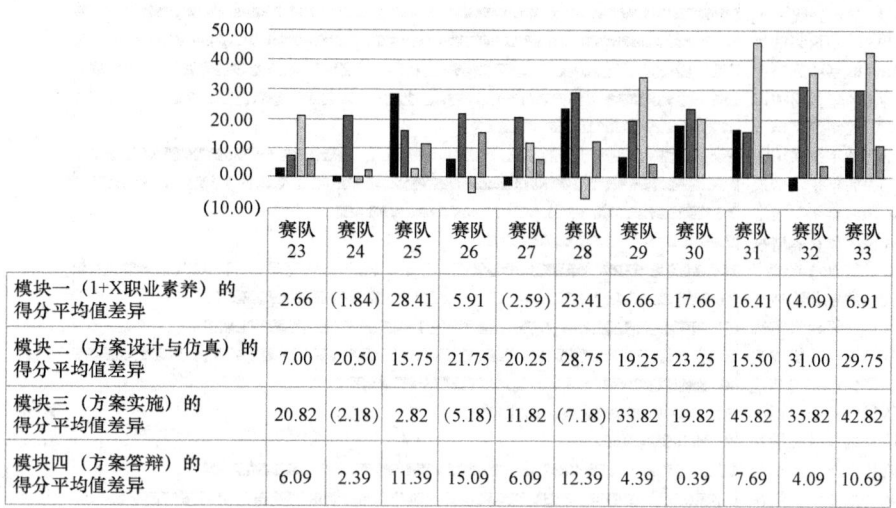

	赛队23	赛队24	赛队25	赛队26	赛队27	赛队28	赛队29	赛队30	赛队31	赛队32	赛队33
模块一（1+X职业素养）的得分平均值差异	2.66	(1.84)	28.41	5.91	(2.59)	23.41	6.66	17.66	16.41	(4.09)	6.91
模块二（方案设计与仿真）的得分平均值差异	7.00	20.50	15.75	21.75	20.25	28.75	19.25	23.25	15.50	31.00	29.75
模块三（方案实施）的得分平均值差异	20.82	(2.18)	2.82	(5.18)	11.82	(7.18)	33.82	19.82	45.82	35.82	42.82
模块四（方案答辩）的得分平均值差异	6.09	2.39	11.39	15.09	6.09	12.39	4.39	0.39	7.69	4.09	10.69

■ 模块一（1+X职业素养）的得分　　■ 模块二（方案设计与仿真）的得分
□ 模块三（方案实施）的得分　　　　■ 模块四（方案答辩）的得分

图 4-15　未获奖的参赛队伍与获得三等奖的参赛队伍的得分平均值差异分析图

（三）各参赛队伍历年获奖情况分析

如图 4-16 所示，对参赛队伍在 2020—2024 年共 5 年间的获奖情况进行统计发现，赛队 2～赛队 6、赛队 8～赛队 9、赛队 12、赛队 15、赛队 20 在 5 年内均有获奖，且赛队 3 和赛队 4 获得一等奖的次数较多，说明这些参赛队伍在技能竞赛中具有持续竞争力并且稳定；赛队 1 获得 1 次一等奖，其在 2020—2023 年从未获奖，但在 2024 年获得一等奖，说明该队伍在之前几年中进行了大量的努力和积累，通过不断地学习、训练并参加比赛，最终在技能水平和比赛成绩上取得了突破。除赛队 23、赛队 25、赛队 28 在这 5 年间从未获奖外，其余参赛队伍在 2020—2024 年共 5 年间均有获奖，说明各支参赛队伍对于技能竞赛的重视程度较高和投入力度较大，以及参赛队伍的比赛水平都较高，还反映了江苏省对于智慧物流职业技能教育的重视和支持，为参赛队伍提供了良好的训练和比赛环境。

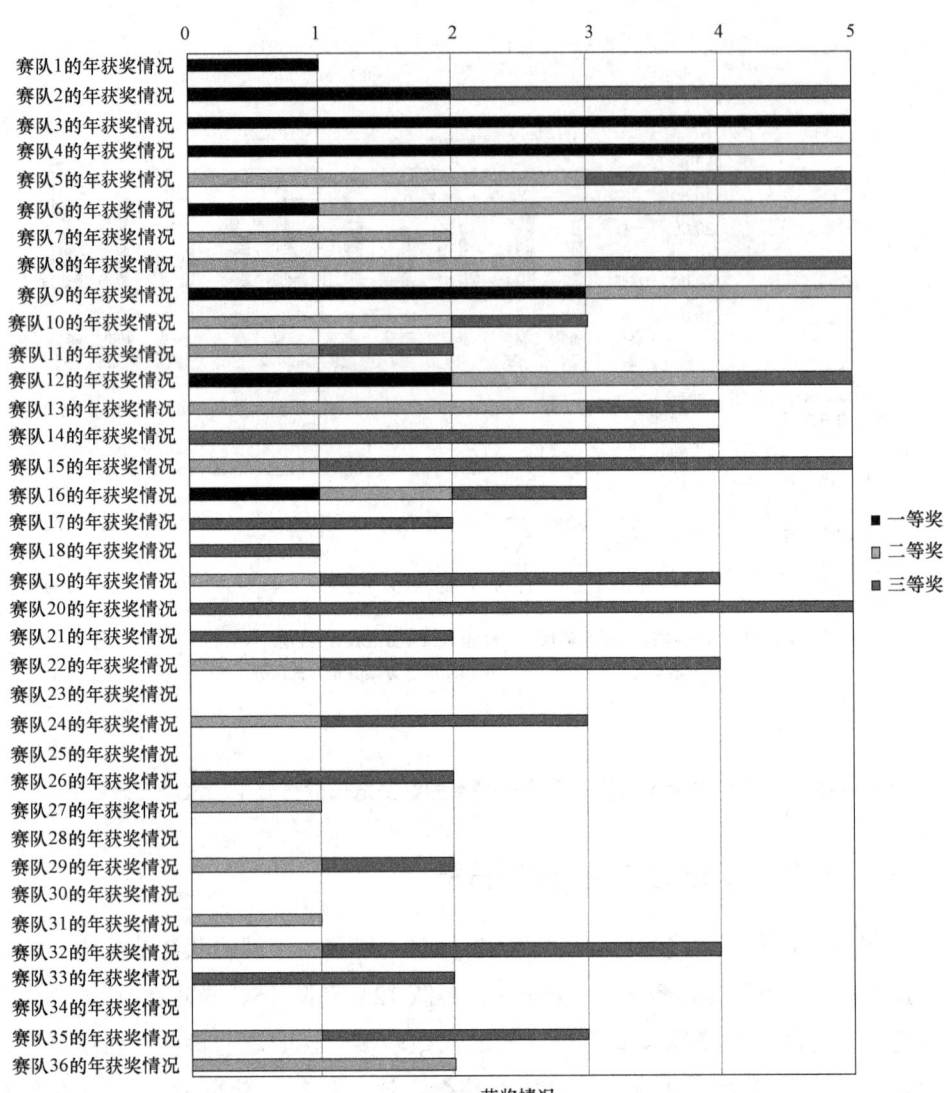

图 4-16　参赛队伍在 2020—2024 年间获奖情况统计图

三、模块相关性分析

如图 4-17 所示，用 SPSS 软件对数据进行 Spearman 相关性分析发现，总成绩和模块二（方案设计与仿真）的得分相关性最高（相关系数为 0.94），与模块三（方案实施）的得分相关性次之（相关系数 0.84），与模块四（方案答辩）的得分和模块一（1+X 职业素养）的得分相关性最低，相关系数分别为 0.74 和 0.63。由于模块二（方案设计与仿真）的得分权重为 60.00%，因此对总成绩的影响最大；虽然模块三（方案实施）的得分权重仅为 20.00%，但其成绩的波动程度最大，导致对总成绩的影响较大。

从各模块的相关性看，模块一（1+X 职业素养）的得分与另外三个模块的得分均具有显著性（$P<0.05$），其中与模块四（方案答辩）的得分的相关性最大，其相关系数为 0.72，属于正向强相关性，如图 4-17 所示。这表明，职业素养的提高，有助于学生在模块四（方案答辩）环节有较好的发挥。因此，学校要更加重视对学生职业素养的培养，在教学过程中注重职业素养与专业知识的融合，强调团队协作、创新思维和表达等能力的重要性。

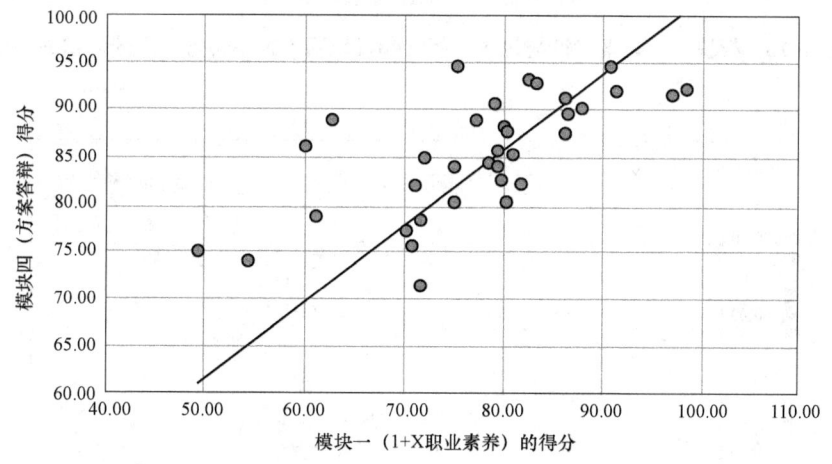

图 4-17　模块一（1+X 职业素养）的得分和模块四（方案答辩）的得分的相关关系

模块二（方案设计与仿真）的得分与模块三（方案实施）的得分、模块四（方案答辩）的得分具有显著性（$P<0.05$），相关系数分别为 0.68、0.63，属于中等正相关，如图 4-18 和图 4-19 所示。这表明，参赛队伍的模块二（方案设计与仿真）掌握水平会对模块三（方案实施）和模块四（方案答辩）的得分具有较大的影响；同理，参赛队伍在模块三（方案实施）和模块四（方案答辩）的能力越强，其模块二（方案设计与仿真）的水平也会相对较高。因此，竞赛指导老师在教学中可以设计综合性的教学项目，不仅要关注参赛学生方案设计原理的学习和软件工具的使用，还要关注参赛学生对整个实操流程的理解和掌握程度。

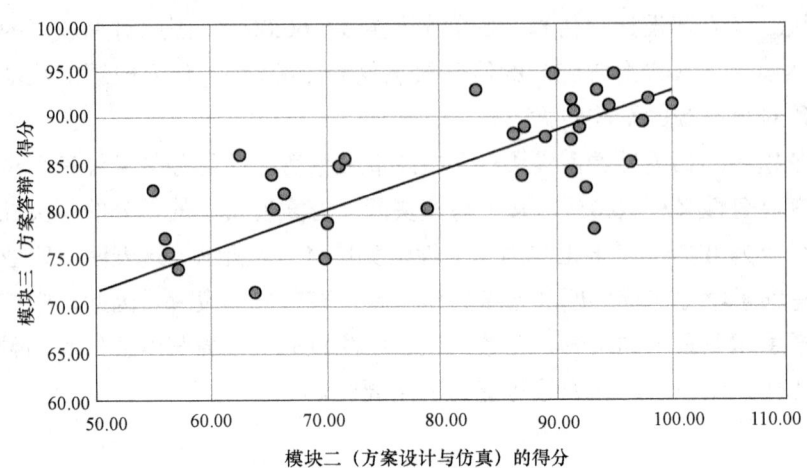

图 4-18　模块二（方案设计与仿真）得分和模块四（方案答辩）得分的相关关系

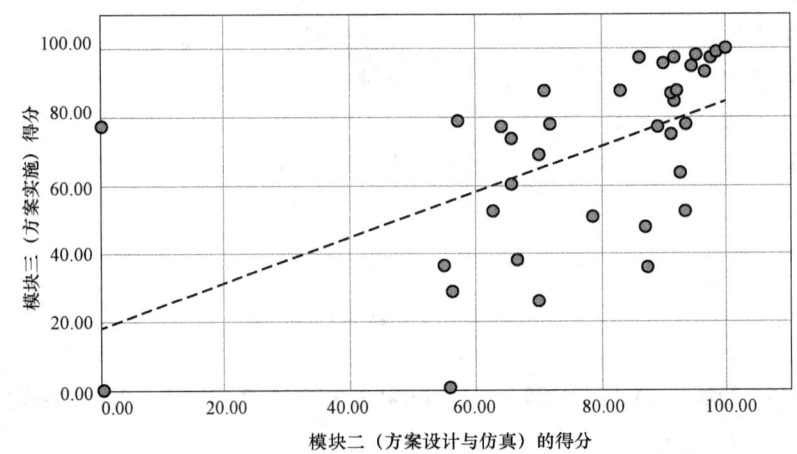

图 4-19　模块二（方案设计与仿真）得分和模块三（方案实施）得分的相关关系

模块三（方案实施）的得分与模块四（方案答辩）的得分具有显著性（$P<0.05$），其相关系数为 0.70，属于中等正相关，如图 4-20 所示。这说明参赛队伍在方案实施阶段的表现与其在方案答辩阶段的表现是密切相关的，在模块三（方案实施）和模块四（方案答辩）的竞赛中都需要参赛队伍对已完成的生产作业实施方案进行深入的理解和熟练的掌握。

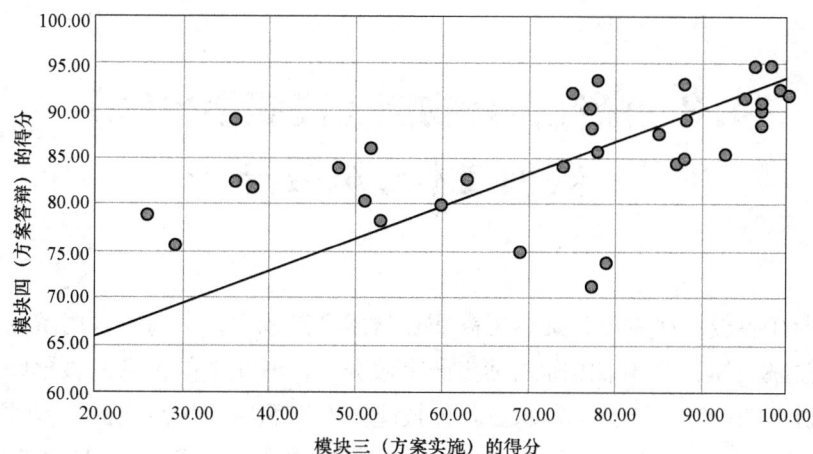

图 4-20　模块三（方案实施）的得分和模块四（方案答辩）的得分的相关关系

4.3 浙江智慧物流（高职学生组）赛项技术分析报告

由浙江省教育厅主办，义乌工商职业技术学院承办，义乌市自由贸易发展区市域产教联合体、义乌市国际陆港集团有限公司、浙江中国小商品城集团股份有限公司协办的 2024 年浙江省职业院校技能大赛高职组"智慧物流"赛项（学生赛）于 2024 年 4 月 11 日至 15 日成功举办，有来自浙江省 21 个参赛院校的 39 支参赛队伍参加此次大赛。据统计，浙江省共有高职院校 51 所，其中专科层次职业院校 47 所，本科层次职业院校 4 所。

本次竞赛由 1+X 物流职业素养测试（以下简称"1+X 职业素养"）、智慧物流系统规划仿真与方案设计（以下简称"方案设计与仿真"）、智慧物流系统方案实施（以下简称"方案实施"）、方案汇报答辩（以下简称"方案答辩"）四个部分组成，考核的内容与 2023 年全国职业院校技能大赛高职组智慧物流（学生赛）赛项一致。本次竞赛重点考查参赛选手在组织管理、专业团队协作、现场问题的分析与处理、工作效率、质量与成本控制、安全及文明生产等方面的职业素养。

一、竞赛情况概览

2024 年浙江省职业院校技能大赛高职组"智慧物流"赛项（学生赛）仅披露了总成绩，因此本节主要是对浙江省的参赛队伍总体成绩进行描述、统计，以揭示整体比赛情况和各参赛队伍之间的差异。

表 4-6 参赛队伍总成绩描述统计表

统计值	2024 年总成绩/分	2023 年总成绩/分
平均值	70.37	51.71
中位数	72.19	47.44
标准差	17.55	24.40
最小值	16.68	0.00
最大值	96.70	95.66

表 4-6 为参赛队伍 2024 年和 2023 年总成绩的描述统计。其中，2024 年总成绩最小值为 16.68 分，最大值为 96.70 分，平均分为 70.37 分，中位数为 72.19 分，标准差为 17.55。如表 4-6 所示，对比 2023 年，2024 年浙江省职业院校技能大赛高职组"智慧物流"赛项（学生赛）的总成绩整体得到上升，得分平均值提高 18.66 分，成绩波动幅度减小，标准差下降约 28.00%。

如图 4-21、图 4-22 所示，除 90.00 分及以上的成绩段外，参赛队伍数量在各个成绩段分布比较均匀，处于 70.00~79.00 分这个分数段的参赛队伍最多，达到 11 支，90.00 分及以上的参赛队伍最少，仅 2 支。如图 4-23 所示，本次竞赛情况体现出 2024 年浙江省高职组智慧物流赛项（学生赛）的整体水平得到提高，竞赛成绩不及格的参赛队伍数量大幅度减少。

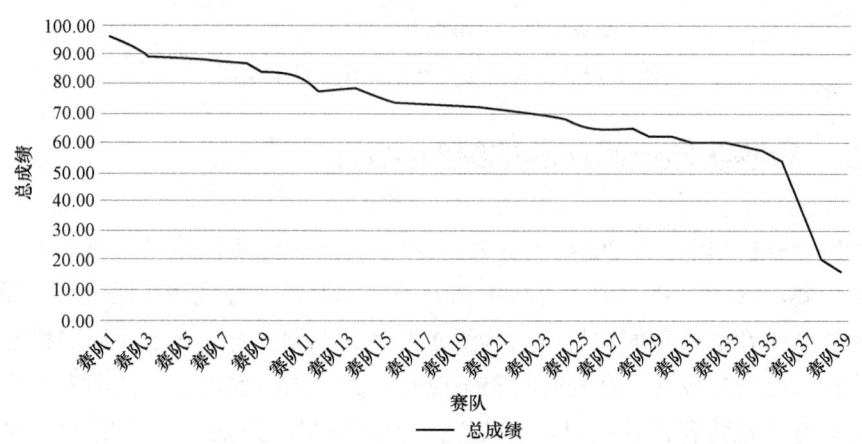

图 4-21 2024 年参赛队伍总成绩折线图

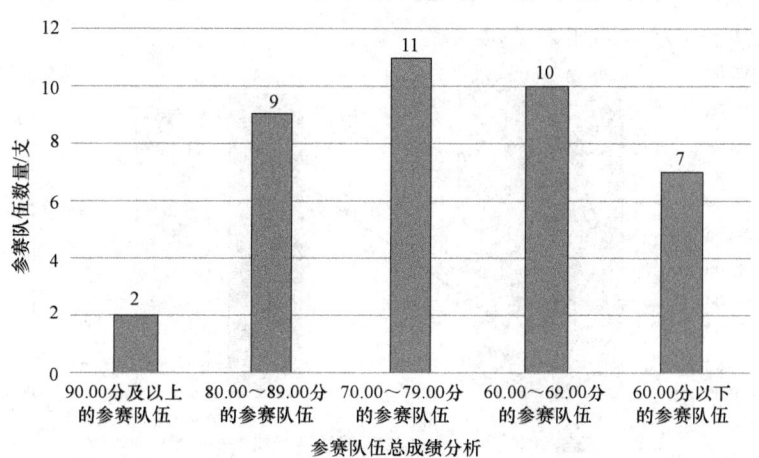

图 4-22 总成绩分布情况统计图

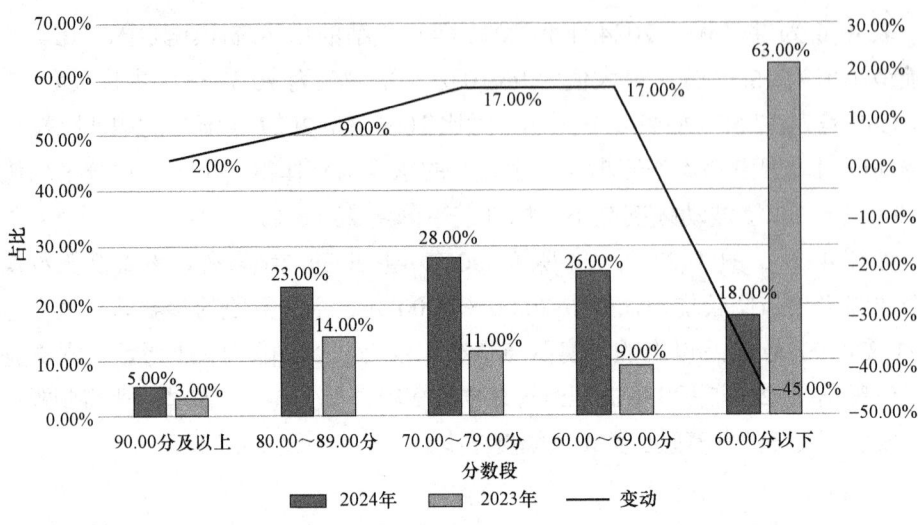

图 4-23 近两年各分数段占比及变动情况

二、参赛队伍近两年总成绩对比分析

如图 4-24 所示，在 2024 年和 2023 年浙江省职业院校技能大赛高职组"智慧物流"赛项（学生赛）中，赛队 1 在近两年都取得了好成绩，成绩变化不大。这说明赛队 1 在这两年间保持了较为稳定的竞技水平，充分展示了他们稳定的实力、持续的努力与投入、良好的心态与应对能力，同时也预示着他们未来可能拥有更大的竞争优势和提升空间。赛队 2 在今年提高了近 6.00 分，达到 93.74 分，这是一个相对显著的进步，意味着他们在过去一年中加大了训练强度，在技术更新、教练指导等方面都加大了投入。

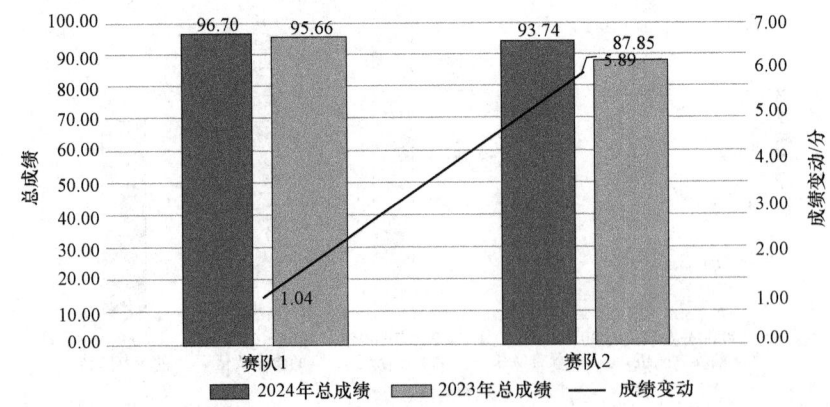

图 4-24 得分 90.00 分及以上的参赛队伍在近两年获得的总成绩及其变化情况

如图 4-25 所示，在 2024 年和 2023 年浙江省职业院校技能大赛高职组 "智慧物流"赛项（学生赛）中，获得 80.00～89.00 分的参赛队伍的总成绩相比去年均有所提升，特别是赛队 6、赛队 10 和赛队 11，总成绩均上升了 20.00 分左右。这反映了参赛队伍整体水平的提升和竞赛环境的优化，与各参赛院校对智慧物流教育的重视程度增加、对教学资源投入加大以及对参赛学生专业技能培训加强有关。

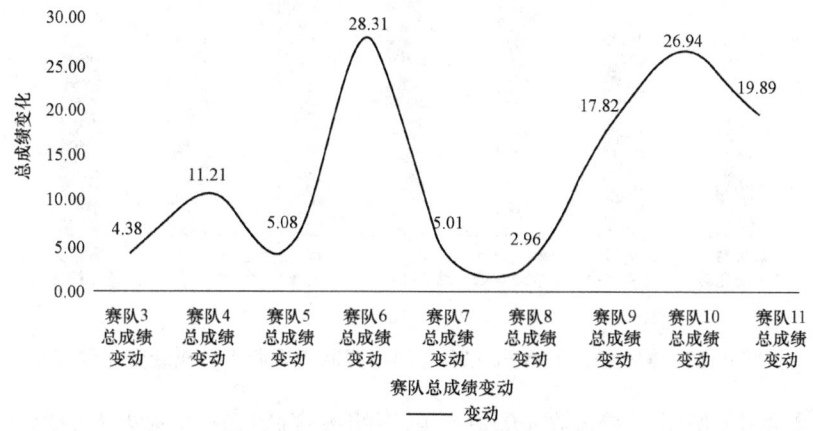

图 4-25　80～89 分的参赛队伍近两年总成绩变化情况

如图 4-26 所示，在 2024 年和 2023 年浙江省职业院校技能大赛高职组 "智慧物流"赛项（学生赛）中，得分在 70.00～79.00 分的参赛队伍除了赛队 14 和赛队 18 的总成绩相比去年有所下降、赛队 12 的总成绩小幅度上升外，其他参赛队伍的总成绩均有较大程度的上升，特别是赛队 15 和赛队 16，总成绩上升了 40.00 分以上。由于赛队 19 和赛队 21 在 2023 年未参赛，因此对其不作分析。

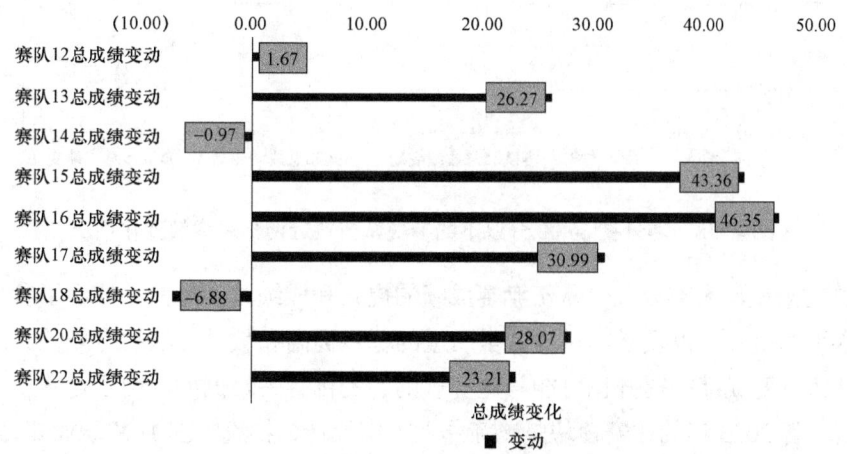

图 4-26　得分在 70.00～79.00 分的参赛队伍在近两年总成绩变化情况

如图 4-27 所示，在 2023 年和 2024 年浙江省职业院校技能大赛高职组"智慧物流"赛项（学生赛）中，得分在 60.00~69.00 分的参赛队伍的总成绩均有较大程度的上升。由于赛队 26、赛队 27 和赛队 32 在 2023 年未参赛，因此对其不作分析。

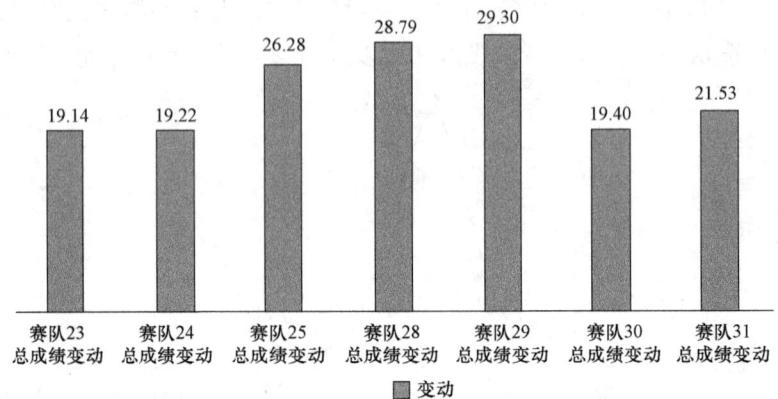

图 4-27 得分在 60.00~69.00 分的参赛队伍近两年总成绩变化情况

如图 4-28 所示，得分在 60.00 分以下的参赛队伍在近两年内的总成绩变化明显，赛队 34 提高了 40.00 分以上，而赛队 39 下降了近 11.00 分。由于赛队 33、赛队 36 和赛队 37 在 2023 年未参赛，因此对其不作分析。

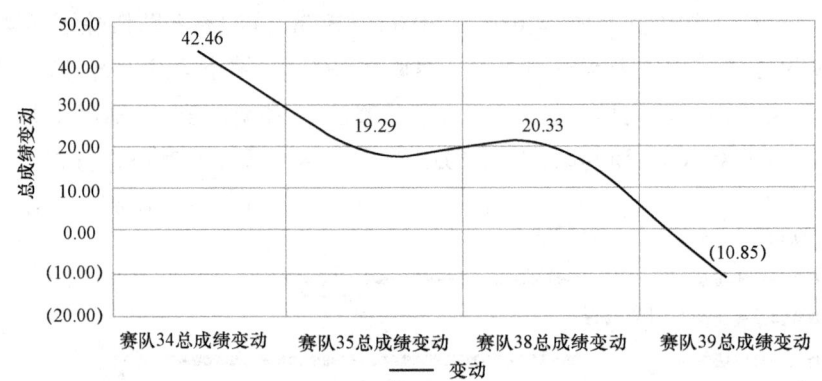

图 4-28 得分在 60.00 分以下的参赛队伍在近两年总成绩变化情况

总的来说，大部分参赛队伍竞赛成绩的提升和成绩波动的减小体现了参赛学生技能水平的提升，以及参赛学校教学质量的稳步提高和教学方法的有效性。此外，参赛队伍竞赛成绩的提升也可能与竞赛规则的变化有关。例如，由于竞赛规则的调整，浙江省 2023 年的比赛模块是物流作业方案设计、物流管理 1+X 职业能力测评、仓库布局设计与设备仿真搭建、物流作业方案实施，均与 2024 年的比赛模块不一致。

4.4　安徽智慧物流（高职学生组）赛项技术分析报告

2023年"中银杯"安徽省职业院校技能大赛（高职学生组）智慧物流赛项于2024年1月12日至13日在徽商职业学院举办，本次大赛有来自安徽全省25所院校的43支参赛队伍参加，参赛队伍数量较2022年增长72%，创历史最高纪录。参赛院校中，有国家级双高建设单位1所，省级双高建设单位19所，物流类专业为省级双高专业群的院校3所。统计表明，安徽省开设物流类专业的高职院校有49所，参赛院校覆盖率51%，参赛比例偏低。

2023年安徽省职业技能大赛（高职学生组）智慧物流赛项内容包括1+X物流职业素养测试（简称"1+X职业素养"）、智慧物流系统规划与仿真（简称"方案设计与仿真"）、智慧物流系统方案汇报答辩（简称"方案答辩"），如图4-7所示。该赛项与2023年全国职业院校技能大赛高职组智慧物流（学生赛）赛项有一定的差别，主要区别在于竞赛模块及其权重方面。安徽省赛项的模块中缺少方案实施环节，同时智慧物流系统规划与仿真模块在总成绩的权重为70%，高于国赛中该环节的权重。为了使参赛选手在2024年国赛中有更好的表现，安徽省同时举办2024年全国职业院校技能大赛（高职组）安徽省集训选拔赛，该选拔赛的竞赛内容及其在总成绩的权重与2023年全国职业院校技能大赛（高职学生组）智慧物流赛项基本一致。

表4-7　2023年安徽省职业技能大赛（高职学生组）智慧物流赛项竞赛内容

模块		主要内容	比赛时长	权重
模块一	1+X职业素养	参赛队伍根据提供的赛题完成职业素养、生产安全、环境保护等方面的测试	40 min	10%
模块二	方案设计与仿真	参赛队伍根据提供的任务背景及相关数据，完成智慧仓布局规划、物流功能区域布局设计，并运用系统完成仿真	240 min	70%
模块三	方案答辩	参赛队伍对规划分析过程及设计仿真结果进行汇报、答辩	15 min	20%

一、竞赛情况概览

参加 2023 年安徽省职业技能大赛（高职学生组）智慧物流赛项的 43 支参赛队伍总成绩平均值为 71.92 分，最大值为 95.01 分，最小值为 24.28 分。赛项共评出一等奖 5 名，二等奖 8 名，三等奖 13 名。

（一）总体描述统计

如表 4-8 所示，本次赛项总成绩的中位数为 77.01 分，标准差为 15.86，总体成绩表现良好，60.50% 的参赛队伍总成绩超过平均值。从总成绩分布来看，得分在 90.00 分以上参赛队伍 3 支，得分在 80.00 分到 89.00 分的参赛队伍 12 支，得分在 70.00 分到 79.00 分的参赛队伍 12 支，得分在 60.00 分到 69.00 分的参赛队伍 8 支，得分在 60.00 分以下参赛队伍 8 支。成绩分布呈现一定的正态性，得分较为集中的是 70.00 分到 90.00 分的参赛队伍，一共 24 支参赛队伍，这表明安徽省智慧物流赛项的参赛队伍的综合能力良好，参赛院校更加重视参赛学生技能培养和赛项参与。

表 4-8 参赛队伍总体成绩描述统计表

模块	最小值	最大值	平均值	标准差	中位数
模块一（1+X 职业素养）	42.75	98.25	65.06	17.15	60.00
模块二（方案设计与仿真）	9.00	97.50	69.59	19.55	74.00
模块三（方案答辩）	55.67	99.00	83.49	11.06	86.00
总成绩	24.28	95.01	71.92	15.86	77.01

如图 4-29 所示，影响总成绩最大的部分为模块二（方案设计与仿真），其次是模块三（方案答辩）。其中，排名靠前的参赛队伍在模块二（方案设计与仿真）的得分较有优势，因此总分排名靠前。从参赛队伍间的总分差异来看，参赛队伍之间竞争较为激烈，相近排名的参赛队伍之间差异较小，表明参赛队伍之间水平相当。比较各个模块的最大值，发现赛队 4 在模块三（方案答辩）的得分最高；导致赛队 4 排名落后的主要原因是其在模块一（1+X 职业素养）的得分较低，远低于平均水平，因此该参赛队伍应该加强学生职业素养的培养。对比在模块一（1+X 职业素养）的得分，赛队 22、赛队 25、赛队 27、赛队 34 在该模块的得分

均在 90.00 分以上，其在模块二（方案设计与仿真）的得分较低，导致总分排名较为靠后，因此这些队伍应该加强物流方案设计与仿真的学习和技能培训。

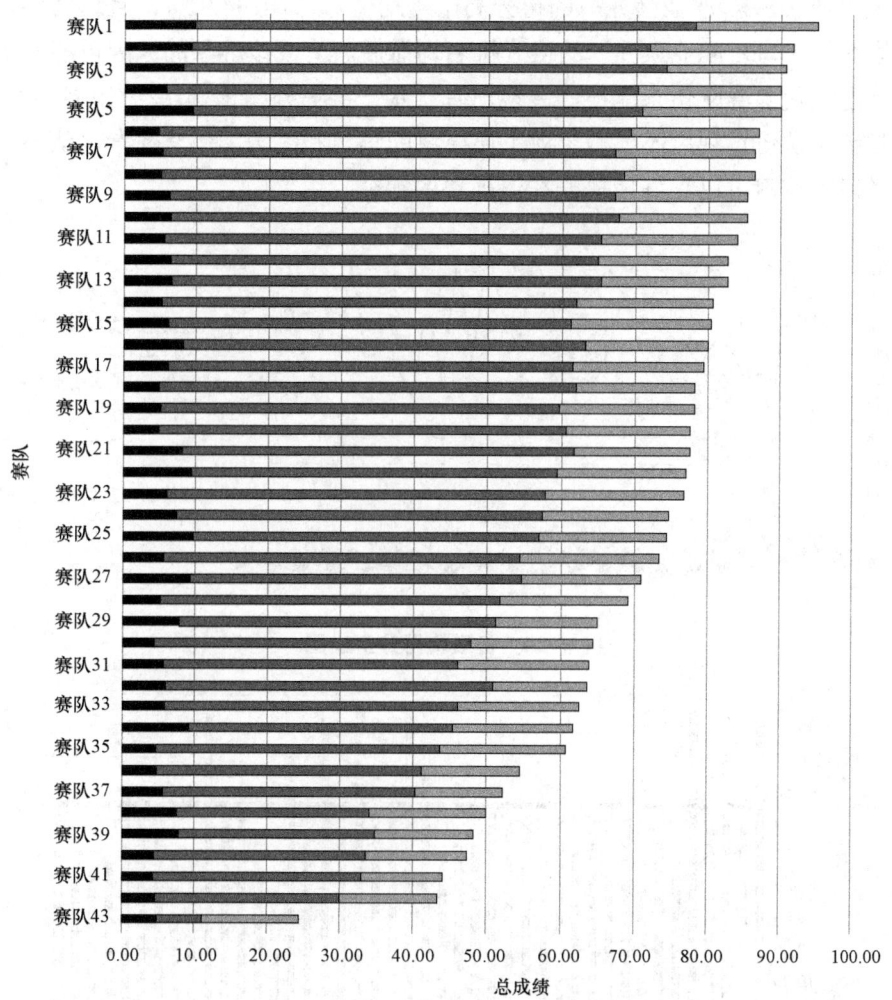

图 4-29　总成绩构成堆叠图

（二）分模块成绩分析

模块一（1+X 职业素养）的得分与总排名无较大的关联性。该模块的得分平均值为 65.06 分，最小值为 42.75 分，最大值为 98.25 分，标准差为 17.15。如图 4-30 所示，模块一（1+X 职业素养）的得分比较均匀地波动，且无明显下降的走势，得分与排名关联性不大，具体表现在不论综合排名靠前还是靠后，模块一（1+X 职业素养）的得分均有高分和低分。如图 4-31 所示，仅有 15 支参赛队伍在模块一（1+X 职业素养）的得分高于平均值，占比 34.90%，且这些参赛队伍在模块一（1+X 职业素养）的得分排名均靠后。造成该现象的原因可能是赛题设置问题，使参赛队伍未能很好展现出真实水平；另外，该模块得分占比较低，可能是参赛队伍重视度不够，忽视了该模块的学习和练习，而其他参赛队伍通过深入学习和练习可以很好地提升在该模块的得分。

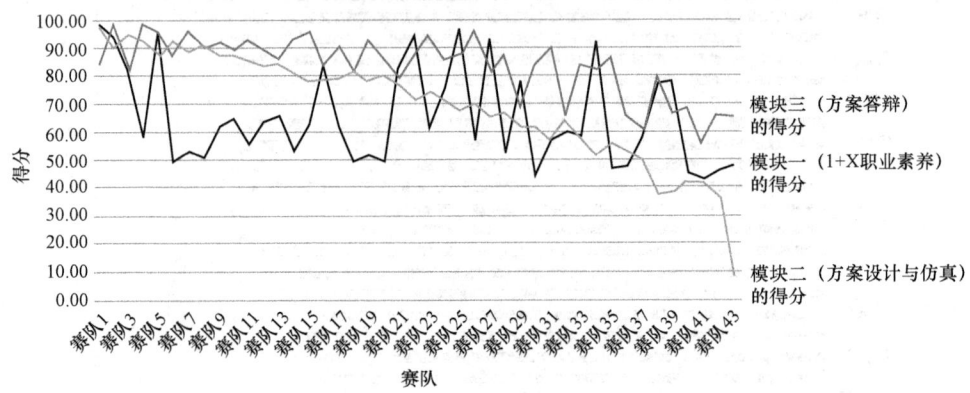

图 4-30　各模块得分折线图

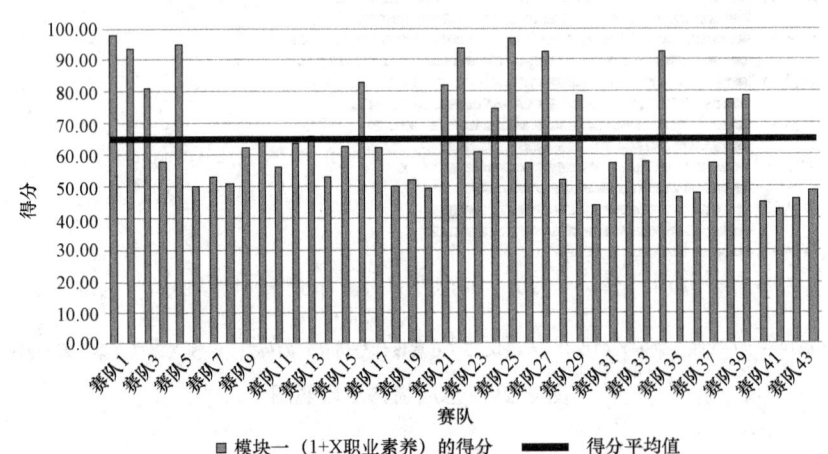

图 4-31　模块一（1+X 职业素养）得分统计图

模块二（方案设计与仿真）的得分波动性最大。该模块的得分平均值为 69.59 分，最小值为 9.00 分，最大值为 97.50 分，标准差为 19.55，其中标准差为三个模块中最大值，这表明各参赛队伍之间得分差异性较大。如图 4-32 所示，模块二（方案设计与仿真）的得分整体呈现下降趋势，有 55.80%的参赛队伍高于得分平均值。如图 4-33 所示，模块二（方案设计与仿真）的得分重心偏上，表明得高分的参赛队伍的分数较为集中，竞争较为激烈，得低分的参赛队伍的分数较为分散且差异性较大。

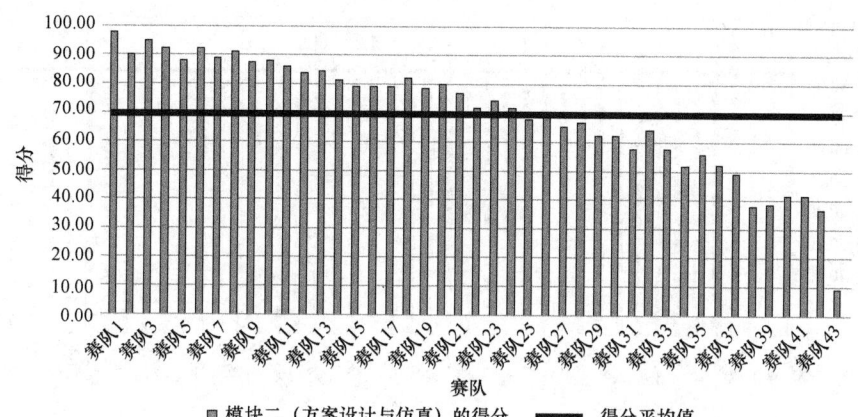

图 4-32　模块二（方案设计与仿真）的得分统计图

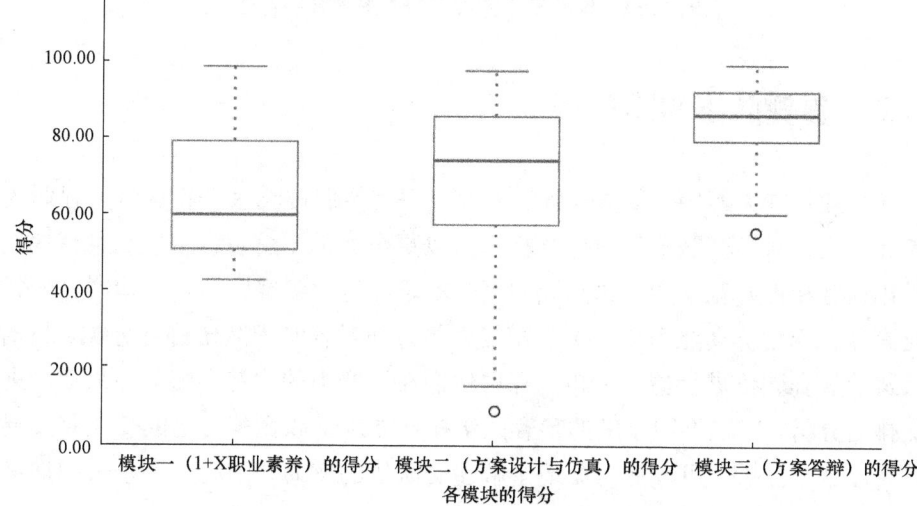

图 4-33　各个模块的得分箱线图

模块三（方案答辩）的得分平均值最高，差异性最小。该模块的得分平均值为 83.49 分，最小值为 55.67 分，最大值为 99.00 分，标准差为 11.06，其中标准差为三个模块的得分中最小值，得分平均值为最大值。这表明各支参赛队伍的方案答辩能力较强，且各支参赛队伍间的差异性不大。如图 4-34 所示，62.80%的参赛队伍在模块三（方案答辩）的得分超过平均水平，排名均靠前。方案答辩部分主要考核参赛队伍对规划分析过程及设计仿真的思路和依据是否合理，而方案答辩内容较为固定，因此整体表现良好。

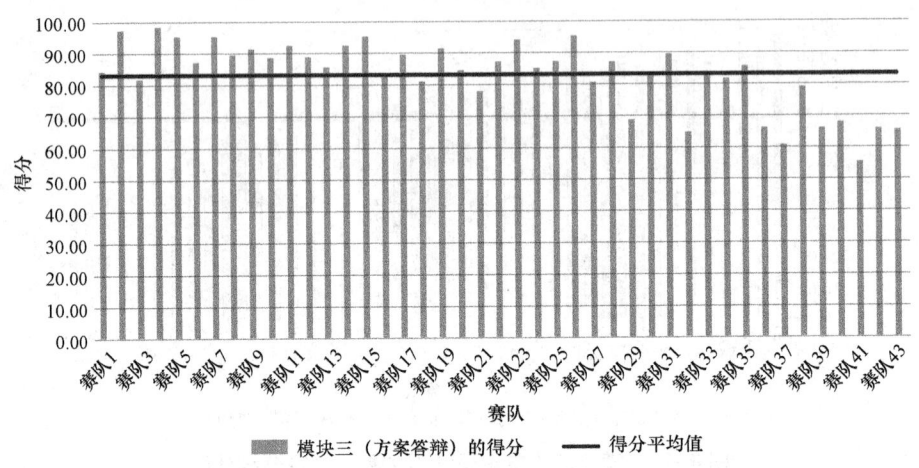

图 4-34　模块三（方案答辩）的得分统计图

二、参赛队伍对比分析

在职业技能大赛中，参赛队伍的表现是评判他们技能水平和竞争力强弱的重要指标。通过对参赛队伍的对比分析，可以更全面地了解各参赛队伍的优劣势，为优化训练和提升竞争力提供重要参考。本研究将对参赛队伍进行聚类分析，从职业素养、规划仿真能力、方案答辩能力等方面对各参赛队伍进行分类。同时，对获奖的参赛队伍进行情况分析，探讨他们在比赛中的优势和特点。最后，进行历史排名分析，比较不同年度的参赛队伍在技能水平和竞争力上的变化和发展趋势。通过这些分析，可以更全面地了解参赛队伍的实力和潜力，为未来的训练和比赛策略提供参考借鉴。

（一）参赛队伍聚类分析

聚类分析的主要目的是将参赛队伍分成多个类别，使得同一类别的相关数据相似性较高，不同类别之间的相似性较低。通过对各参赛队伍进行系统 k 均值聚类分析，可以将参赛队伍分为 4 类。其中赛队 1、赛队 3、赛队 5 等共 8 支参赛队伍为一类成员,整体表现优异,各个模块的得分均较高。赛队 4、赛队 6、赛队 7 等共 22 支参赛队伍为二类成员,具体表现为模块一(1+X 职业素养)的得分较低,模块二(方案设计与仿真)的得分中等,模块三(方案答辩)的得分较高。赛队 24、赛队 27、赛队 29 等共 7 支参赛队伍分为三类成员,在模块一(1+X 职业素养)和模块三(方案答辩)的得分为中等水平,在模块二(方案设计与仿真)的得分较低。赛队 36、赛队 37 等共 6 支参赛队伍分为四类成员,在各个模块的得分均较低,该类型院校需从参赛学生的专业素养、专业知识、实操能力等方面加强学习和练习。

统计各个分组的得分平均值,可直观地看出不同组别之间的区别,如图 4-35 所示。表现最优异的为一类成员,在三个模块的得分均优异。二类成员和三类成员较为偏科,二类成员需加强职业素养学习,三类成员需注重方案设计与仿真训练。表现最差的为四类成员,在三个模块均得分较低。

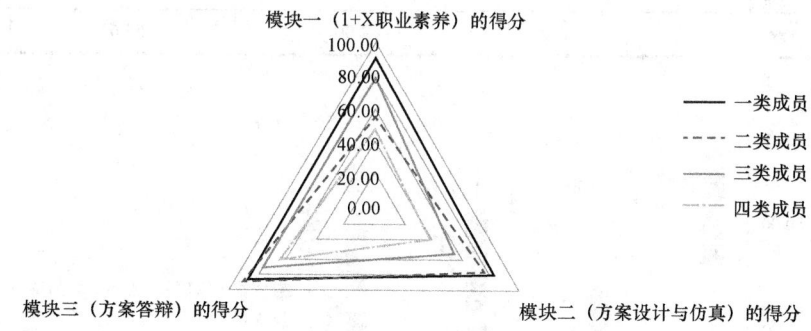

图 4-35　各个聚类分组分模块均值雷达图

(二)获奖的参赛队伍情况分析

获得一等奖的参赛队伍在模块一(1+X 职业素养)的得分较高。如图 4-36 所示,获得一等奖的参赛队伍相较于获得二等奖的参赛队伍,在模块一(1+X 职业素养)的得分较高,表明获得一等奖的参赛队伍专业素养整体高于获得二等奖的参赛队伍。如表 4-9 所示,获得一等奖的参赛队伍在模块一(1+X 职业素养)的得分最小值为 57.75 分,分数低于整体平均水平,应该加强专业知识学习和专业素养的培养。获得一等奖的参赛队伍中,赛队 1 为安徽省"双高计划"高水平专业群,其现代物流管理专业为中央财政支持专业和教育部骨干专业,且连续 10 余年承办"智慧物流"省赛项目,培养出的参赛学生物流专业素养和专业技能较高。

表 4-9 各个奖项成绩统计表

奖项	统计类别	模块一（1+X 职业素养）	模块二（方案设计与仿真）	模块三（方案答辩）	总成绩
一等奖	平均值	85.35	92.20	92.00	91.48
	最大值	98.25	97.50	99.00	95.01
	最小值	57.75	87.50	82.33	89.98
二等奖	平均值	58.31	87.31	90.38	85.03
	最大值	66.00	92.00	96.00	86.91
	最小值	49.75	83.50	86.00	82.60
三等奖	平均值	67.54	75.88	88.50	77.57
	最大值	96.75	81.50	96.00	80.63
	最小值	49.50	67.50	78.33	73.55
未获奖	平均值	60.38	49.79	73.92	55.68
	最大值	93.00	66.50	90.00	71.00
	最小值	42.75	9.00	55.67	24.28

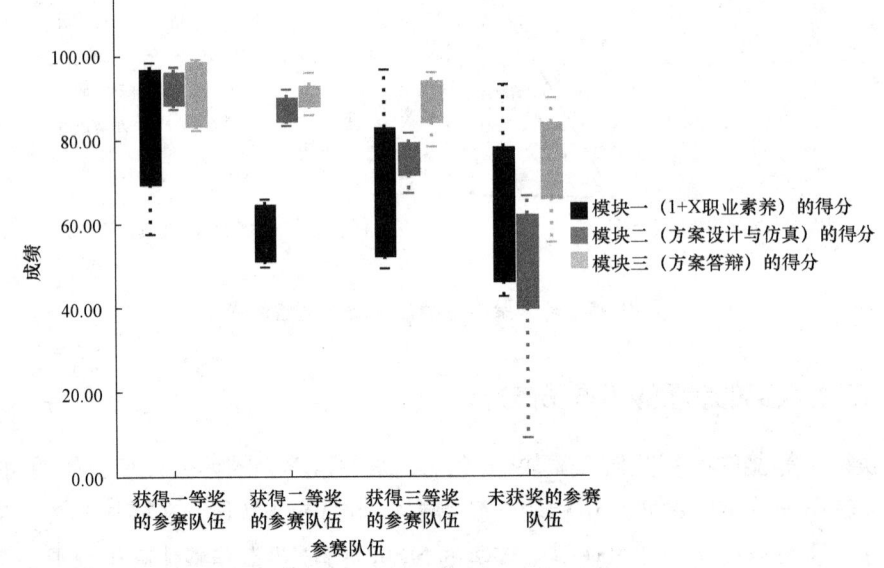

图 4-36 各个奖项成绩分析箱线图

获得二等奖的参赛队伍在模块一（1+X 职业素养）的得分较低，得分平均值为 58.31 分，均低于获得三等奖和未获奖的参赛队伍，远低于获得一等奖的参赛队伍，且最大值也仅有 66.00 分，表明获得二等奖的参赛队伍物流素养能力较低，若想提升综合排名，需加强素养能力培养，注重课证融通。

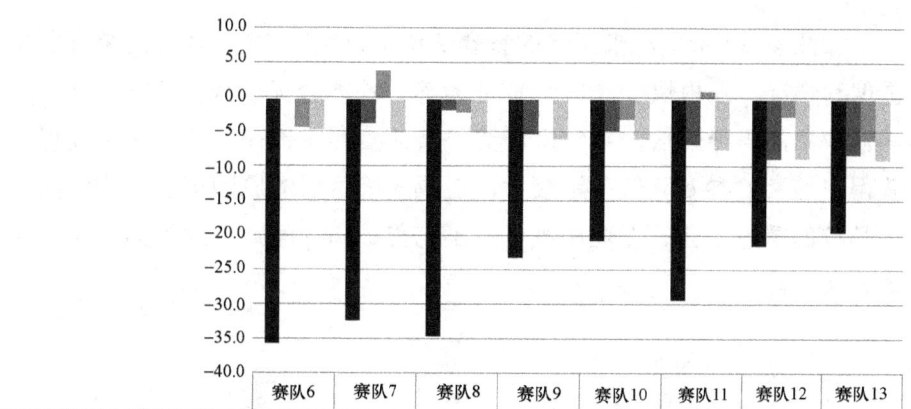

	赛队6	赛队7	赛队8	赛队9	赛队10	赛队11	赛队12	赛队13
■模块一(1+X职业素养)的得分平均值差异	-35.60	-32.40	-34.60	-23.10	-20.60	-29.40	-21.40	-19.40
■模块二(方案设计与仿真)的得分平均值差异	-0.20	-3.70	-1.70	-5.20	-4.70	-6.70	-8.70	-8.20
■模块三(方案答辩)的得分平均值差异	-4.30	4.00	-2.00	0.00	-3.00	1.00	-2.70	-6.00
■总成绩平均值差异	-4.60	-5.00	-5.10	-6.00	-6.00	-7.40	-8.80	-8.90

图 4-37　获得二等奖的参赛队伍与获得一等奖的参赛队伍的得分平均值差异分析图

获得三等奖的参赛队伍需加强方案设计与仿真能力。如表 4-9 和图 4-36 所示，其在模块二（方案设计与仿真）的得分最大值、最小值、平均值、中位数均明显低于获得二等奖的参赛队伍。如图 4-38 所示，获得三等奖的参赛队伍在模块二（方案设计与仿真）的得分整体均比获得二等奖的参赛队伍低很多，表明获得三等奖的参赛队伍与获得二等奖的参赛队伍差距最大的为模块二（方案设计与仿真）的得分，需加强对物流规划与仿真类课程的学习和培训；同时，在课程体系建设中，参赛院校需注重课程的相关性，加强规划和仿真类课程教学改革。

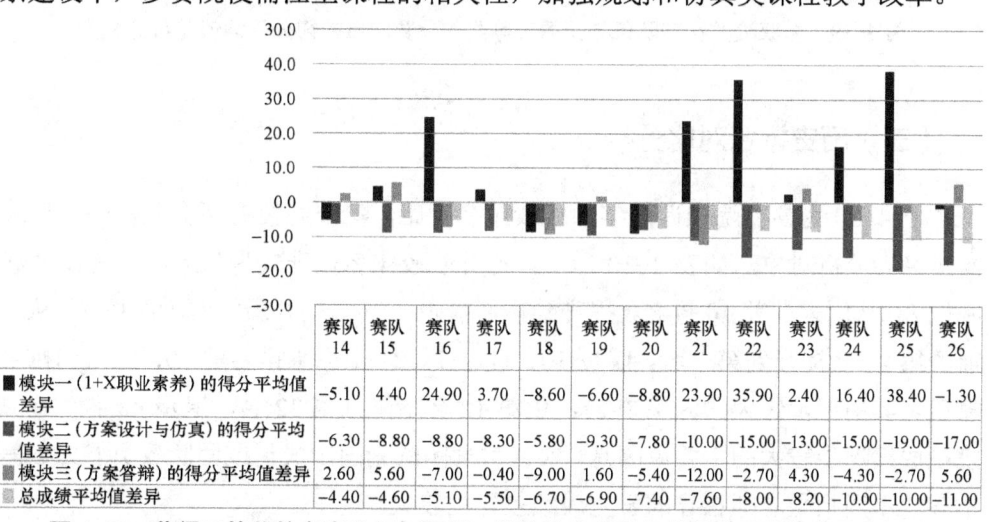

	赛队14	赛队15	赛队16	赛队17	赛队18	赛队19	赛队20	赛队21	赛队22	赛队23	赛队24	赛队25	赛队26
■模块一(1+X职业素养)的得分平均值差异	-5.10	4.40	24.90	3.70	-8.60	-6.60	-8.80	23.90	35.90	2.40	16.40	38.40	-1.30
■模块二(方案设计与仿真)的得分平均值差异	-6.30	-8.80	-8.80	-8.30	-5.80	-9.30	-7.80	-10.00	-15.00	-13.00	-15.00	-19.00	-17.00
■模块三(方案答辩)的得分平均值差异	2.60	5.60	-7.00	-0.40	-9.00	1.60	-5.40	-12.00	-2.70	4.30	-4.30	-2.70	5.60
■总成绩平均值差异	-4.40	-4.60	-5.10	-5.50	-6.70	-6.90	-7.40	-7.60	-8.00	-8.20	-10.00	-10.00	-11.00

图 4-38　获得三等奖的参赛队伍与获得二等奖的参赛队伍的得分平均值差异分析图

如图 4-39 所示，未获奖的参赛队伍中，赛队 27、34 等的参赛队伍存在严重偏科情况，在模块一（1+X 职业素养）的得分优于获得三等奖队伍，但是在其他模块的得分较低，导致未获奖。其他参赛队伍在三个模块整体得分水平与获得三等奖的参赛队伍差距较大，造成成绩落后的原因可能是物流类专业非所在学校的重点专业、专业课程体系不完善、指导教师专业能力不足、无重点实训设备等。

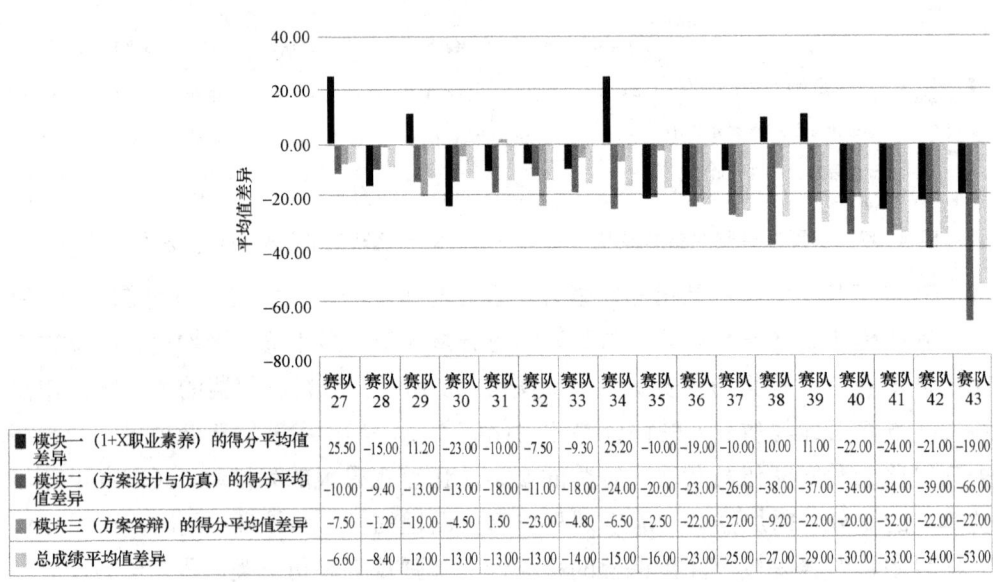

	赛队27	赛队28	赛队29	赛队30	赛队31	赛队32	赛队33	赛队34	赛队35	赛队36	赛队37	赛队38	赛队39	赛队40	赛队41	赛队42	赛队43
■ 模块一（1+X职业素养）的得分平均值差异	25.50	-15.00	11.20	-23.00	-10.00	-7.50	-9.30	25.20	-10.00	-19.00	-10.00	10.00	11.00	-22.00	-24.00	-21.00	-19.00
■ 模块二（方案设计与仿真）的得分平均值差异	-10.00	-9.40	-13.00	-13.00	-18.00	-11.00	-18.00	-24.00	-20.00	-23.00	-26.00	-38.00	-37.00	-34.00	-34.00	-39.00	-66.00
■ 模块三（方案答辩）的得分平均值差异	-7.50	-1.20	-19.00	-4.50	1.50	-23.00	-4.80	-6.50	-2.50	-22.00	-27.00	-9.20	-22.00	-20.00	-32.00	-22.00	-22.00
■ 总成绩平均值差异	-6.60	-8.40	-12.00	-13.00	-13.00	-13.00	-14.00	-15.00	-16.00	-23.00	-25.00	-27.00	-29.00	-30.00	-33.00	-34.00	-53.00

图 4-39　未获奖的参赛队伍与获得三等奖的参赛队伍的得分平均值差异分析图

（三）历史排名对比分析

表 4-10 为参赛院校近两年的成绩排名对比，参赛院校有两支队伍的，以最高排名为分析对象。如表 4-10 所示，部分院校排名提升较为明显，如院校 7 和院校 8，从原来非前 10 排名，提升到排名前 10。其中提升最大的为院校 7，从之前的第 20 名提升到第 7 名。院校 10、11、12、21 由原来排名前 10，跌落到排名靠后。其中退步最大的为院校 21，由第 10 名下降到第 32 名，退步 22 名。造成院校成绩退步较大的主要原因是，实践教学团队无固定成员或团队成员能力参差不齐，不同指导老师指导的学生成绩差异性较大。

表 4-10 参赛院校 2022 年及 2023 年综合成绩排名对比表

参赛院校	2023 年排名	2022 年排名	排名提升
院校 1	1	1	0
院校 2	2	2	0
院校 3	3	7	4
院校 4	4	3	−1
院校 5	4	9	5
院校 6	6	6	0
院校 7	7	20	13
院校 8	8	16	8
院校 9	11	19	8
院校 10	12	4	−8
院校 11	13	8	−5
院校 12	14	5	−9
院校 13	18	23	5
院校 14	19	18	−1
院校 15	20	13	−7
院校 16	21	15	−6
院校 17	23	17	−6
院校 18	25	12	−13
院校 19	27	未参赛	
院校 20	29	14	−15
院校 21	32	10	−22
院校 22	33	未参赛	
院校 23	39	未参赛	
院校 24	40	未参赛	
院校 25	43	25	−18

三、成绩关联分析

分析各个模块间成绩的相关性，使用 Spearman 相关系数去表示相关关系的强弱情况。通过具体分析可知：三个模块之间只有在模块二（方案设计与仿真）的得分和在模块三（方案汇报答辩）的得分具有显著性相关性，相关系数为 0.79。如图 4-40 所示，在模块二（方案设计与仿真）的得分和在模块三（方案答辩）的得分具有强相关性，为正相关，表明了在模块二（方案设计与仿真）的得分高的队伍，在模块三（方案答辩）的得分较高。同时，对模块三（方案答辩）的评判将重点考核参赛队伍对规划分析过程的逻辑性和条理性，以及方案设计与仿真的思路和依据是否合理、有效。这与模块二（方案设计与仿真）的内容密切相关，模块二（方案设计与仿真）是考验参赛队伍综合素质和专业能力的重要环节。

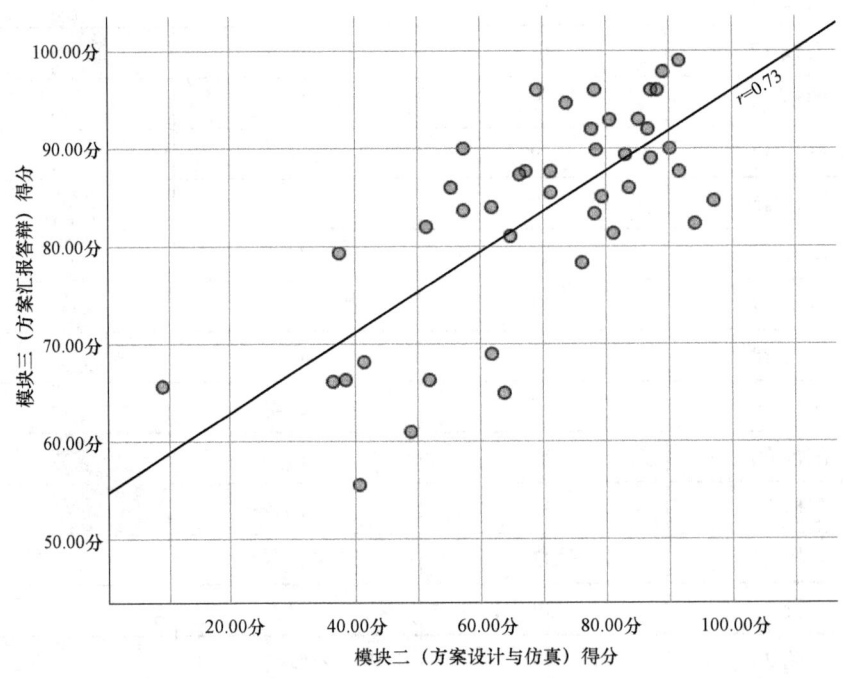

图 4-40　模块二（方案设计与仿真）和模块三（方案汇报答辩）的得分散点图

4.5 福建智慧物流（高职学生组）赛项技术分析报告

2024年福建省职业技能大赛智慧物流（高职学生组）赛项于2023年12月29日—30日在黎明职业大学举办，本次大赛有来自福建全省的16所院校的17支参赛队伍参加。参赛院校数量占全省开设物流类专业的专科院校的76.00%，有6所院校未报名。竞赛内容包括物流职业素养测试（简称"1+X职业素养"）、智慧物流系统规划仿真与方案设计（简称"方案设计与仿真"）、智慧物流系统方案实施（简称"方案实施"）三个模块。三个模块占总成绩的权重分别为10%、50%、40%，福建省赛项与国赛有一定区别：一方面是福建省赛项无方案答辩考核模块，同时降低了方案设计与仿真模块的权重，增加了方案实施的权重。这种设置可能是基于福建省物流行业的发展特点和对人才需求的侧重点。取消方案答辩考核或许是考虑到更注重实际操作和执行能力的检验，增加方案实施模块的权重，突出了对参赛队伍实际动手操作和解决问题能力的高要求。另一方面，降低方案设计与仿真模块的权重，可能意味着福建省的赛项主办方更加重视实践成果的转化和实际应用效果，认为方案的实施能力在实际工作中更为关键。

一、竞赛情况概览

如表4-11所示，参加2024年福建省职业技能大赛智慧物流（高职学生组）赛项的17支参赛队伍总成绩平均值为65.15分，最小值为14.15分，最大值为98.08分，本次大赛共评出一等奖2名，二等奖2名，三等奖5名。

（一）总体描述统计

如图4-41、图4-42所示，参加2024年福建省职业技能大赛智慧物流（高职学生组）赛项的参赛队伍整体表现良好，76.50%的参赛队伍总成绩在60.00分以上。从成绩分布来看，总成绩在90.00分及以上的参赛队伍2支，总成绩在80.00～89.00分的参赛队伍3支，总成绩在70.00～79.00分的参赛队伍3支，总成绩在60.00～69.00分的参赛队伍5支,总成绩在60.00分以下的参赛队伍4支。

表4-11 参赛队伍总体成绩描述统计表

模块	最小值	最大值	平均值	中位数	标准偏差
模块一（1+X职业素养）	34.25	99.25	48.06	40.75	16.03
模块二（方案设计与仿真）	14.00	99.50	74.15	82.5	24.67
模块三（方案实施）	7.00	96.00	58.18	61.00	31.09
总成绩	14.15	98.08	65.15	69.93	24.71

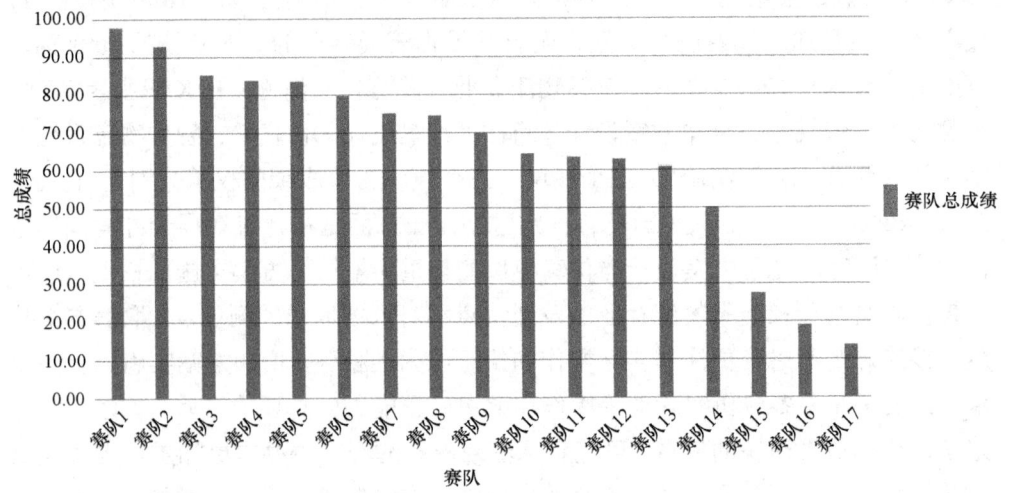

图4-41 总成绩统计柱状图

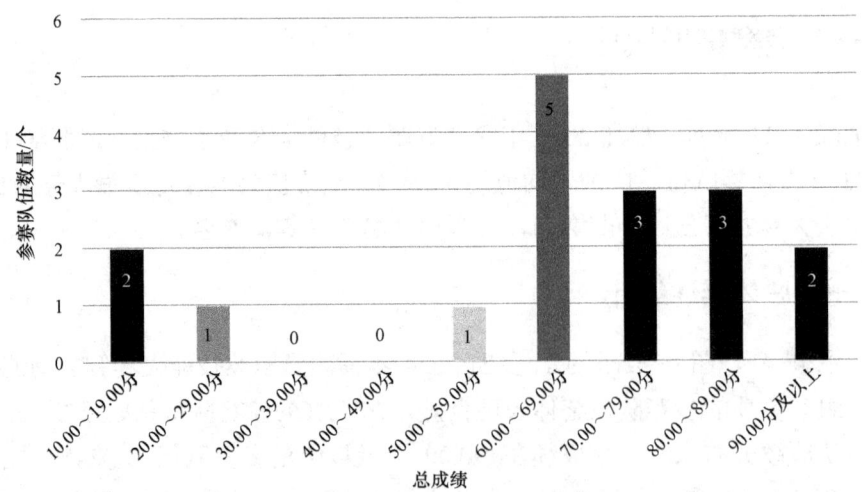

图4-42 总成绩分段统计图

（二）分模块成绩分析

如图 4-43 所示，整体得分较高的为模块二（方案设计与仿真），得分较低的为模块一（1+X 职业素养）。从得分波动性来看，波动较大的为模块三（方案实施），得分整体呈现均匀降低的特点。得分波动性较小的为模块一（1+X 职业素养），特别是赛队 4～赛队 17 的得分，无明显降低，各支参赛队伍之间差异较小。

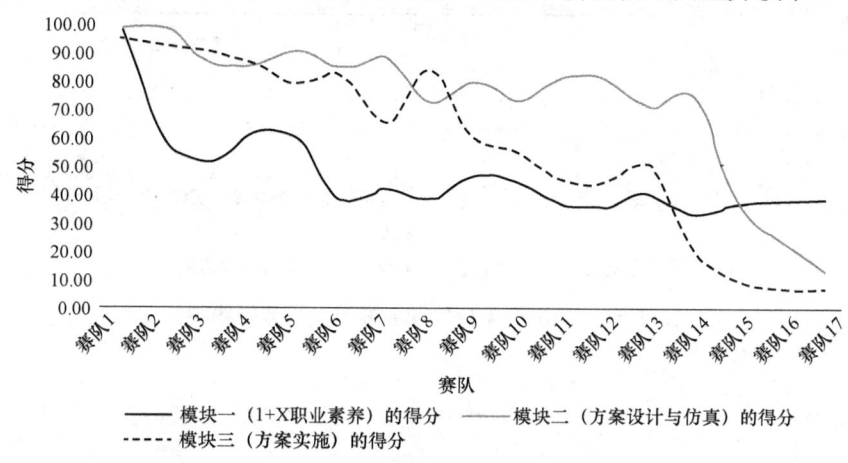

图 4-43　各个模块的得分统计折线图

分析各个模块的得分发现，有部分院校的参赛队伍在一个模块的得分较高，在另外一个模块的得分较低，"偏科"较为严重的参赛队伍有赛队 7、赛队 11、赛队 12、赛队 14 等。其中赛队 14 最为严重，其在模块二（方案设计与仿真）的得分跟在模块三（方案实施）的得分差值最大，为 54.00 分。另外赛队 8 在模块二（方案设计与仿真）的得分低于在模块三（方案实施）的得分，这说明该参赛队伍所在的院校更加重视对参赛学生实操能力的培养，但对学生方案设计能力培养的重视程度不够。

模块一（1+X 职业素养）的得分平均值较低，断层明显。模块一（1+X 职业素养）的得分平均值为 8.06 分，最小值为 34.25 分，最大值为 99.25 分，标准差为 16.03。各项指标中，标准差为三个模块中的最小值，得分平均值为三个模块中的最小值，这表明参赛队伍整体职业素养能力较低，且队伍之间的差异性较小。如图 4-41 所示，大部分参赛队伍得分均在平均值以下，占比达到 70.60%。同时存在断层较为明显，除了赛队 1 的得分接近 100.00 分，其他参赛队伍的得分均较低。如图 4-45 所示，参赛队伍在模块一（1+X 职业素养）的得分主要集中在 30.00 分到 60.00 分之间。产生这一现状的原因是，模块二（方案设计与仿真）的得分占总成绩权重高，大部分院校更加注重对模块二（方案设计与仿真）的训练，忽略了职业素养培养。

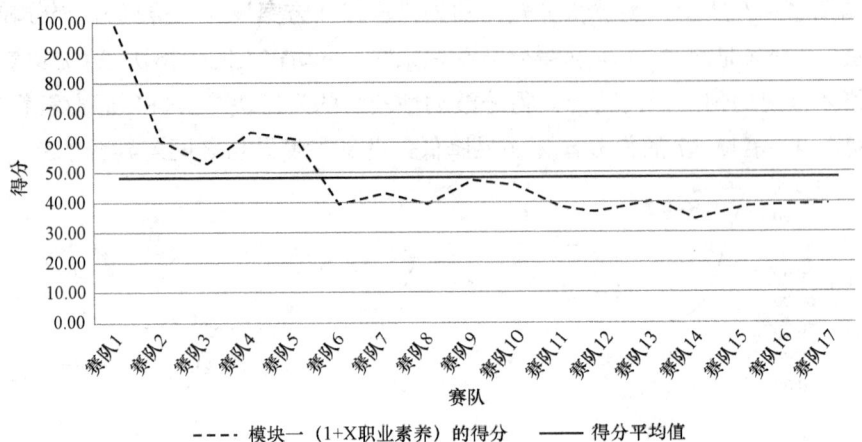

图 4-44　模块一（1+X 职业素养）得分折线图

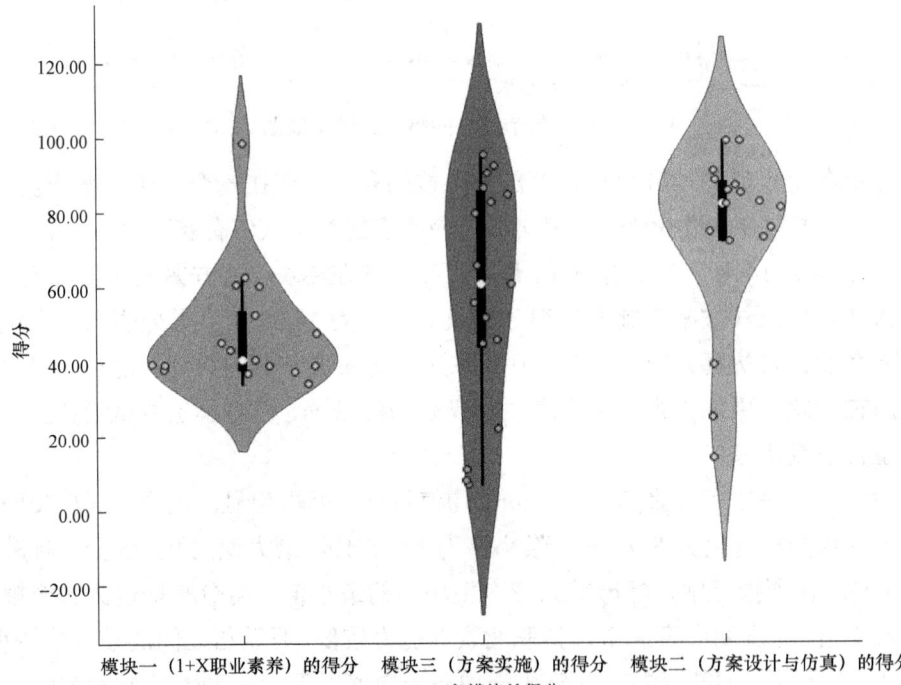

图 4-45　模块得分分布小提琴图

模块二（方案设计与仿真）的总体得分较高。模块二（方案设计与仿真）的得分平均值为 74.15 分，最小值为 14.00 分，最大值为 99.50 分，标准差为 24.67，其中得分平均值为三个模块得分中的最大值。如图 4-46 所示，大部分参赛队伍的得分均在 60.00 分以上，占比达 82.40%。如图 4-45 所示，参赛队伍得分主要集中在 70.00 分到 100.00 分之间，且这部分参赛队伍之间的差异性较小。这表明参赛队伍整体方案设计能力较强，大部分参赛队伍均能良好地设计出物流方案，也表明了参赛的各个院校赛前做了充足的准备，使得赛队之间差异性较小。

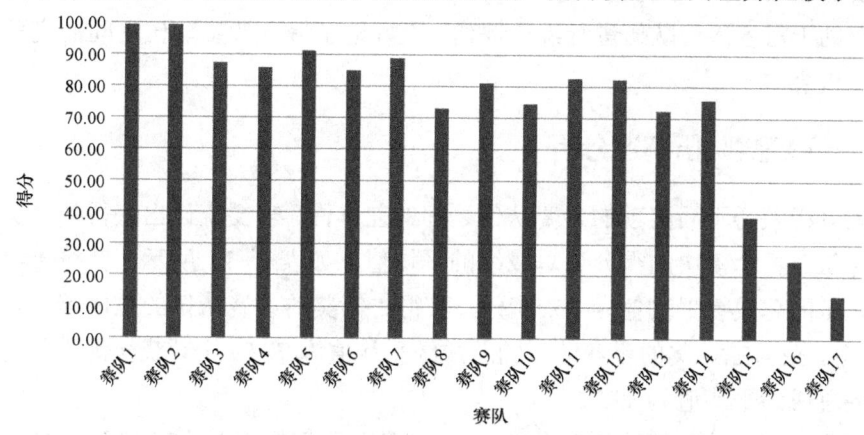

图 4-46　模块二（方案设计与仿真）的得分统计图

模块三（方案实施）的得分平均值较低，标准差最大。模块三（方案实施）的得分平均值为 58.18 分，最小值为 7.00 分，最大值为 96.00 分，标准差 31.09，标准差为三个模块中的最大值，这表明各支参赛队伍之间的差异性较大。如图 4-47 所示，模块三（方案实施）的得分折线较为陡峭，各支参赛队伍之间具有较大的差距，52.90% 的参赛队伍得分高于平均值。

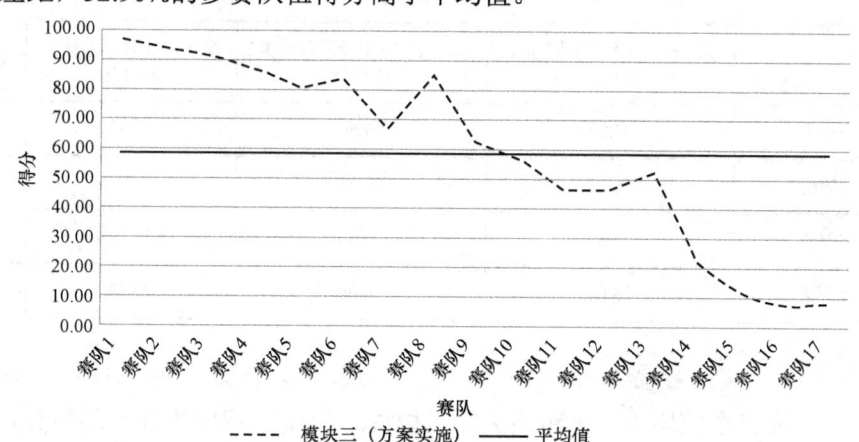

图 4-47　模块三（方案实施）的得分统计折线图

二、参赛队伍对比分析

在进行参赛队伍对比分析时,深入了解各参赛队伍的表现和实力是至关重要的。通过对获奖的参赛队伍的对比分析和对历年获奖情况的详细分析,可以展示各参赛队伍在比赛中的优势和劣势,以及他们在不同时间段内的比赛水平。对比分析有助于对各参赛队伍进行综合评估,更好地了解各参赛队伍之间的竞争态势和潜在机会。

(一)获奖队伍情况分析

为分析获得不同奖项的参赛队伍之间的差异性,需要统计出获得各个奖项的参赛队伍在各个模块的得分和总成绩的平均值。如表 4-12 所示,获得一等奖的参赛队伍的总成绩平均值为 95.54 分,获得二等奖的参赛队伍的总成绩平均值为 84.46 分,获得三等奖的参赛队伍的总成绩平均值为 72.82 分,获得优秀奖的参赛队伍的总成绩平均值为 42.72 分。

获得一等奖的参赛队伍有 2 支,这两支参赛队伍的主要优势在于模块一(1+X 职业素养)和模块二(方案设计与仿真)的得分。例如赛队 1 在模块一(1+X 职业素养)的得分上,明显高于其他赛队,分数差在 30.00 分以上。其次是在模块二(方案设计与仿真)的得分上,赛队 1 和赛队 2 基本上得到了满分,得分高于其他赛队 10.00 分以上。

表 4-12 各个奖项成绩平均值统计表

奖项	模块一(1+X 职业素养)的得分	模块二(方案设计与仿真)的得分	模块三(方案实施)的得分	总成绩
一等奖	79.88	99.50	94.50	95.54
二等奖	58.92	88.33	86.00	84.46
三等奖	42.85	80.90	70.20	72.82
优秀奖	38.04	56.00	27.29	42.72

获得二等奖的参赛队伍与获得一等奖的参赛队伍之间的总成绩平均值差 11.00 分,在三个模块中,差距最大的是模块一(1+X 职业素养)的得分,其次是模块二(方案设计与仿真)的得分,如图 4-48 所示。

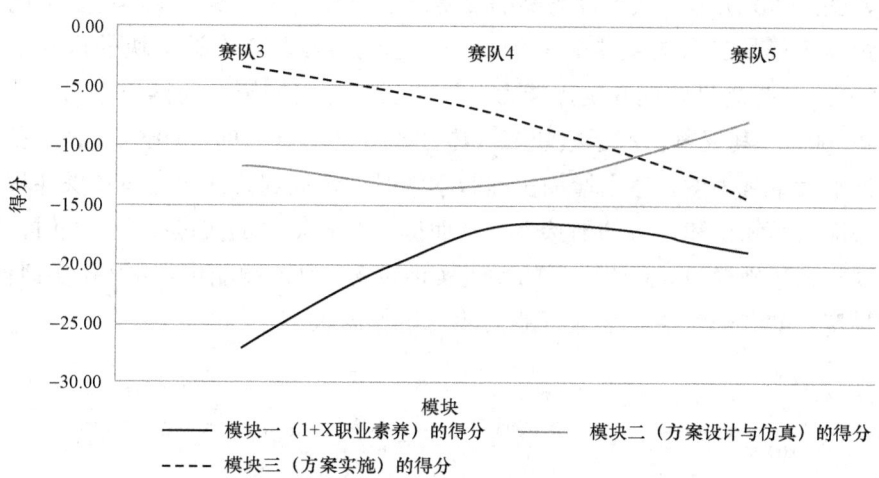

图 4-48 二等奖队伍与一等奖队伍平均值差异分析图

获得三等奖的参赛队伍与获得二等奖的参赛队伍之间总成绩平均值差为 11.60 分，如图 4-49 所示，参赛队伍在各个模块的得分均不太稳定，表现为获得二等奖的参赛队伍在部分模块的得分与获得三等奖的参赛队伍相当，在其他模块有较大差异。如赛队 6 的差距主要在模块一（1+X 职业素养）的得分，赛队 7 的差距主要在模块一（1+X 职业素养）的得分和模块三（方案实施）的得分。对于获得三等奖的参赛队伍，应该注重各个模块的均衡发展，加强赛后复盘，总结经验，对于薄弱的板块多与优秀院校进行交流和学习，从多维度提升参赛学生的综合能力。

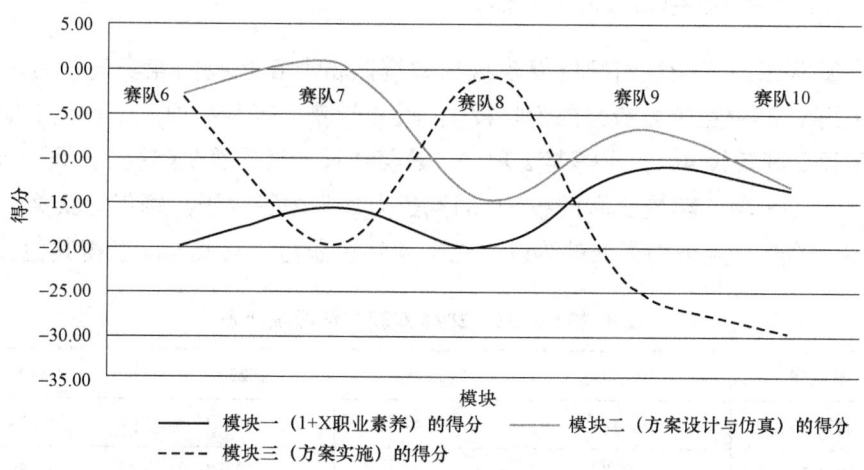

图 4-49 获得三等奖的参赛队伍与获得二等奖的参赛队伍的得分平均值差异分析图

如图 4-50 所示，获得优秀奖的参赛队伍与获得三等奖的参赛队伍之间最大的差距在于模块三（方案实施）的得分，这些参赛队伍在该模块的得分均低于 60.00 分，因此需整体提升实操能力。模块三（方案实施）的得分占总成绩的权重为 40.00%，其权重仅次于模块二（方案设计与仿真）的 50.00%，因此参赛队伍应该加大重视力度，适当增加实训教学学时，将规划设计课程与实操课程相融合，保证课程知识和任务的衔接性，从而提升参赛学生的实操能力。同时，也应该重视实训基地建设，淘汰落后的物流实训设备，引入智能化、智慧化实训设备，来满足赛项的参赛学生及物流行业人才的培养需求。

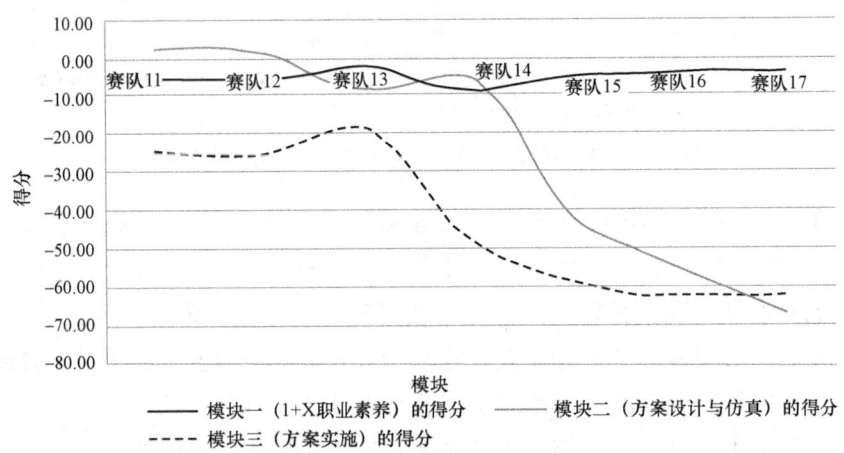

图 4-50　获得优秀奖的参赛队伍与获得三等奖的参赛队伍的得分平均值差异分析图

（二）历年获奖情况对比分析

参赛队伍历年获奖情况能够表现出参赛队伍所在院校的竞赛竞争力。如表 4-13 所示，其中竞争力最强的为院校 1，近 4 年获一等奖 3 项，二等奖 1 项。其次是院校 2 和院校 4，获一等奖 2 项，二等奖 2 项。紧接着是院校 3，获一等奖 1 项，二等奖 3 项。院校 5 和院校 10 的竞争力处于中等水平，每年均获奖，但从未获得一等奖。竞争力最低的为院校 15，4 年仅获得优秀奖，未获得其他奖项。

表 4-13　2021—2024 年获奖情况统计表

参赛院校	2021 年	2022 年	2023 年	2024 年
院校 1	一等奖	二等奖	一等奖	一等奖
院校 2	一等奖	二等奖	二等奖	一等奖

续表

参赛院校	2021年	2022年	2023年	2024年
院校3	二等奖	一等奖	二等奖	二等奖
院校4	二等奖	一等奖	一等奖	二等奖
院校5	二等奖	三等奖	二等奖	二等奖
院校6	三等奖	优秀奖	优秀奖	三等奖
院校7	优秀奖	三等奖	优秀奖	三等奖
院校8	二等奖	三等奖	优秀奖	三等奖
院校9	优秀奖	优秀奖	三等奖	三等奖
院校10	三等奖	二等奖	二等奖	三等奖
院校11	三等奖	三等奖	三等奖	优秀奖
院校12	三等奖	三等奖	三等奖	优秀奖
院校13	三等奖	优秀奖	三等奖	优秀奖
院校14	三等奖	优秀奖	优秀奖	优秀奖
院校15	优秀奖	优秀奖	优秀奖	优秀奖
院校16	—	—	—	优秀奖

三、成绩关联分析

在进行竞赛成绩关联分析时，深入研究各项指标之间的相关性可以揭示出不同因素对竞赛成绩影响的程度和方式。本节将从"双师型"教师占比与总成绩、高职称教师占比与总成绩以及不同模块之间的相关性进行分析；通过对指标进行相关性分析，以了解教师队伍结构、教师水平对竞赛成绩的影响及模块之间的关联性。

（一）指导教师因素分析

1. "双师型"教师占比的相关性分析

指导教师的专业水平和实践能力从一定程度上能提升学生专业能力，因此本节利用相关分析去研究总成绩和"双师型"教师占比之间的相关关系，使用Spearman相关系数去表示相关关系的强弱情况。如图4-51所示，总成绩和双师占比之间的相关系数值为 0.73，并且呈现出 0.01 水平的显著性（P=0.00），说明总成绩和双师比之间有着显著的正相关关系。在教学过程中，"双师型"教师可以将实际工作中的案例和经验融入理论教学中，使学生更好地理解和应用知识。同时，他们还能够指导学生进行实践操作，培养学生的动手能力和解决实际问题的能力。参赛院校应当重视"双师型"教师队伍的建设，加大对教师实践能力的培养和提升力度；通过提高"双师型"教师的比例，为学生创造更优质的学习环境，从而促进学生专业能力的全面提升，以便于学生在竞赛和实际工作中取得更优异的成绩。

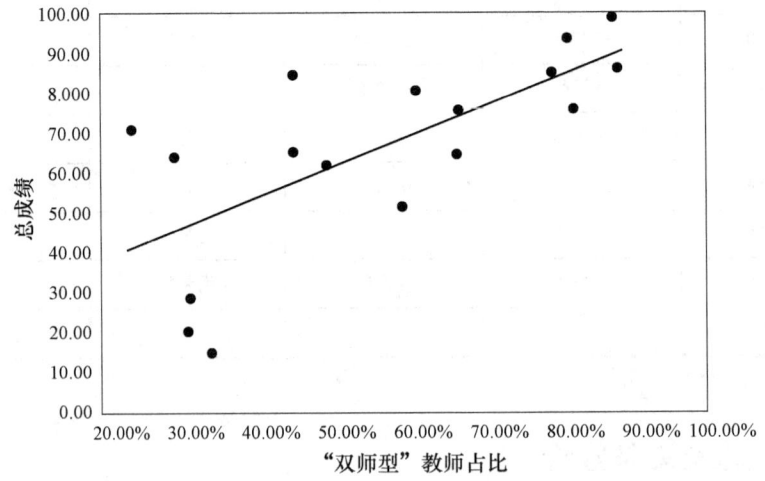

图 4-51 "双师型"教师占比与总成绩相关性分析散点图

2. 高职称教师占比的相关性分析

教师的职称水平往往被认为与教学质量和学生的学习成果存在一定的关联。为了深入探究这种关联在竞赛成绩方面的体现，本节利用相关分析去研究总成绩和高级职称教师占比之间的相关关系，使用 Spearman 相关系数去表示相关关系的强弱情况。如图 4-52 所示，总成绩和高级职称教师占比之间的相关系数为 0.56，并且呈现出 0.05 水平的显著性（P=0.02），因而说明总成绩和高级职称占比之间有着显著的正相关关系。在教学过程中，高级职称教师能够凭借其敏锐的学科洞察力引导学生深入理解知识内涵，培养学生的创新思维和解决复杂问题的能力。同时，他们严谨的治学态度和敬业精神也会对学生产生潜移默化的影响，激发学生学习的积极性和主动性。

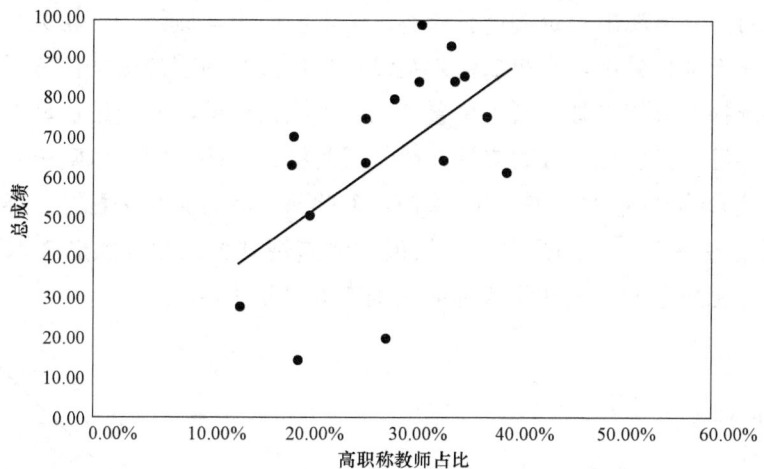

图 4-52 高职称教师占比与总成绩相关性分析散点图

（二）模块间相关性分析

为了探究三个模块内部之间的关联性，利用相关分析去研究模块一（1+X 职业素养）、模块二（方案设计与仿真）和模块三（方案实施）的得分之间的相关关系，使用 Spearman 相关系数去表示相关关系的强弱情况。如表 4-14 所示，模块一（1+X 职业素养）和模块二（方案设计与仿真）的得分的相关系数值为 0.58，并且呈现出 0.05 水平的显著性，说明模块一（1+X 职业素养）和模块二（方案设计与仿真）的得分有着显著的正相关关系。模块一（1+X 职业素养）和模块三（方案实施）的得分的相关系数值为 0.70，并且呈现出 0.01 水平的显著性，说明模块一（1+X 职业素养）和模块三（方案实施）的得分有着显著的正相关关系。这表明：良好的职业素养培养在一定程度上能促进方案设计能力和实践能力培养。

表 4-14 各模块得分的相关性检验表

相关系数模块	模块一（1+X 职业素养）得分	模块二（方案设计与仿真）得分	模块三（方案实施）得分
模块一（1+X 职业素养）得分	1		
模块二（方案设计与仿真）得分	0.58*	1	
模块三（方案实施）得分	0.70**	0.80**	1

* $P<0.05$ ** $P<0.01$

如图 4-53 所示，随着模块二（方案设计与仿真）得分的增长，模块三（方案实施）的得分呈现出一定的增长趋势，这表明两模块成绩为正相关性，相关系数 0.80，属于强相关性。模块二（方案设计与仿真）环节是根据任务需求，完成设施设备选择及具体参数设置、位置布局、动线设计等，并通过仿真形式验证可行性和可靠性。模块三（方案实施）环节需要将设计的方案予以实施，方案设计的好坏直接影响到方案是否能顺利实施，因此两者具有强相关性。参赛院校应该充分利用这一特点，在进行教学和培训时注重规划类课程与实施类课程有机结合，让学生将所学的规划知识实际应用到方案实施中。

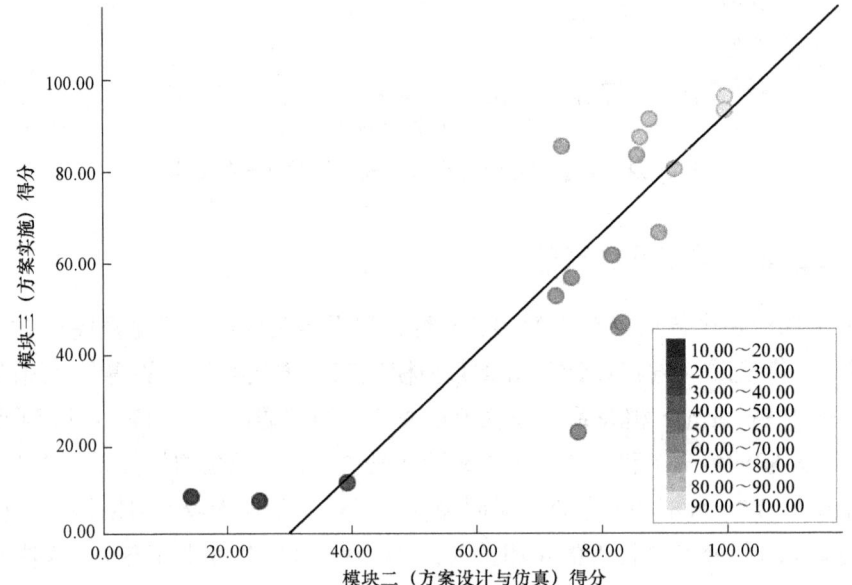

图 4-53　模块二（方案设计与仿真）和模块三（方案实施）的得分散点图

4.6 江西智慧物流（高职学生组）赛项技术分析报告

2023年江西省职业院校技能大赛智慧物流技能（学生组）赛项于2024年1月6日至7日在江西旅游商贸职业学院成功举办。本次竞赛由江西省教育厅主办，吸引了全省高职院校的19支参赛队伍76名选手参赛。据统计，江西省专科层次高等学校共61所，其中开设物流管理专业的院校共32所，占整个专科院校的52.46%。参加本次大赛的院校数量在全省所有开设物流管理专业的院校中占比87.50%，有4所院校未参加。

此次赛项是以服务智能制造的生产物流为应用背景，围绕智能制造、智慧物流人才需求进行设计，反映了物流产业数字化转型升级对人才的新要求。比赛内容包括"1+X物流职业素养测试"（简称"1+X职业素养"）、"智慧物流系统规划仿真与方案设计"（简称"方案设计与仿真"），和"智慧物流系统方案实施与方案答辩"（简称"方案实施"与"方案答辩"），考核内容与2023年全国职业院校技能大赛高职组智慧物流（学生赛）赛项一致。

一、竞赛情况概览

2023年江西省职业院校技能大赛智慧物流技能（学生组）赛项最终产生一等奖2项、二等奖4项、三等奖6项。

（一）总体描述统计

如表4-15所示，19支参赛队伍总成绩平均值为61.78分，其中总成绩最小值为16.89分，最大值为97.68分，中位数为69.88分。数据中没有异常值出现，故直接针对总成绩平均值进行描述分析。

如图4-54所示，深入分析各参赛队伍的成绩，这些参赛队伍之间的成绩跨度极大，赛队1、赛队2和赛队3作为总成绩排名前3的参赛队伍，总成绩折线图较陡峭，成绩差异比较大。而处于中等水平的参赛队伍，其总成绩折线分布较为平缓，表明这几支参赛队伍的总成绩差异较小，竞争较为激烈。这种成绩分布的不均衡性，很大程度上是由于各参赛学校在教育资源、师资力量、学生素质以及赛前准备等多个方面存在着较为明显的综合水平差异。因此，可以合理推断，这种分数分布不均的现象，正是各参赛学校间综合实力差异在比赛成绩上的直接体现。

表 4-15　江西省职业技能竞赛智慧物流赛项模块的描述统计表

模块	最小值	最大值	平均值	中位数	标准偏差
模块一（1+X 职业素养）的得分	42.00	99.25	61.53	62.50	14.71
模块二（方案设计与仿真）的得分	8.00	98.00	62.87	71.50	27.73
模块三（方案实施）的得分	7.00	98.00	52.75	50.00	28.99
模块四（方案答辩）的得分	66.67	93.50	83.24	84.34	7.40
总成绩	16.89	97.68	61.78	69.88	22.62

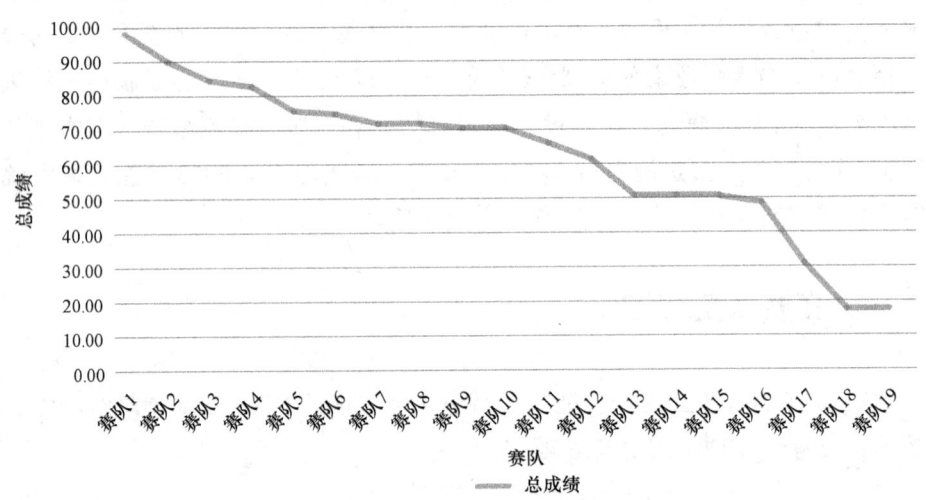

图 4-54　各参赛队伍总成绩折线图

如图 4-55 所示，虽有 63.00% 的参赛队伍总成绩超过平均值，但低分段的参赛队伍较多，高分段参赛队伍较少，且参赛队伍在各个成绩段分布的数量差异较大。得分在 90.00 分及以上的参赛队伍共 1 支，得分在 80.00~89.00 分的参赛队伍共 3 支，得分在 70.00~79.00 分的参赛队伍共 5 支，得分在 60.00~69.00 分的参赛队伍共 3 支，还有 7 支参赛队伍总成绩低于 60.00 分。如图 4-55 所示，各个成绩段分布的分数差异较大，参赛院校普遍水平不高。

4 华东篇

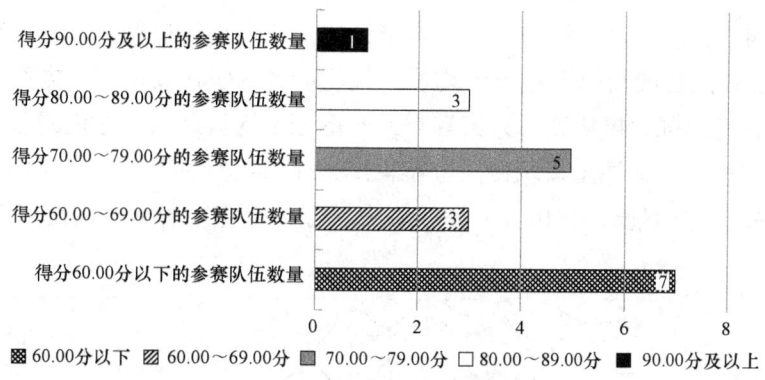

图 4-55 总成绩分布图

（二）各模块成绩分析

如图 4-56 所示，各参赛队伍在不同比赛内容的表现参差不齐，在模块四（方案答辩）的得分最为稳定，19 支参赛队伍在该模块表现均不错，成绩波动不大。模块一（1+X 职业素养）和模块二（方案设计与仿真）的得分波动较为稳定，模块三（方案实施）的得分条形图高度变化较大，说明不同赛队的表现差异极大，考虑到方案实施的机动性比较大，一旦实操过程中有部分步骤出现失误，则会导致整个模块的得分不高。

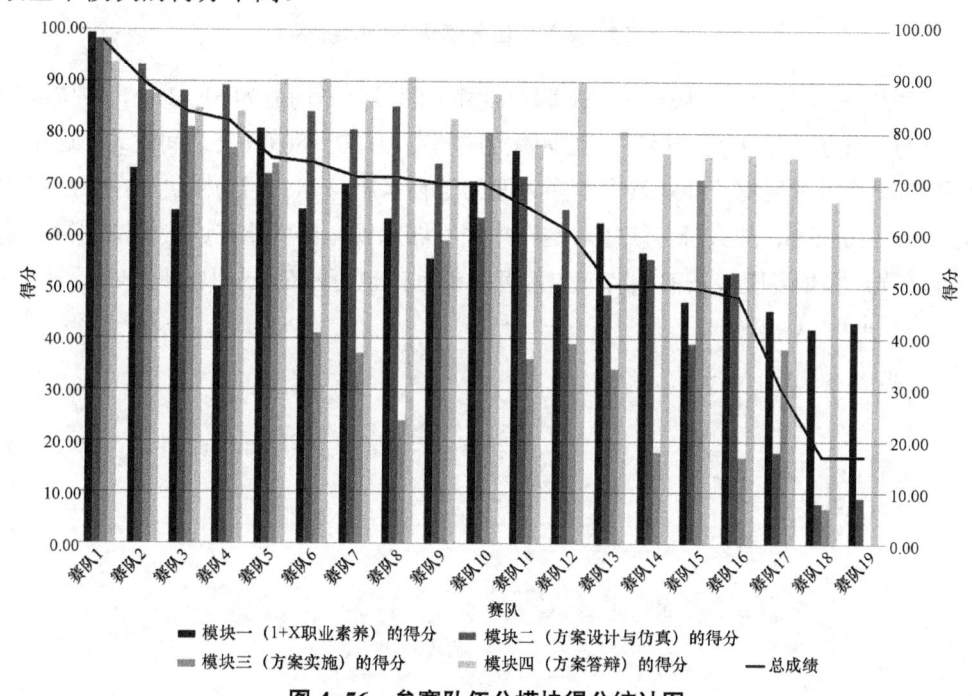

图 4-56 参赛队伍分模块得分统计图

如图 4-57 所示，模块三（方案实施）的得分平均值最低，仅有 52.75 分，有 11 支参赛队伍的得分未超过平均值，说明参赛队伍在模块三（方案实施）的得分能力有待加强。模块四（方案答辩）的得分平均值最大，这说明各支参赛队伍在学习过程中更加注重模块四（方案答辩）环节，但对于模块一（1+X 职业素养）、模块二（方案设计与仿真）和模块三（方案实施）的学习重视度不够。

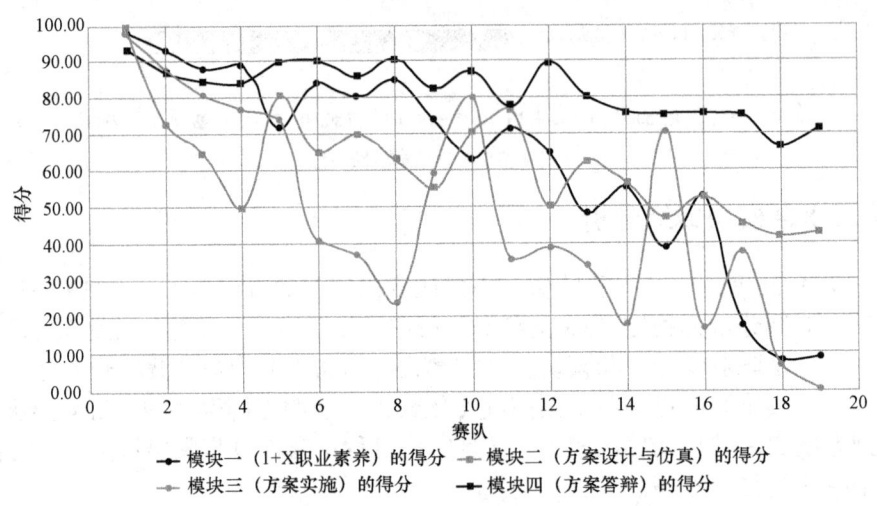

图 4-57　参赛队伍分模块得分折线图

如图 4-58 所示，模块一（1+X 职业素养）的得分平均值为 61.53 分，中位数为 62.50 分，除了赛队 1 得分极高，其他院校成绩在 40.00～80.00 分之间波动，这说明赛队 1 更注重学生物流职业素养等多方面的综合素质培养。因为模块一在总成绩的权重只有 10.00%，故大部分院校对这一模块不够重视，也可能在这一模块的得分随机性较强，哪怕各院校在前期有一定程度的训练，也可能在正式比赛中表现不佳。

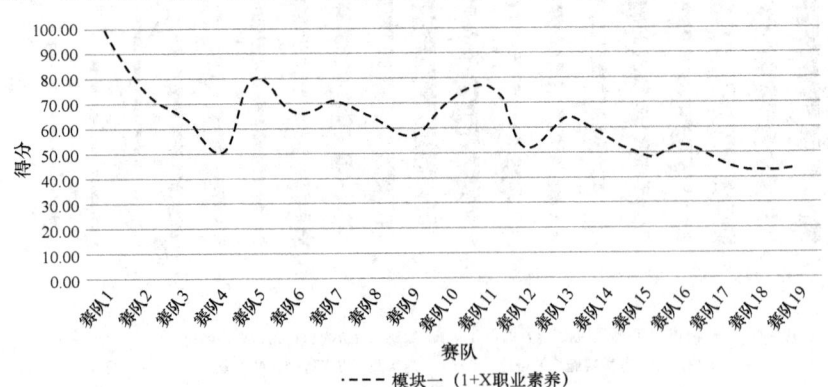

图 4-58　模块一（1+X 职业素养）的得分折线图

模块二（方案设计与仿真）的得分平均值为 62.87 分，中位数为 71.50 分，标准偏差为 14.71，赛队 1 得到 98.00 分，而赛队 18 只得到 8.00 分，说明两极分化严重，有的参赛队伍在比赛中能稳定地发挥，而有些参赛队伍在比赛中无法正确完成这一模块。如图 4-59 所示，在模块二（方案设计与仿真）得低分的参赛队伍较多，说明模块二（方案设计与仿真）不太好拿分，但稍有不慎，也可能获得较低分数。

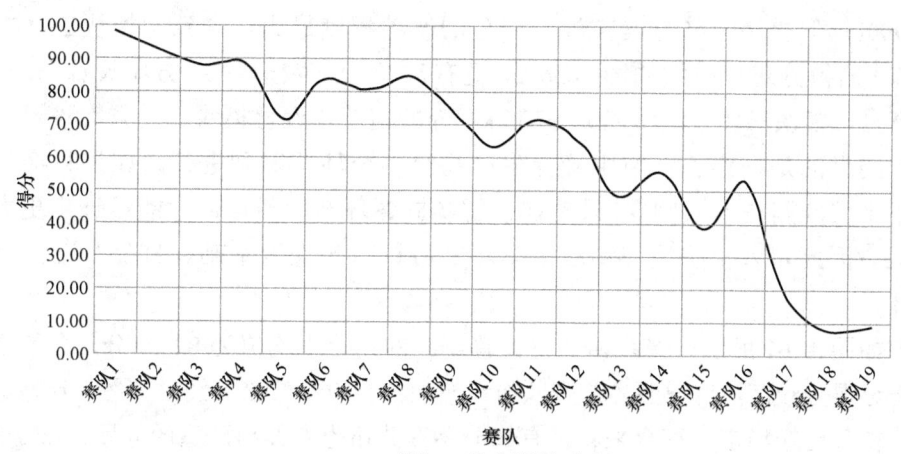

图 4-59　模块二（方案设计与仿真）的得分折线图

如图 4-60 所示，模块三（方案实施）的得分平均值为 48.37 分，中位数为 39.00 分，低分段的参赛队伍较多，拉低了平均分。实质上模块三（方案实施）是对模块二（方案设计与仿真）的实操。通过分析发现：江西省各高职院校还需对实操环节进行进一步的训练。与模块一（1+X 职业素养）和模块二（方案设计

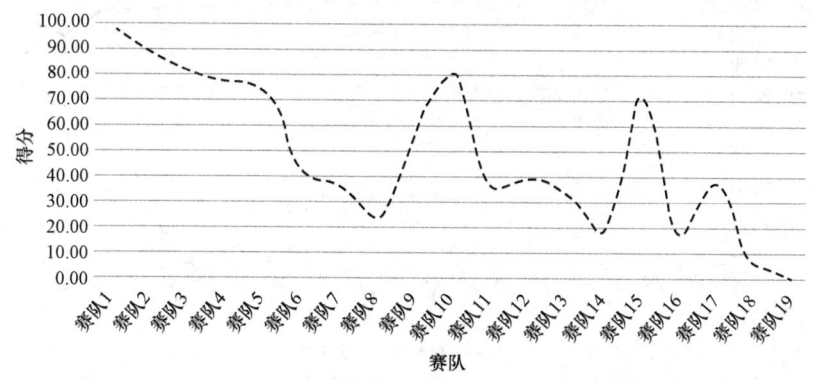

图 4-60　模块三（方案实施）的得分折线图

与仿真）相比，这些参赛队伍在模块三（方案实施）的得分与总成绩不成正比。如赛队 15 的总成绩低于赛队 8 的总成绩，分差为 21.33 分；而在模块三（方案实施）得分上，赛队 15 的得分远高于赛队 8，分差为 47.00 分。

如图 4-57 和图 4-60 所示，模块三（方案实施）得分的波动程度最大，其标准差为 29.34，说明在模块三（方案实施）环节各支参赛队伍的水平差异性最大，部分院校偏科严重。虽然模块三（方案实施）得分占总成绩权重仅为 20.00%，但模块三（方案实施）得分的波动程度最大，导致了模块三（方案实施）的得分对总成绩的影响较大。更有甚者，出现模块二（方案设计与仿真）得高分、模块三（方案实施）环节得低分的情况。设置模块二（方案设计与仿真）的目的是在实施环节中确保生产物流各个环节顺利进行，如果只会设计而不会实施则是本末倒置，只有在了解实施各环节的要点后才能设计出更好的方案。因此，各个院校在实践教学环节应该以实操为基础，打好基础，做好设计。

如图 4-61 所示，模块四（方案答辩）的得分平均值为 82.35 分，各参赛队伍普遍得分较高，这说明各参赛队伍在模块四（方案答辩）经过训练，比较好拿分，得分比较稳定。综合来看，有部分参赛队伍也有偏科严重的问题，如赛队 8 在模块三（方案实施）和模块四（方案答辩）的得分差值为 66.67 分，赛队 19 在模块四（方案答辩）和模块三（方案实施）的得分差值为 71.67 分，说明这些参赛队伍所在的学校重视对参赛学生答辩能力的锻炼，但忽视了方案实施模块。

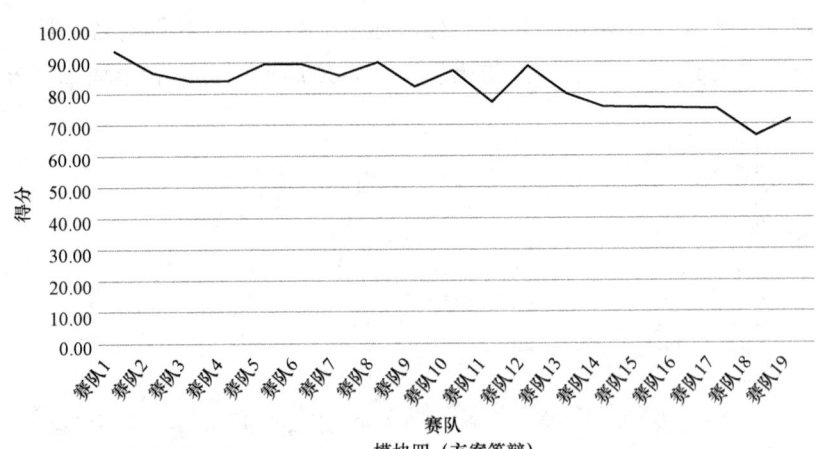

图 4-61　模块四（方案答辩）的得分折线图

二、成绩关联分析

这里通过对成绩的相关分析,研究各指标之间的关系情况及关系紧密程度等,以相关系数大小说明关联紧密程度,解释参赛队伍在各模块的竞赛成绩及其之间的联系和影响。

(一)成绩正态性检验

通过差异性分析,可以了解不同指标的成绩分布是否存在显著差异,以更好地诠释竞赛中各项指标之间的影响因素。

针对模块一(1+X 职业素养)、模块二(方案设计与仿真)、模块三(方案实施)、模块四(方案答辩)的得分以及总成绩进行正态性检验,如表 4-16 所示,研究数据的样本量全部小于或等于 50,因而使用 S-W 检验。具体来看,模块一(1+X 职业素养)的得分、模块二(方案设计与仿真)的得分、模块三(方案实施)的得分、模块四(方案答辩)的得分、总成绩均没有呈现显著性($P>0.05$),意味着模块一(1+X 职业素养)的得分、模块二(方案设计与仿真)的得分、模块三(方案实施)的得分、模块四(方案答辩)的得分、总成绩全部均具备正态性特质。

表 4-16 正态性检验分析结果

名称	偏度	峰度	Shapiro-Wilk 检验	
			统计量 W 值	P
模块一(1+X 职业素养)得分正态性检验分析结果	0.83	0.82	0.94	0.31
模块二(方案设计与仿真)得分正态性检验分析结果	−0.86	−0.20	0.90	0.06
模块三(方案实施)得分正态性检验分析结果	0.09	−1.19	0.94	0.31
模块四(方案答辩)得分正态性检验分析结果	−0.42	−0.76	0.95	0.38
总成绩正态性检验分析结果	−0.67	−0.06	0.94	0.23

(二)模块间相关性分析

根据正态性检验结果选择对数据进行 Pearson 相关性的计算。

如表 4-17 所示,利用相关分析去研究模块一(1+X 职业素养)的得分和模块二(方案设计与仿真)、模块三(方案实施)、模块四(方案答辩)的得分之间的相关关系，使用 Pearson 相关系数去表示相关关系的强弱情况。

表 4-17 各指标的 Pearson 相关系数

相关模块	模块一 （1+X 职业素养） 得分	模块二 （方案设计与仿真） 得分	模块三 （方案实施） 得分	模块四 （方案答辩） 得分
模块一（1+X 职业素养）得分	1			
模块二（方案设计与仿真）得分	0.70**	1		
模块三（方案实施）得分	0.58**	0.64**	1	
模块四（方案答辩）得分	0.70**	0.85**	0.61**	1

注：*$P<0.05$ **$P<0.01$。

模块一（1+X 职业素养）的得分与模块二（方案设计与仿真）、模块三（方案实施）、模块四（方案答辩）的得分之间全部均呈现出显著性，相关系数值分别是 0.70、0.58、0.70，并且相关系数均大于 0，意味着模块一（1+X 职业素养）的得分与模块二（方案设计与仿真）、模块三（方案实施）、模块四（方案答辩）的得分之间有着正相关关系。

如图 4-62 所示，模块二（方案设计与仿真）的得分与模块四（方案答辩）的得分具有显著性差异（$P<0.05$），相关系数为 0.85，属于正向强相关性，这表明：当在模块二（方案设计与仿真）的得分越高，学生在模块四（方案答辩）环节的竞赛时发挥得更好。

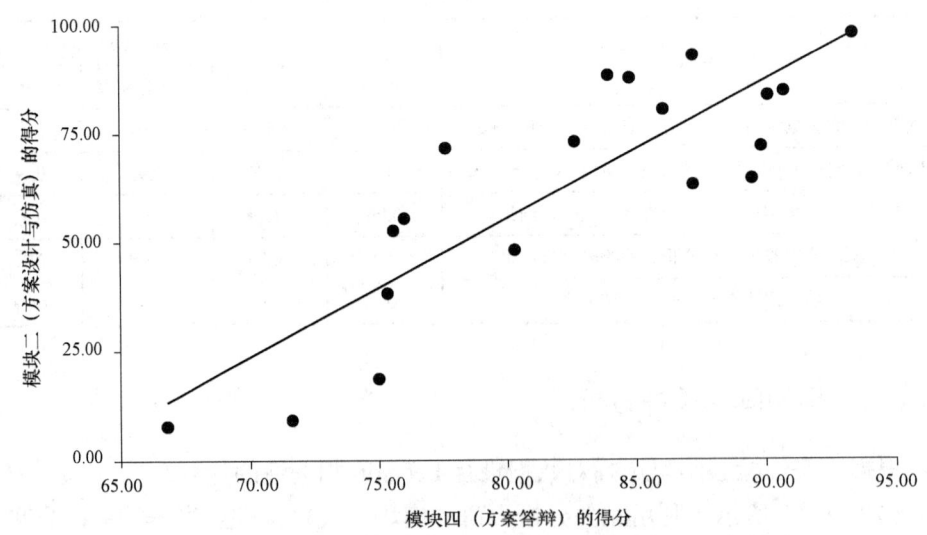

图 4-62 模块二（方案设计与仿真）与模块四（方案答辩）的得分散点图

如图 4-63 所示,模块二(方案设计与仿真)的得分与模块一(1+X 职业素养)的得分、模块三(方案实施)的得分具有显著性差异($P<0.05$),相关系数分别为 0.70、0.64,属于强相关,这表明:学生在模块二(方案设计与仿真)的水平对模块一(1+X 职业素养)和模块三(方案实施)环节的竞赛成绩具有较大的影响,模块二(方案设计与仿真)水平的提高一定程度上会带动参赛队伍在模块一(1+X 职业素养)和模块三(方案实施)得分能力的提高。同理,参赛学生在模块三(方案实施)的能力越强,在模块一(1+X 职业素养)的水平越高,其在模块二(方案设计与仿真)的水平也会相对较高。

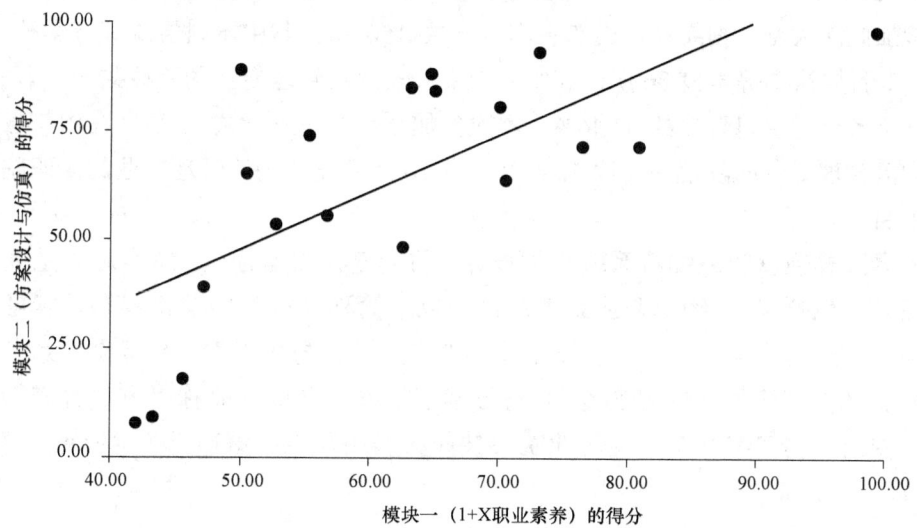

图 4-63 模块二(方案设计与仿真)与模块一(1+X 职业素养)的得分散点图

4.7 山东智慧物流（高职学生组）赛项技术分析报告

第 16 届山东省职业院校技能大赛高职智慧物流（学生赛）赛项于 2023 年 12 月 15 日至 17 日在滨州职业学院成功举办，有来自 42 个参赛院校的 42 支参赛队伍参加此次大赛。据统计，山东省高校一共 156 所，其中本科层次高等学校 70 所，专科层次高等学校 86 所。高职院校中开设物流管理专业的院校共 58 所，占山东全省全部专科院校的 67.44%。本次参加竞赛的院校一共 42 所，在山东省开设物流管理专业的院校中占比 72.41%，有 16 所开设有物流管理专业的高职院校未报名。

本次赛项以智慧物流系统规划设计、仿真建模与运行、系统实施为主要工作任务，包括 1+X 物流职业素养测试（以下简称"1+X 职业素养"）、智慧物流系统规划仿真与方案设计（以下简称"方案设计与仿真"）、智慧物流系统方案实施（以下简称"方案实施"）与方案汇报答辩（以下简称"方案答辩"），考核的内容与 2023 年全国职业院校技能大赛高职组智慧物流（学生赛）赛项一致。

一、竞赛情况概览

竞赛情况概览包括总体成绩描述统计和分模块成绩分析，主要对各参赛队伍在比赛中的整体表现进行量化评估，展示第 16 届山东省职业院校技能大赛高职智慧物流（学生赛）赛项的整体情况，同时对不同模块的成绩进行深入剖析，以展示各参赛队伍在各个模块的优势和不足。

（一）总体成绩描述统计

如表 4-18 所示，其中总成绩最小值 14.50 分，最大值 98.02 分，平均分为 68.31 分，中位数 71.36 分，标准差为 18.40。如图 4-64、图 4-65 所示，有 40.48% 的参赛队伍总成绩为 70.00～79.00 分，该分数段的参赛队伍数量最多。从成绩的分布来看，64.29%的参赛队伍总成绩超过平均值，各个成绩段分布呈现"中间多、两边少"的情况。

表 4-18　参赛队伍在各模块的得分和总成绩描述统计表

统计值	模块一（1+X 职业素养）的得分	模块二（方案设计与仿真）的得分	模块三（方案实施）的得分	模块四（方案答辩）的得分	总成绩
平均值	53.63	72.29	56.79	82.23	68.31
中位数	51.13	78.50	58.50	84.90	71.36
标准差	12.95	20.95	27.70	8.70	18.40
最小值	35.75	3.00	5.00	54.40	14.50
最大值	100.00	98.00	98.00	96.20	98.02

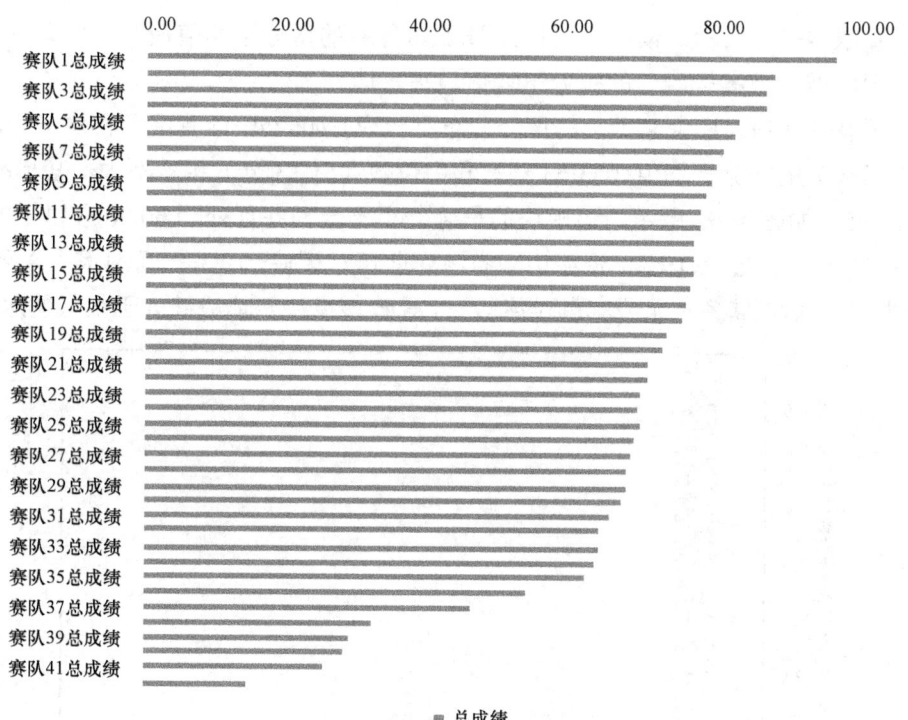

图 4-64　参赛队伍总成绩统计图

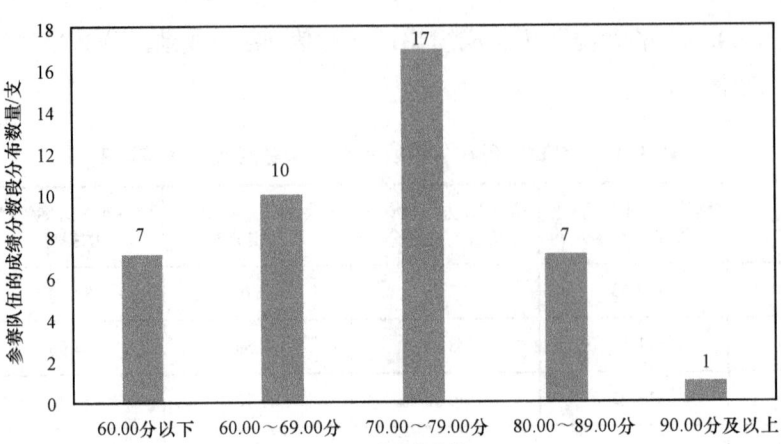

图 4-65　总成绩分段统计图

（二）分模块成绩分析

如表 4-18 所示，模块一（1+X 职业素养）的得分平均值最低，仅有 53.63 分，模块四（方案答辩）的得分平均值最高，达到 82.23 分。

模块一（1+X 职业素养）的得分分布不合理。如表 4-18 所示，模块一（1+X 职业素养）的得分平均值（53.63 分）和中位数（51.13 分）相差不大，其标准差为 12.95。如图 4-66 所示，该模块的得分分布不合理并且处于 60.00 分以下的赛队有 32 支，占比 76.19%，说明山东省参赛队伍对模块一（1+X 职业素养）不够重视、学生知识储备不足或赛题难度较大，导致该模块整体成绩处于很低的水平。

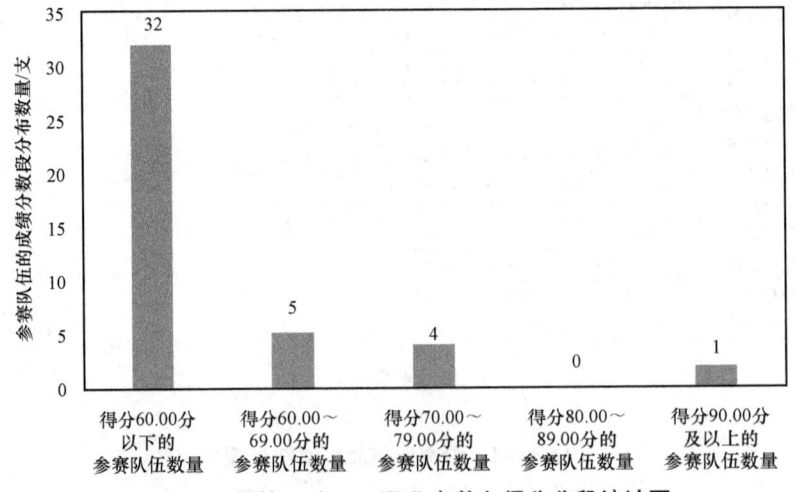

图 4-66　模块一（1+X 职业素养）得分分段统计图

模块二（方案设计与仿真）整体分数分布合理。如表 4-18 所示，模块二（方案设计与仿真）的得分平均值（72.29 分）和中位数（78.50 分）相差大约 6.00 分，标准差为 20.95，得分在 60.00 分以下的参赛队伍中有一支队伍，为 3.00 分，拉低了平均分。如图 4-67 所示，该模块整体分数分布比较合理，64.29%的参赛队伍成绩集中在 70.00～79.00 分和 80.00～89.00 分这两个分数段，得分在 90.00 分及以上和 60.00 分以下的参赛队伍数量较少。由此可见，模块二（方案设计与仿真）的赛题设计比较恰当，能较好区分各参赛队伍的水平。另外，该模块占总成绩权重最高，备赛期间大部分院校会更加注重这部分的练习。

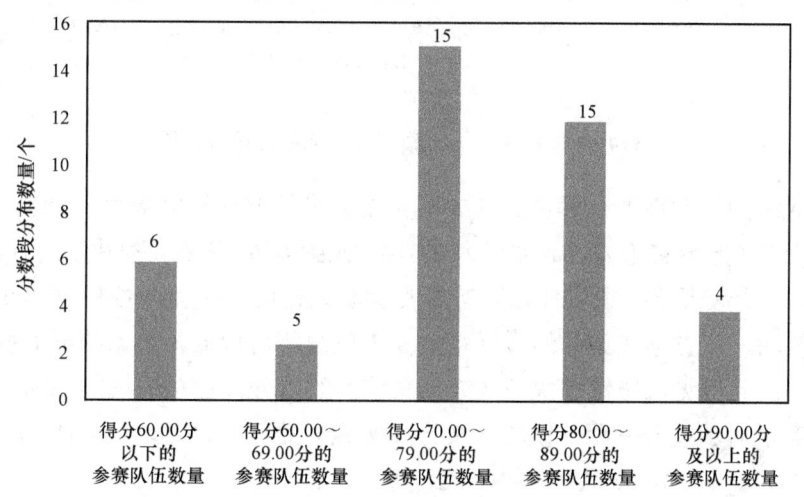

图 4-67　模块二（方案实施）得分分段统计图

在模块三（方案实施）得分为低分层的参赛队伍较多。如表 4-18 所示，模块三（方案实施）的得分平均值（56.79 分）和中位数（58.00 分）相差不大，标准差为 27.70，并且出现了大量处于低分层的参赛队伍，69.00 分以下的参赛队伍有 23 支，如图 4-68 所示。由此可见，该模块难度较大、关联性强，能够较好地考验参赛学生的综合素质。

模块四（方案答辩）整体得分较高。如表 4-18 所示，模块四（方案答辩）的得分平均值最高（82.23 分），得分集中在 80.00～89.00 分。该模块可以通过赛前训练和仔细完善来达到较高的分数。

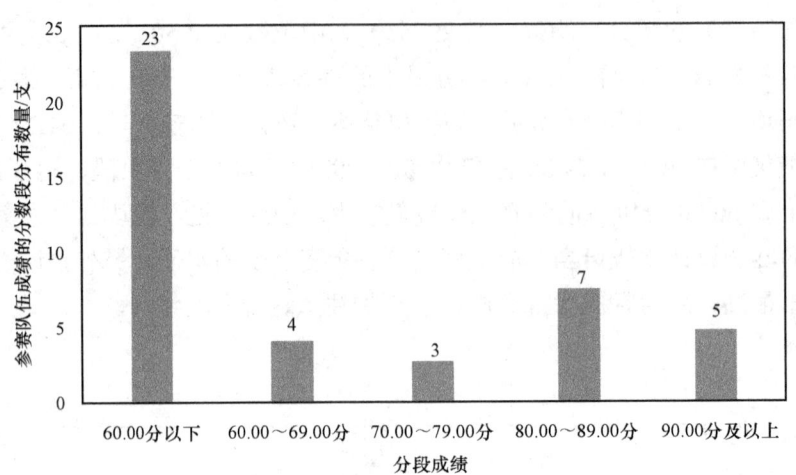

图 4-68　模块三（方案实施）成绩分段统计图

从成绩的波动性看，模块三（方案实施）成绩波动程度最大。如表 4-18 所示，模块三（方案实施）的标准差为 27.70。如图 4-69 所示，模块三（方案实施）的得分波动趋势明显，说明在该环节各支参赛队伍的水平差异性最大。如图 4-70 所示，模块三（方案实施）的最低得分、中位线相对较低，数据的离散程度也相对较高。由此可见，虽然模块三（方案实施）的得分仅占总成绩的 20%，但是也易于与竞争对手拉开差距，模块三（方案实施）的得分过低，也会造成总成绩排名靠后，如赛队 13、赛队 16、赛队 28 等。

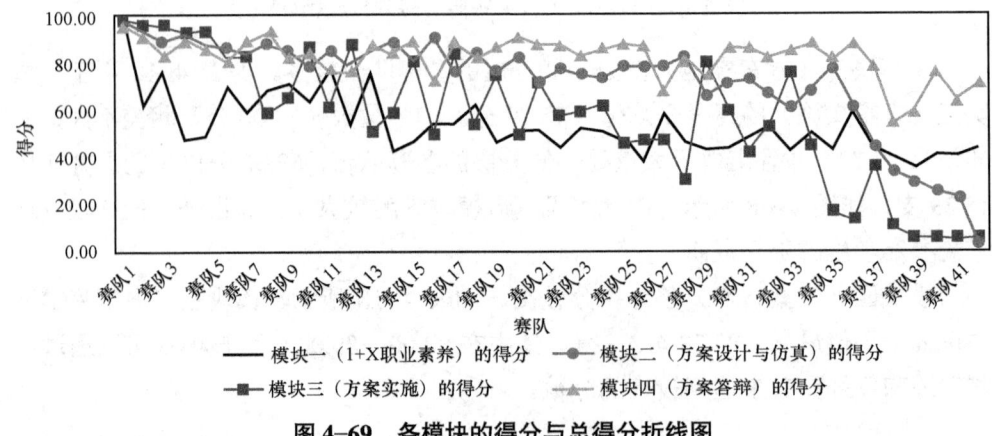

图 4-69　各模块的得分与总得分折线图

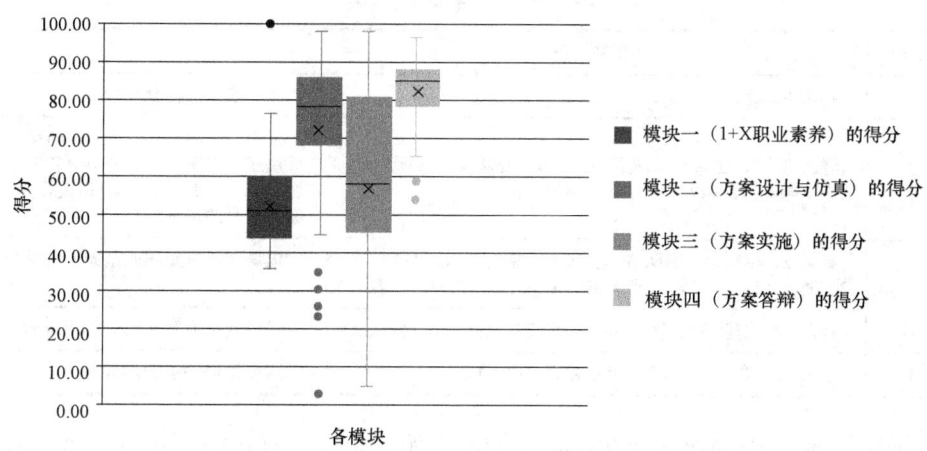

图 4-70　各模块的得分箱线图

二、参赛队伍对比分析

参赛队伍对比分析包括聚类分析、获奖情况分析和历年获奖情况分析，旨在通过对比找出差距，以有利于弥补不足。

（一）参赛队伍聚类分析

通过对各参赛队伍进行系统 k 均值聚类分析，本文将参赛队伍分为 5 类，如表 4-19 所示。由于赛队 1 和赛队 3 的 4 个模块的得分均比较高，因此将其归为第 1 类；赛队 8～9、赛队 11、赛队 13～14、赛队 16、赛队 18、赛队 20、赛队 22～27、赛队 30 和赛队 32 为第 2 类，其特点是其模块二（方案设计与仿真）的得分和模块四（方案答辩）的得分较高，但模块一（1+X 职业素养）的得分和模块三（方案实施）的得分较低；赛队 2、赛队 4～7、赛队 10、赛队 12、赛队 15、赛队 17、赛队 19、赛队 21、赛队 29 和赛队 33 为第 3 类，其特点是除模块一（1+X 职业素养）的得分外，其他模块相对偏低；赛队 28、赛队 31、赛队 34～37 为第 4 类，其特点只有模块四（方案答辩）的得分较高；剩余赛队为第 5 类，其特点是 4 个模块的得分均较低。

表 4-19 参赛队伍聚类

聚类	参赛队伍	特征
1	赛队 1、赛队 3	四个模块的得分均较高
2	赛队 8~9、赛队 11、赛队 13~14、赛队 16、赛队 18、赛队 20、赛队 22~27、赛队 30、赛队 32	模块一（1+X 职业素养）的得分和模块三（方案实施）的得分较低，模块二（方案设计与仿真）和模块四（方案答辩）的得分较高
3	赛队 2、赛队 4、赛队 5、赛队 6、赛队 7、赛队 10、赛队 12、赛队 15、赛队 17、赛队 19、赛队 21、赛队 29、赛队 33	模块一（1+X 职业素养）的得分较低
4	赛队 28、赛队 31、赛队 34、赛队 35、赛队 36、赛队 37	模块四（方案答辩）的得分较高
5	赛队 38、赛队 39、赛队 40、赛队 41、赛队 42	四个模块的得分均较低

因此，第一类参赛队伍要保持现有的水平，应继续寻找进一步提高成绩的可能性；第二类参赛队伍应重视学生 1+X 物流职业素养的训练，同时在实践教学环节应该以实际操作为基础，注重培养学生的动手能力以及认真细心的品质；第三类参赛队伍应该注意 1+X 物流职业素养的训练，将其融入自身知识体系并形成常识，以便应对备赛时间不足的情况，在面对较难的测试题目时也能做到沉着面对；第四类参赛队伍应重视学生 1+X 物流职业素养的训练、提高学生方案设计与仿真的水平、提升学生方案实施能力；第五类参赛队伍应从基础开始，注重对各个模块的学习。

（二）获奖参赛队伍情况分析

如表 4-20 和图 4-71 所示，获得一等奖的参赛队伍在模块一（1+X 职业素养）的得分总体相差较大，在其他模块的得分均集中在较高的水平；获得二等奖的参赛队伍和获得三等奖的参赛队伍在模块三（方案实施）的得分总体相差较大，在模块四（方案答辩）的得分均集中在比较高的水平，但在模块一（1+X 职业素养）的得分较低；未获奖的参赛队伍除模块一（1+X 职业素养）外，在其他三个模块的得分均比较分散，差异性大。

表 4-20 获得各个奖项的参赛队伍在各个模块的得分和总成绩以及各计算指标统计表

奖项	计算指标	模块一（1+X 职业素养）的得分	模块二（方案设计与仿真）的得分	模块三（方案实施）的得分	模块四（方案答辩）的得分	总成绩
一等奖	平均值	71.38	92.75	95.50	89.90	90.88
	最大值	100.00	98.00	98.00	96.20	98.02
	最小值	48.00	89.00	93.00	83.00	87.84

续表

奖项	计算指标	模块一（1+X 职业素养）的得分	模块二（方案设计与仿真）的得分	模块三（方案实施）的得分	模块四（方案答辩）的得分	总成绩
二等奖	平均值	63.81	84.44	77.13	83.68	80.84
	最大值	76.25	88.50	94.00	92.80	84.51
	最小值	49.25	79.00	58.00	76.40	78.29
三等奖	平均值	52.52	80.08	61.62	85.57	74.18
	最大值	75.50	91.00	84.00	90.80	77.91
	最小值	42.75	72.00	46.00	72.80	70.18
未获奖	平均值	45.50	55.79	34.41	77.19	52.63
	最大值	59.50	82.50	81.00	88.20	69.56
	最小值	35.75	3.00	5.00	54.40	14.50

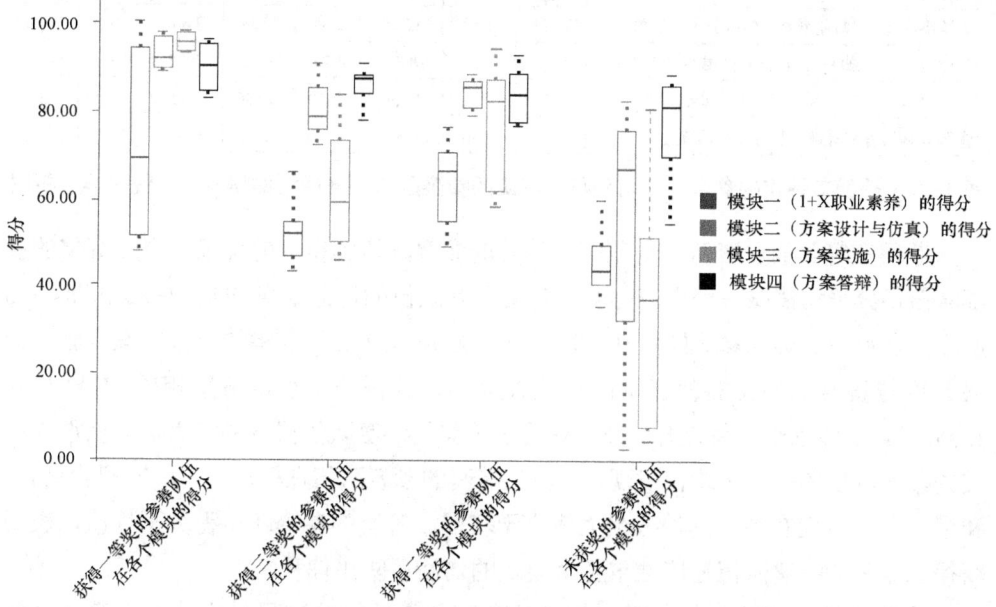

图 4-71 各个奖项的各个模块的得分分析箱线图

获得二等奖的参赛队伍与获得一等奖的参赛队伍的差异，由获得一等奖的参赛队伍的得分平均值减去获得二等奖的各支参赛队伍的得分计算得到。如表 4-20 和图 4-72 所示，获得二等奖的参赛队伍在模块三（方案实施）的得分平均值比获得一等奖的参赛队伍的得分平均值低了 20.00 分，其中赛队 8、赛队 9 和赛队 11 在模块三（方案实施）的得分平均值比获得一等奖的参赛队伍在模块三（方案实施）的得分平均值低了 30.00 分以上，说明获得二等奖的参赛队伍在模块三（方案实施）上仍有较大的提升空间。因此，获得二等奖的参赛院校应在实践教学环节以实操为基础，注重培养学生的动手能力以及认真、细心的品质。

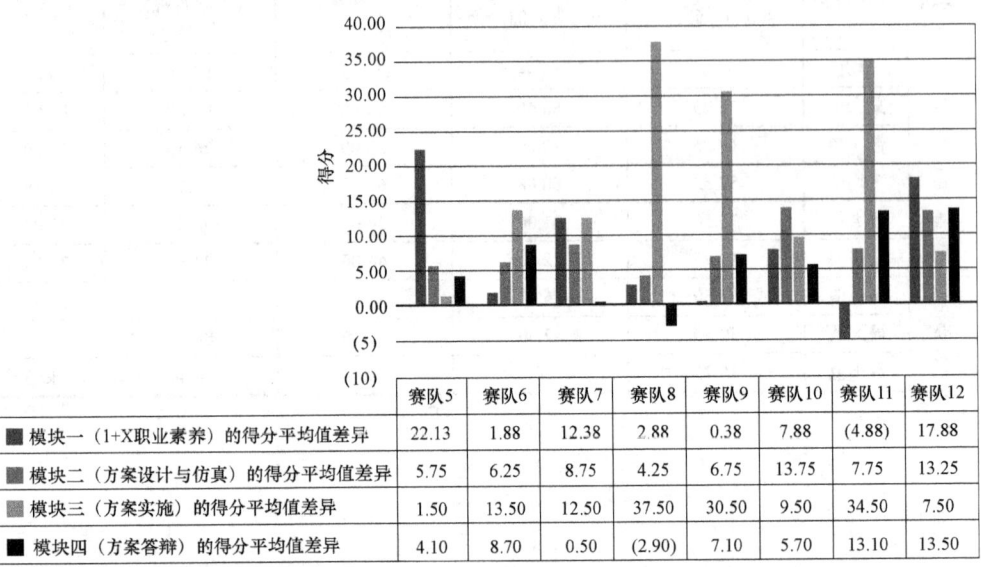

图 4-72 获得二等奖的参赛队伍与获得一等奖的参赛队伍在各模块的得分平均值差异分析图

获得三等奖的参赛队伍与获得二等奖的参赛队伍的得分差异以获得二等奖的参赛队伍得分平均值减去获得三等奖的各支参赛队伍的得分计算。如表 4-20 和图 4-73 所示，获得三等奖的参赛队伍在模块一（1+X 职业素养）和模块三（方案实施）的得分均与获得二等奖的参赛队伍有较大差异，其得分平均值分别相差 11.00 分和 15.00 分，整体水平有待提升。分析获得三等奖的参赛队伍得分的最大值与获得二等奖的参赛队伍的得分平均值发现，获得三等奖的参赛队伍在模块一（1+X 职业素养）和模块三（方案实施）的得分最大值高于获得二等奖的参赛队伍得分平均值，表明获得三等奖的参赛队伍还应注重各个模块的均衡，防止偏科。

未获奖的参赛队伍与获得三等奖的参赛队伍的得分差异，由获得三等奖的参赛队伍得分平均值减去未获奖的各支参赛队伍的得分计算得到。如表 4-20 和图 4-74 所示，未获奖的参赛队伍的总成绩平均值比获得三等奖的参赛队伍的总成绩平均值低很多，特别是在模块二（方案设计与仿真）和模块三（方案实施）的得分平均值，分别比获得三等奖的参赛队伍的得分平均值低了 24.00 分和 27.00 分，这表明如果参赛队伍想要获奖，就必须着重准备模块二（方案设计与仿真）和模块三（方案实施），加强对这两个模块的训练。分析未获奖的参赛队伍的总成绩最大值与获得三等奖的参赛队伍的得分平均值发现，未获奖的参赛队伍的总成绩最大值高于获得三等奖的参赛队伍的得分平均值，表明本次比赛未获奖的参赛队伍还需要针对其落后项目进行集训，避免出现"拖后腿"的环节，在均衡各项成绩后，获奖的概率将得到提升。

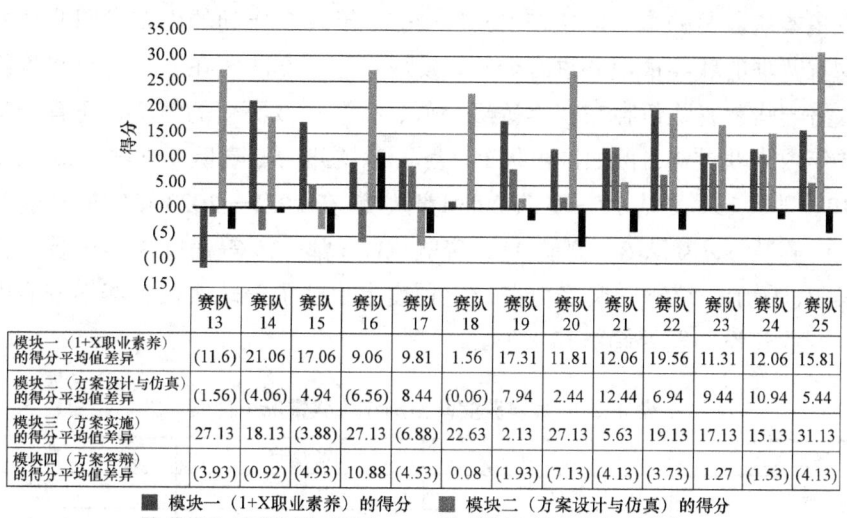

	赛队13	赛队14	赛队15	赛队16	赛队17	赛队18	赛队19	赛队20	赛队21	赛队22	赛队23	赛队24	赛队25
模块一（1+X职业素养）的得分平均值差异	(11.6)	21.06	17.06	9.06	9.81	1.56	17.31	11.81	12.06	19.56	11.31	12.06	15.81
模块二（方案设计与仿真）的得分平均值差异	(1.56)	(4.06)	4.94	(6.56)	8.44	(0.06)	7.94	2.44	12.44	6.94	9.44	10.94	5.44
模块三（方案实施）的得分平均值差异	27.13	18.13	(3.88)	27.13	(6.88)	22.63	2.13	27.13	5.63	19.13	17.13	15.13	31.13
模块四（方案答辩）的得分平均值差异	(3.93)	(0.92)	(4.93)	10.88	(4.53)	0.08	(1.93)	(7.13)	(4.13)	(3.73)	1.27	(1.53)	(4.13)

■ 模块一（1+X职业素养）的得分　　■ 模块二（方案设计与仿真）的得分
■ 模块三（方案实施）的得分　　■ 模块四（方案答辩）的得分

图 4-73　获得三等奖的参赛队伍与获得二等奖的参赛队伍的得分平均值差异分析图

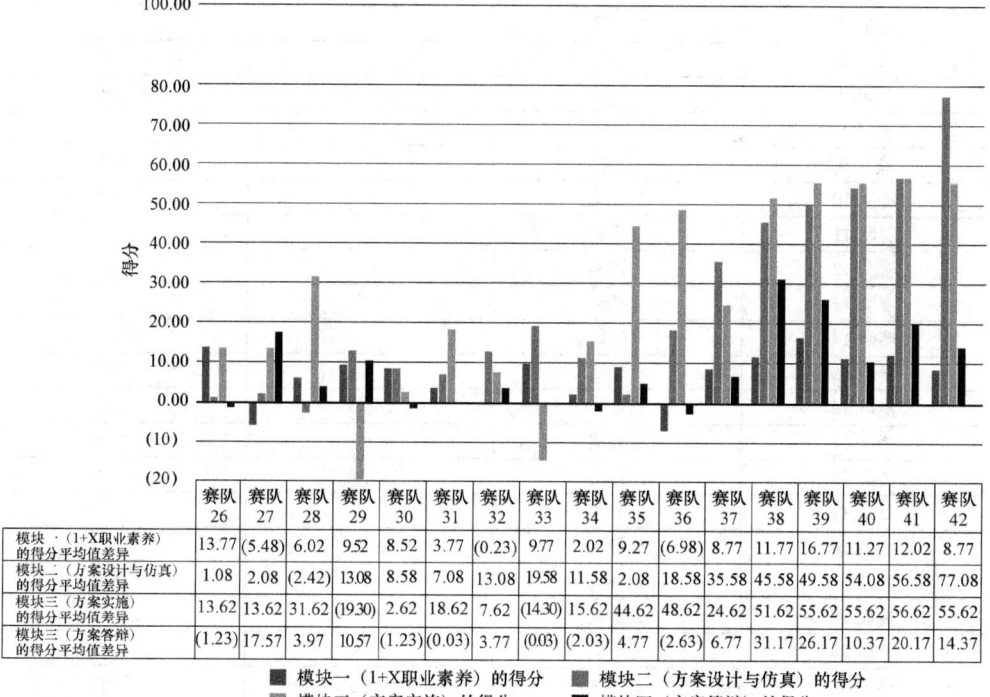

	赛队26	赛队27	赛队28	赛队29	赛队30	赛队31	赛队32	赛队33	赛队34	赛队35	赛队36	赛队37	赛队38	赛队39	赛队40	赛队41	赛队42
模块一（1+X职业素养）的得分平均值差异	13.77	(5.48)	6.02	9.52	8.52	3.77	(0.23)	9.77	2.02	9.27	(6.98)	8.77	11.77	16.77	11.27	12.02	8.77
模块二（方案设计与仿真）的得分平均值差异	1.08	2.08	(2.42)	13.08	8.58	7.08	13.08	19.58	11.58	2.08	18.58	35.58	45.58	49.58	54.08	56.58	77.08
模块三（方案实施）的得分平均值差异	13.62	13.62	31.62	(19.30)	2.62	18.62	7.62	(14.30)	15.62	44.62	48.62	24.62	51.62	55.62	55.62	56.62	55.62
模块三（方案答辩）的得分平均值差异	(1.23)	17.57	3.97	10.57	(1.23)	(0.03)	3.77	(0.03)	(2.03)	4.77	(2.63)	6.77	31.17	26.17	10.37	20.17	14.37

■ 模块一（1+X职业素养）的得分　　■ 模块二（方案设计与仿真）的得分
■ 模块三（方案实施）的得分　　■ 模块四（方案答辩）的得分

图 4-74　未获奖的参赛队伍与获得三等奖的参赛队伍的得分平均值差异分析图

（三）各参赛队伍历年获奖情况分析

收集本次获奖的参赛队伍在 2021—2023 年共 3 年间的山东省职业技能竞赛智慧物流赛项的获奖情况并进行分析，发现一些参赛队伍在 3 年内获奖等级得到提高，另一些参赛队伍存在获奖等级降低、有波动或不变的情况，还有一些参赛队伍 3 年内未获过奖。例如，赛队 1~赛队 2、赛队 5、赛队 7~赛队 8、赛队 11、赛队 13、赛队 15、赛队 19~赛队 20 和赛队 23 在 2021—2023 年间的获奖等级逐年提高；赛队 5、赛队 8、赛队 11、赛队 13、赛队 15 等在近 3 年内首次获奖，如表 4-21 所示。这种获奖趋势在一定程度上反映了赛队所在参赛学校的现代物流管理专业建设的发展趋势和水平。

表 4-21 本次获奖队伍历年获奖情况统计表

参赛队伍	2023 年	2022 年	2021 年
赛队 1	一等奖	一等奖	二等奖
赛队 2	一等奖	二等奖	二等奖
赛队 3	一等奖	二等奖	一等奖
赛队 4	一等奖		二等奖
赛队 5	二等奖		
赛队 6	二等奖	二等奖	一等奖
赛队 7	二等奖	三等奖	三等奖
赛队 8	二等奖		
赛队 9	二等奖	一等奖	一等奖
赛队 10	二等奖	三等奖	二等奖
赛队 11	二等奖		
赛队 12	二等奖		三等奖
赛队 13	三等奖		
赛队 14	三等奖		三等奖
赛队 15	三等奖		
赛队 16	三等奖	三等奖	二等奖
赛队 17	三等奖		三等奖
赛队 18	三等奖	二等奖	一等奖
赛队 19	三等奖		
赛队 20	三等奖		
赛队 21	三等奖	三等奖	三等奖
赛队 22	三等奖		三等奖
赛队 23	三等奖		
赛队 24	三等奖	三等奖	三等奖
赛队 25	三等奖	三等奖	三等奖

三、模块相关性分析

用 SPSS 软件对各模块和总成绩进行 Spearman 相关性分析发现,各模块和总成绩之间均存在正相关关系。总成绩和模块二(方案设计与仿真)的得分相关性最高(相关系数为 0.91),和模块三(方案实施)的得分相关性次之(相关系数为 0.84),和模块四(方案答辩)及模块一(1+X 职业素养)的得分相关性相对较低,相关系数分别为 0.50 和 0.70。由于模块二(方案设计与仿真)的得分占总成绩权重为 60.00%,因此对总成绩的影响最大;虽然模块三(方案实施)的得分占总成绩权重仅为 20.00%,但其波动程度最大,导致了该模块的得分对总成绩的影响较大。

从各模块的得分的相关性看,各模块间均具有显著性差异($P<0.05$),其中模块一(1+X 职业素养)的得分与模块二(方案设计与仿真)的得分相关系数为 0.62,属于中等正相关;模块二(方案设计与仿真)与模块三(方案实施)的得分相关系数为 0.60,属于中等正相关,如图 4-75、图 4-76 所示。

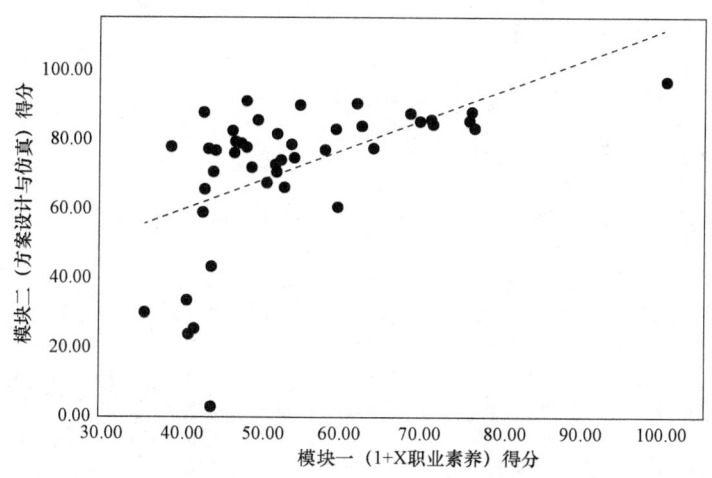

图 4-75 模块一(1+X 职业素养)得分和模块二(方案设计与仿真)得分的相关关系

由此可见,加强学生物流职业素养对其答辩成绩具有正向影响,同时学生的答辩水平越高,对其职业素养的培养也越有利。学生的方案设计水平会对模块三(方案实施)的得分产生较大影响:学生实操能力越强,其仿真方案设计的水平也会相对较高。模块一(1+X 职业素养)注重学生对物流职业道德、职业安全等理论知识的理解和应用。这些理论知识为学生在模块二(方案设计与仿真)中的实际操作提供了指导和支撑。通过对模块二（方案设计与仿真）的考核，学生可以将所学的理论知识应用于实际操作，并进一步加深对理论知识的理解和掌握。

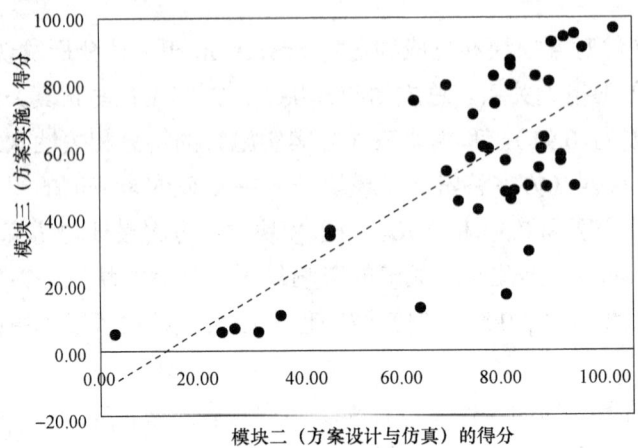

图 4-76　模块二（方案设计与仿真）的得分和模块三（方案实施）的得分相关关系